U0111359

大展好書　好書大展
品嘗好書　冠群可期

大展好書　好書大展

品嘗好書・冠群可期

武術特輯
29

陳式
太極拳拳理闡微

馬　虹／著

大展出版社有限公司

馬虹老師親自示範、講解

壹、陳式太極拳及其技擊法 1-10 片

內容包括：

1. 一、二路拳的示範表演。
2. 逐式逐動作詳細示範，講解其動作要領
   及其技擊含義。
3. 按拳路順序，結合口令詞領練。

貳、推手技巧及功力訓練 1-4 片

內容：

1. 第一、二集為十種推手鍛鍊方法。
2. 第三、四集為功力訓練及單式訓練。

本公司代售原版 VCD，歡迎洽購。

電話：02-2823-6033

清能早達

——代前言

蘇州園林中有個網師園，進得園來，迎面正廳懸一匾額，上書「清能早達」，四個大字灑脫而凝重，秀麗而遒勁，其意也耐人尋味。同遊者不明其涵意，約我釋之。因同行者皆是「太極迷」，故三句話不離本行，遂從太極拳拳理方面妄作闡述。

清者，水澄澈也，與「濁」相對。達者，到也，明白、通曉也，如「知書達理」之謂。不論做什麼事，像走路一樣，只有領路人路線清楚，才能到達預期的目標。練拳，同樣如此，特別是傳拳的人，不明拳理拳法，以其昏昏，使人昭昭，不僅不能早達，反而易走彎路，步入歧途。

中國的太極拳，博大精深，理精法密，哲理性很強，內涵極其豐富。它的拳理拳法與中國傳統文化一脈相承。從其拳理到拳架，從其拳架到用法，從一招一式的外形到內勁，處處都離不開太極陰陽學說，離不開《易》學，離不開傳統兵書，離不開傳統醫理和力學，乃至傳統的美學。所以鑽研此技者，不僅要在實踐中刻苦下功夫，而且更要在其基本理論上下功夫。古人云：「循理以求道，落其華而收其實」（宋・蘇轍《東軒記》）「一時之強弱

在力，千古之勝負在理。」（明・馮夢龍《東周列國誌》）練太極拳同樣以理為先。正如陳鑫公所示：「學太極拳，必先讀書，書理明白，學拳自然容易。」「善學者，必以理為尚。」他還告誡那些不重視拳理學習的人：「不流於狂妄，即涉於偏倚。」（見《陳式太極拳圖說》）從而說明拳理是練拳的指路明燈，練拳必須弄清拳理。

可惜，目前我國太極拳界對拳理的研究探討尚未引起足夠的重視。正如《人民日報》1986年12月22日著文所云，我國太極拳理論研究正面臨挑戰。文章說：「我國對於太極拳的理論研究卻一直發展緩慢。太極拳研究處於零星分散狀態。對太極拳的力學分析、健身價值、生理機制等方面，缺乏科學的定性、定量研究，在理論和研究手段上遠遠落後於日本等國。」這些話中肯而切合實際。例如，日本松田隆智等人曾向我國某位拳師提問：「太極拳單鞭一式，後腳裡扣多少度為宜？陳發科先生扣45度，陳照奎先生扣60度，應該扣多少度？」可見他們研究的認真和細緻程度。

我們的先輩在太極拳理論方面留下了豐富而寶貴的財富。但由於時代、認識的限制，其中有些觀點、論述，尚有待我們拋開固步自封的門戶之見，在繼承的基礎上，實事求是地予以鑒別、比較、澄清和揚棄。在拳法方面，太極拳畢竟是一種武術，技擊含義是它的靈魂、精髓。太極拳教練不能總

說：「我教的是競賽套路，不是用法。」為此，我認為太極拳界應該有組織、有計劃、定題、定向地開展一場拳理拳法方面比較系統的研討和清理。做到拳架動作勁路清，拳理拳法清，使它處處既符合中國傳統的陰陽學說，又符合現代科學原理。

這樣，我國太極拳事業必定會有一個大的發展。由此，我又聯想到「清能早達」那四個字的廣泛含義。

我的老師陳照奎先生，不僅在整理家傳拳譜、普及陳式傳統拳架、闡明此拳技擊用法等方面有其卓越的貢獻，而且在闡明和發展陳式太極拳拳理方面有其獨到的見地。他既尊重前輩的理論遺產，但又不迷信古人，不故弄玄虛、不唯書、不唯名人，對拳理拳法敢於發前人之未發，敢於對某些不科學、不實際、不準確的觀點和論述，闡述自己獨到的見解。例如，針對「用意不用力」的論點，他說「哪裡有不用力的武術？功夫是基礎，在決定推手勝負的因素之中，力量和技巧都是重要的。」又如講開合相寓時，他說：「不能只講含胸拔背，胸有含有開，背也有合有開。胸開背合，背開胸含。」再如講虛實時，他講到的「兩個虛實」，以及倒換虛實時為了重心下移、保持動態平衡而提出的所謂「襠走下弧」，都是很新鮮的論點。講眼神，歷代太極拳家大多是講「眼隨手運」，而陳老師則主張「眼以視敵人為主，兼顧左右。」陳式太極拳前輩

都曾講到泛臀、翻臀，但沒有一個人像陳老師那樣，講作「沉左臀翻右臀，沉右臀翻左臀」，體現人體運動中的立體螺旋勁。另外，他講述丹田內轉、胸腰折疊、下塌外碾，以及功力訓練等方面，都別開生面，科學精到，令人折服。所以，我的許多師兄弟經常異口同聲地說：「我們有幸跟陳老師學了一套明白拳。」

為了繼承和闡發陳照奎老師在太極拳拳架、拳理、拳法等方面多年的教誨，根據當年跟老師學拳的大量記錄和個人的體悟，近二十多年來，我先後在《陳式太極拳研究》、《武林》、《武魂》、《武術健身》、《少林武術》以及台灣的《太極拳》雜誌上，發表了三十多篇論文，受到海內外一些讀者的好評和鼓勵。根據廣大讀者的要求，我將已發表和尚未發表的文稿，先後整理出版了《陳式太極拳體用全書》（拳譜）、《陳式太極拳技擊法》（拳法）和這本論文集《陳式太極拳拳理闡微》（拳理），做為我跟隨先師學拳的原始記錄和粗淺體會，奉獻給廣大陳式太極拳愛好者，同時，願藉此表達對先師的緬懷之情。

武藝有宗，學術無界。這部《陳式太極拳拳理闡微》，書中有些地方在闡發先師論述時，由於實踐功夫和科學知識水平所限，可能有不當和錯誤之處，尚祈讀者諸君給予批評指正。謝謝！

馬　虹

目　　錄

3.技 擊 篇

4. 養　生　篇

5. 解　惑　篇

6.附 錄 篇

1

原　理　篇

陳式太極拳的健身性、技擊性
和藝術性

一

　　陳式太極拳是中國武術寶庫中的一顆明珠，是具有中國特色的傳統體育項目之一。明末清初，陳王廷創編太極拳時，其拳理、拳法的形成有三個來源：一是以古典哲學《易經》的陰陽學說爲拳理的依據；二是以道家的養身術和中國傳統醫學的經絡學說爲拳術內功的依據；三是以戚繼光的《拳經》等技擊典籍爲創編套路外功的借鑒。這樣就使這套拳術形成爲一個完整而科學的、內外兼練的，既有健身性又有技擊性和藝術性的優秀武術項目。所以我們說太極拳既是一種武術，又是一門身心修養之學，是人體生命科學的一個組成部份。因此，陳式太極拳的科學實踐價值，正引起越來越多的中外人士的重視。

　　陳式太極拳創始於明末清初河南溫縣陳家溝陳王庭。在陳家溝，太極拳一向秘不外傳。直到陳氏十四世、太極拳第六代傳人，號稱「牌位先生」的太極拳大師陳長興把拳傳給外姓河北永年人楊露禪以後，演化成楊式、武式、吳式和孫式，太極拳才緩緩地流傳到全國各地。但是，長期以來，比較廣泛流傳的是偏於柔緩的太極拳。把保持太極拳之輕沉兼備、剛柔相濟、快慢相間、順逆螺旋等固有特點的陳氏太極拳（即陳長興所傳老架），自其發源地河

南陳家溝一隅之地而傳播到北京、南京等地的是著名太極拳大師陳發科及其侄陳照丕。在套路的整理和陳式太極拳的推廣方面，陳發科貢獻最大。1957年陳發科逝世之後，近幾十年來，把陳式太極拳從北京普及到上海、南京、鄭州、石家莊、焦作等地的，主要是陳發科之子陳照奎老師。特別是陳發科的學生顧留馨、沈家禎依據發科公及照奎老師的拳架、拳照所編著的《陳式太極拳》一書問世之後，陳式太極拳在國內外更爲廣泛地傳播開來，「廬山眞面目」方爲世人所識。

陳發科是陳長興的曾孫，是陳氏第17世、太極拳第九代代表人物，爲陳氏太極拳一代宗師，也是20世紀上半葉陳家拳的掌門人。1928年許禹生把他請到北京敎拳，並不多作宣揚，所傳的面並不廣。陳照奎老師是陳發科幼子，父親比較寵愛，一直留在身邊，把自己年輕時練的家傳低勢拳架敎給他。這套拳架動作編排細膩，難度較高。陳發科規定其子日練20遍，陳照奎老師盡得家傳，可以說他所傳的拳架是和陳長興一脈相承的。

1949年以後，陳發科雖60多歲了，仍在北京敎拳、敎推手。適時拳架放高，趨於平穩自如，更顯得舒展大方。但對自己的兒子仍要求練吃功夫的家傳低架。

陳照奎老師自幼秉承家傳，深得太極拳術奧秘。1957年陳發科公逝世後，陳照奎老師還不到而立之年，已經拳藝精湛、卓越超群，堪稱當代陳長興老架的眞正傳人（有人將陳發科所傳之拳架稱爲「新架」，陳老師認爲這是不對的。）。陳老師雖常自稱其功夫遠不如其父，但他有文化、有知識、懂拳理、肯鑽研，善於把中國傳統哲學和現

代運動力學、生理學等科學知識運用於拳術的分解，加上數十年的苦功，因而他在繼承和發展陳式太極拳拳理、拳法等方面做出了卓越的貢獻。

60年代初，顧留馨先生邀請陳照奎老師到上海敎拳。1961～1966年他先後在上海體育宮和南京體委公開敎拳，陳式太極拳才在江南群衆中生根。1966年「文化大革命」開始後，他被迫從上海返回北京，在京以授拳爲生。1973年至1981年他先後到鄭州、石家莊、焦作等地敎拳。

我從1972年～1980年之間，曾三上北京、兩下河南跟陳照奎老師學拳，又三次請老師來石家莊我家中授藝。二十多年來個人在演練和傳授老師所親授的第一路、第二路（炮錘）拳藝的實踐中，粗淺的體會是：不論從哲學、生理學、心理學、人體力學、醫學和美學等方面來分析，陳照奎老師所傳的陳長興太極拳具有其寶貴的健身、健腦、技擊和藝術價值，不愧爲一套具有獨特風格的健身護身法寶。陳照奎老師所傳的陳長興老架、大架、低架太極拳，不僅具有剛柔相濟、開合相寓、快慢相間，順逆纏絲、動作螺旋、虛實互換、節節貫穿等陳式太極拳的共性特徵，而且還特別強調在上身中正安舒的基礎上肌體各個部位的勁力要對稱平衡，逢上必下，逢左必右，前發後塌，八面支撐；強調走低架子，重視胸腰折疊和丹田內轉功夫；發勁鬆活彈抖，輕沉兼備；倒換虛實強調襠走下弧；運勁注重用意與丹田呼吸；大小動作都講求技擊含義，體用兼備，保持鮮明的武術風格，以及那寓技擊含義於其中的藝術造型等等特色。這些特色體現在拳架演練之中，不論是對演練者本人，還是對賞拳的觀衆來說，都會給人以生命

的力量和美的享受。

　　陳照奎老師的拳架，是他父親陳發科家傳的年經人練的低架子，當時在北京是很少傳外人的。陳發科公逝世之後，特別是「文化大革命」之後，陳照奎老師才在少數門生之中將這套拳架逐步傳開。所以，難怪有些不知內情的人說什麼「陳照奎把拳架改了」等等，甚至有人跑到日本對陳老師的拳藝妄加評論，都是無稽之談。陳老師少年時期在其父嚴格教導下，刻苦練拳的情景及其功底，其姐陳豫俠老師最清楚（見陳豫俠《紀念照奎弟逝世三週年》一文，載於1984年《陳式太極拳研究》第二期），最了解陳老師的馮志強、陳立淸、顧留馨老師等對陳照奎老師的拳藝有很高的評價。

　　有些跟陳照奎老師學拳的人反映：陳老師傳授的拳架勢子低，動作分解細，身法、步法、眼法、手法、用法要求嚴謹，發勁強調丹田帶動和鬆活彈抖，因而感到難度大、強度大，認爲難學難練。其實老師早就講過，「武術本身就是吃苦流汗的事兒」，「學習必須付出相當的精力和時間，有一定的艱苦性」，「這在意志鍛鍊方面也有相當的效果。」又說，「功夫功夫，就是要下苦功夫，沒有苦功夫，拳也是空的」。另外，他強調練拳必須從實戰出發，一招一式都明白它的技擊含義。

　　實踐證明，當你一旦掌握了拳理、拳法及動作要領和技擊含義，嚴格按老師要求堅持不懈地刻苦鍛鍊，一兩年之後，就會感到每練完一遍拳，汗流浹背、渾身舒鬆、精力旺盛、思路敏捷，整天感到有精神，有使不完的勁兒，使你享受到一般人難以得到的生命健康的幸福之感。

陳老師那純正的功架、精湛的拳理，以及嚴肅認眞的治學精神，深刻地印在我心中。經過20多年來個人練拳、敎拳的實踐，在健身健腦以及提高道德修養等各方面，個人受益匪淺，體會甚多。陳照奎老師逝世轉瞬已經七載，現在謹將自己跟老師學拳的一些心得、體會整理成文，向世人介紹陳氏世傳太極拳的一些精義和獨特風格，以表對先師的緬懷之情。

二

陳長興（陳氏14世、太極拳第六代）──陳發科（陳氏17世、太極拳第九代）──陳照奎（陳氏18世、太極拳第十代）所遞傳的太極拳拳架的精義及其獨特風格，主要表現在以下幾個方面：

㈠ 身法端正，拳走低勢

本來，陳式太極拳架可以因人而異，分爲高、中、低三種。陳照奎老師所傳拳架是其父家傳年輕人練的拳架，強調在上身端正和放鬆的前提下走低架子。這是陳長興的眞傳。所以，陳長興當時被人稱爲「牌位陳」。陳照奎老師說，其父當年每天早上在家練拳和敎子學拳都是走低盤，在外面敎拳則多走中、高架。當然，低也有一定限度，除了仆步之外，不論馬步還是弓蹬步，大腿平行不得低過膝，大小腿之間夾角不得小於90度，不然則成爲「蕩襠」，即爲病。正如陳發科公講的，打起拳來要「像坐在小板凳上一樣，穩穩當當的」。這要有持久的樁功才行，所以老師稱此種拳架爲「活樁」。不僅如此，更難的地方

是變換虛實、倒換重心時襠部一定要走下弧，陳老師喻作「走鍋底型」，「不許把重心扛過去」（即不能走上弧，或平移之意）。本來拳架就低，再加上這種襠走下弧的要求，運動強度大，難度大，確實很吃功夫。但是，這種功夫不論對健身、健腦還是技擊，都有極大好處。當然，對老年、體弱者則他並不做一律要求，可以走中、高架。

運動生理學告訴我們，任何運動項目必須具有一定的強度，並且是持續時間比較長的強度，才可能對增進人體健康，特別是對人體的循環系統、呼吸系統產生較大的影響。運動強度和持續時間合理的結合，對提高循環系統、呼吸系統的功能是不可少的。

而人體機能的提高，主要是指循環系統和呼吸系統功能的提高（即心、肺功能的提高）。在體育鍛鍊中，參與活動的肌群越多，對循環系統和呼吸系統的要求就越大，對心肺功能的提高也就越顯著。人體下肢肌肉比例明顯高於上肢，所以許多先進的體育項目都注意加大下肢的運動量。陳照奎老師傳授的這種低架子，下肢運動量特別大，而且持續時間長（整個套路中大部分動作是低式子），鍛鍊確實很苦，開始腿疼，有的甚至要疼一年半載才能消除疼痛。但後來的效果卻是非常顯著的，你會感到苦盡甘來，終生受益不盡。

據對練此拳一兩年以上的學員調查，普遍反映心肺功能增強，血壓趨於正常，大腿肌肉明顯發達，腿力增強，肥胖病患者減肥了，瘦子體重增加了，高血壓患者血壓下降了，六、七年的低血壓患者血壓正常了。更微妙的現象是這種下肢運動量大的低架子還起到健腦作用。許多腦力

勞動者、神經衰弱者，甚至美尼爾氏綜合症患者，通過練低架子，不僅症狀消失，而且頭腦感到特別清醒，記憶力增強。結合練氣功的人，反映丹田積氣快、通關快，內氣外氣都感到充沛。這是因為這種「活椿」式的低架子，通過全身放鬆，上身中正安舒，沉肩墜肘，含胸塌腰，屈膝鬆胯，意注丹田，氣沉丹田，五趾抓地，湧泉穴虛等一系列的要求，必然會引導氣血下行，從而達到寬胸實腹，降低血脂，減輕顱內各血管的壓力，使血壓趨於穩定。這是合乎醫學和生理學原理的。

從技擊上講，這種上輕下沉，重心下移的練法，必然會有利於穩固下盤，足脛堅強，心君泰然，「使人強若不倒之翁」，從保持自己平衡，破壞對方平衡來說，必然先勝人一籌。其實，這種引氣下行的「活椿」正是各種武術的築基功夫之一。

(二) 對稱和諧，充滿哲理

陳式太極拳是充滿哲理的一個拳種。從總體上完整地把握客觀世界的和諧統一，是中國傳統哲學思想的精華。太極圖，就是這一哲理的美麗形象；太極拳，就是這一哲理在體育運動中的生動體現。所以有人說，世界上還沒有第二種體育項目像太極拳這樣運用哲學思想來指導自己，沒有第二種體育項目像太極拳這樣把精神與物質融為一體來進行鍛鍊。這話並不過分。陳照奎老師所傳的拳架，正是以剛柔、開合、輕沉等等一系列對稱、平衡、和諧動作為其內容，以順逆纏絲、動作螺旋為其形式的。從太極拳的哲學依據來看，它是根據《易經》的陰陽學說而創編

的，「太極兩儀，有柔有剛」。按《易經》總的指導思想，宇宙為一個整體，這個整體之中包括陰陽兩個對立統一的方面。人身如一個小宇宙，有陰有陽，陰陽交相影響，配置務須均衡。並且人與天（自然、宇宙）必須相適應，稱之為「天人相應」、「天人合一」。據此。《內經》講求「陰平陽秘，精神乃治」。

陳式太極拳即是根據上述陰陽學說，加上我國傳統醫學中的經絡學說而創編的一套強身護身的拳術。它不僅有剛有柔，有開有合，有虛有實，有快有慢，而且講求剛中有柔，柔中有剛，開中有合，合中寓開。運用到技擊上則有化有發，有引有進，而且化即是發，引即是進，化打結合，引進結合，如此等等，構成此拳的特殊風格。陳照奎老師傳的拳架的一系列動作都強調陰陽平衡，有上有下，逢上必下；前發後塌，左發右塌，右發左塌；逢左必右，逢右必左；有內有外，內外兼練；身法上要對拉拔長，又要相吸相繫，強調對稱勁，勁要八面支撐，處處、時時保持平衡，做到周身一家。

比如「金剛搗碓」之第六動作，右手握拳上提，右腿提膝，胸腰則必向下鬆沉；「金雞獨立」也是手上升，身下沉，總是有上升部位必有下沉部位，以保持重心穩定，虛實平衡。又如「懶扎衣」、「單鞭」的定勢，前者右發則左塌，後者左發則右塌；「六封四閉」第三動作，雙臂向前上擠發，左臀則必須向左後下塌，下塌外碾，前後平衡。再如「白鶴亮翅」，上開下合，合中有開（腳合膝開），做到「舒展之中有團聚之意，緊湊之中有開展之功」。勁力既有力學依據，外形又有勻稱之美。再如「掩

手肱拳」之發勁，既體現剛中寓柔，鬆活彈抖，又體現前發後塌（右拳前發，左肘後撑，弓前腿，蹬後腿；翻左臀，沉右臀，有前有後，以螺旋形式將對立的兩個方面統一於一體）。在整個套路編排上，拳式動作都是剛中有柔，有快有慢，有開有合，有前有後，有左有右，有捲有放，有升有沉，加之以螺旋形式，波浪式前進，如同江河滾滾，波浪起伏，滔滔不絕。

這種人體各部位勁力對立統一的鍛鍊，必然會全面增強人體素質，使人體各部位上下、左右、內外，表裡均得到平衡發展。因為人的生命過程，就是對立統一規律在人體內充分體現的過程（如心臟的收縮與舒張等）。

太極拳更微妙的一點是，打拳強調動靜平衡。打拳，特別是難度又較大的拳術，如何在運動中達到動靜平衡？這裡確實有個微妙的道理。實踐證明，打拳時，大腦可以得到平時難以得到的平靜，而肢體則在進行難度較大的運動時，正好是：「司令部」得到休整的最好時機，「以一念代萬念」之謂也。形容這種動靜平衡，正如藝術理論家溫克爾曼（1718～1768）講過的一種狀態：「就像海的深處永遠停留在寂靜裡，不管它的表面多麼狂濤洶湧」。所以，練陳老師拳架的人，身體發育都比較全面，普遍反映打完拳頭腦特別清晰。

從技擊角度講，陳老師常說：「打拳、推手都是鍛鍊保持自己的平衡，破壞對方的平衡。」並且強調打拳一定要身法中正、八面支撑，使人體像一杆秤一樣。正如陳鑫所講的「拳者，權也」，權就是權衡；權，古代秤之謂也。只有保持自己肢體重心平衡，「立如平準，動如車

輪」，打拳才能立於不敗之地。

㈢ 順逆纏絲，非圓即弧

　　陳式太極拳不僅符合中國古代傳統的哲學思想，而且也符合現代哲學的基本觀點。恩格斯說過，辯證法的主要規律是「由矛盾引起發展，發展的螺旋形式。」（《自然辯證法》）太極拳正是以對立統一（陰陽相濟）為其運動的質，而以順逆纏絲、非圓即弧的一系列螺旋動作為其運動的形。「太極拳，纏法也。」（陳鑫）纏絲勁，也是太極拳的精華。陳式太極拳，不論動作大小、快慢，都要求做到非圓即弧，觸處成圓，順逆纏絲勁貫徹於各種剛柔、快慢、開合、升沉動作之中，體現於身體各個部份之上，這是陳照奎老師在拳論上的重要發展。

　　何謂順纏？何謂逆纏？有些人寫了許多文章，畫了許多圖，仍表達不清楚。陳老師解說時，卻很簡易。他以右手拿握你的右手，他的手掌以小指領勁，向掌心一方旋轉，大指合住勁，進行旋擰，即為順纏；相反，大指領勁，小指合，向小指一方旋擰，即為逆纏。你方，前者為逆，後者為順，相反相同。一握手之間，順逆纏完全說清了。腿的順逆纏絲勁與上述旋轉方向相同。

　　他還講：「開，在螺旋中開，而不是掰開；合，在螺旋中合。」「快慢都不能丟了螺旋勁。」特別是二路（炮錘）動作快，躥蹦跳躍動作多，但快也不能失去螺旋勁。打起拳來，如同旋風、漩渦、飛輪、滾動在地上的球體。而且周身各個部位節節貫串，如同若干滾珠，出勁如同飛旋前進的子彈。陳老師講「連珠炮」一式時，以木工用的

木鑽作比喻，形象地說明了這種既快又螺旋的進擊的力量。慢動作也是走螺旋形式。如「懶扎衣」及「單鞭」最後兩個動作，都是緩慢地螺旋下沉。

總之，不論推手打拳都要做到「觸處成圓」。另外，這種螺旋形式的太極勁要以腰為軸心（圓心）。陳老師強調打拳上身中正，保持圓心穩定。不論是四肢的順逆纏絲，還是動作的大開大合，都要立身中正，圓心不能輕易移動，切忌身軀左右搖晃、前俯後仰。合則以螺旋為形式，氣聚丹田；開則以螺旋為形式，氣貫四梢。陳老師又把人的腰和丹田部位比作輪子的主軸，只有保持軸心（圓心）的中正，旋轉的輪子才能有力。軸心（圓心）擺動，身體左歪右斜，必定降低軸心的立體螺旋力量，人體易失平衡，不論對健身或技擊都不利。

㈣ 丹田內轉，胸腰折疊

我們所以稱陳式太極拳為「身心修養之學」，就是因為它是一種內外兼練的拳種。在內功方面它吸取了中國道家吐納、導引相結合的養身術和中國傳統醫學的經絡學說。其內功主要特點即在於氣沉丹田，丹田內轉，形之於外即為胸腰折疊，節節貫串，運動螺旋。

拳論云：「出腎入腎是真訣。」陳照奎老師把這個論點作為太極拳的真諦予以闡發，他講：「出腎入腎就是要求氣沉丹田與丹田內轉相結合，形之於外即為胸腰折疊。」在教拳中，每一個動作他都反覆強調，「緊要處全在胸中腰間運化」，「以腰為主宰，結合丹田帶動（丹田內轉）」。還強調，「腰不動，手不發」。腰和丹田不

動，即便四肢很靈活，也是「單擺浮擱」。他並且結合拳式（如「懶扎衣」接「六封四閉」，「第二個三換掌」、「庇身錘」、「左衝」、「右衝」等式），說明式式都有明顯的以丹田內轉爲核心的胸腰折疊勁。這種強調胸、腰、腹部運動的方法，對於健身有特殊的作用。

人體腹部，臟腑最多，爲全身氣血匯集之處，也是經絡貫通上下表裡的樞紐。每一次胸腰折疊，都使腹內臟器進行一次溫柔的自我按摩。它可以起到煉精化氣，增強性功能，消除腹部脂肪過多等作用，對內臟功能的鍛鍊效果好，還可以使腰腹肌的力量和柔韌性增強。有些腎臟病患者和腸胃病患者，通過練拳達到痊癒，與此功法很有關係。這種胸腰折疊功夫若與眞氣運行結合起來，效果將更爲突出。丹田上下旋轉可以促進任督二脈的溝通，丹田橫向旋轉可以促進帶脈的通暢，斜向潛轉還可以溝通其他經脈（見陳鑫著《陳氏太極拳圖說》）。故有人說丹田內轉是太極拳內功的精華。

從技擊上講，氣壯必力大，太極拳雖然不以力取勝，但氣力乃是一切武術的基礎。陳老師說：「事實上，太極拳並非不講力氣，巧與力是密切結合的，沒有力根本不可能發揮巧的作用來制敵。」只是這種太極拳的力不同一般的拙力，這是一種在全身放鬆的前提下，以螺旋形式發出來的富有彈性的力，是與眞氣相結合的力。故有人爲了區別於一般的力，把它稱之謂「勁」。

另外，胸腰折疊、順逆纏絲的功夫鍛鍊，正是鍛鍊引化來力和利用人體螺旋力發勁進擊敵人的重要方面。因爲**腰是全身勁力的主宰**。這完全符合「力發之於足，行之於

腿，主宰於腰，形之於手」的拳理。

㈤ 剛柔相濟，鬆活彈抖

陳式太極拳是剛柔相濟、快慢相間的拳種。但其剛快之勁是建立在全身放鬆的基礎之上，以螺旋形式發出來的一種爆發力。陳照奎老師介紹這種鬆活彈抖的時候說：在陳家溝，把這種勁叫做「一格靈」，一般武術稱之曰「寸勁」。這種鬆活彈抖勁發放的要領是：在全身放鬆的基礎上，由大腦指揮，以腰脊為總樞紐，結合丹田帶動，以螺旋彈抖的形式，調動全身力量，節節貫串，集中到一個發射點上，一瞬間，以迅雷不及掩耳的速度，從肢體的某一部位爆發出來，產生巨大威力。陳老師形象地比喻說：「就好像遛牲口時，騾子打完滾後，站起來，突然全身一抖，輕鬆而有力地抖掉身上的塵土一樣。」又說：「像捲緊的鐘錶發條，一旦失去控制，突然爆發出來的那種彈簧勁。」其放鬆的要領，他特別強調肩部和胸部的放鬆，強調從「沉肩」、「坐腕」、「鬆胯」與「胸腰運化」入手，解決全身放鬆的問題。正如拳論中說的「轉關在肩，運化在胸腰」。他常說「緊要處全在胸腰運化」，「不善於鬆活，也就談不上彈抖」等等。

實踐證明，陳照奎老師傳授的這種鬆活彈抖勁的鍛鍊，對於增強身體的力量、靈敏度、柔韌性和速度等素質都有明顯的作用。這種鬆活彈抖勁，可以通過腰脊螺旋力的帶動，鼓蕩全身的氣血，使全身氣血充盈而活躍，使精神為之一振。拳論云：「收之，氣歸丹田；發之，氣貫四梢。」所以，演練陳老師傳授的陳式太極拳，即便是在多

天早上每打完一遍拳之後，也會感到四肢發熱，手心、腳心、指肚、腳趾都發熱，全身舒適，精神抖擻。這就是眞氣充足，甚至眞氣外溢的現象。但是，這種彈抖勁的基礎是鬆柔，沒有鬆柔，就沒有彈性勁。剛柔相濟，就是鬆活彈抖的理性概括。

發勁震腳，對人體健康的影響如何，有不同的看法。我的體會是只要按陳老師的要求掌握得當（震腳時腳掌放平，不要偏重於震腳跟，不要在水泥、瀝青、石板之類的地面上猛震），震腳不但沒有害處，還有許多人們意想不到的好處。有的醫學專家說：腳掌是人體的「第二心臟」，「腳掌上具有通往全身的穴位，刺激腳掌能使末梢神經活躍，植物神經和內分泌充分做功。其結果，不僅腿腳，連腦袋都感到輕快，記憶力也得到提高。」我國傳統針灸學上介紹，刺公孫穴（在足內側，第一趾骨基底的前下緣第一趾關節後一寸），可以治胃痛、頭痛就是一例。

還有的醫學專家在研究一種「震動療法」，除了依靠震盪醫療器械之外，特別強調依靠人體內在的震動能力，對末梢血管病患者，防止血管末端壞死，改善供血狀況會有明顯作用。我市第一印染廠女工李雪蘭（53歲時）雙腳患脈管炎，足趾紫黑，疼痛，藥物療效不明顯。1982年學習陳式太極拳，按照陳照奎老師傳授的練法，剛柔相濟，快慢相間，發勁鬆活彈抖，震腳。她還特別注意老師要求的「五趾抓地，湧泉穴要虛」的要領，練拳三個月之後，她的雙腳足趾紫黑症狀和疼痛皆消除，脈管炎痊癒了。她高興地逢人便說：「陳式太極拳治好了我的脈管炎。」

當然，陳老師對不同的人也有不同的要求，他常講：

「震腳，愛震不震，但是即便不震腳，腳落地時也要意、氣、力一齊貫注腳掌、腳跟。」

從技擊角度分析，這種以螺旋形式發出的鬆活彈抖勁，比直線發出的硬勁威力要大得多，它可以使對方內傷而外不顯，並且有利於勁兒的放長和力點的集中。

㈥ 虛實諧調，輕沉兼備

陳老師常講，打拳就是爲了鍛鍊隨時能保持自身的平衡，推手是爲了設法破壞對方的平衡。要掌握自身平衡，做到隨遇平衡，就要掌握好運動中的兩種虛實。太極拳處處都有一虛實，這一點人們都知道，但是怎樣掌握虛實，特別是在怎樣保持重心隨遇平衡方面，則不一定人人都明白，除了前面講的「變換虛實要做到褶走下弧」之外，陳照奎老師講虛實的獨到之處還在於「虛」和「實」包含兩個方面的含義：一是指人體重心倒換之虛實；二是指發勁主輔之虛實。陳老師在談重心時說：左重則左虛，右重則右虛，就是說左手下沉發採勁時，左腳爲虛，右腳爲實（重心所在所偏）；手向前推或發橫 捌勁（偏上）時，右手實，右足也可以是實。但右手向下發採勁時，則右足必須虛。震腳發勁，蹬腳發勁，從身體重心來說都爲虛。但論發勁之虛實，則又可稱爲實。還說：前發後塌，指的是對稱勁，前發部位爲發勁之實，後塌部位則爲重心之實。陳老師還舉例進一步生動地闡明其理：如冬天站在結冰的河邊，用一隻腳踩冰，試冰凍之薄厚，不論用多大力去踩踩，其身體重心之實必然在岸上之腳，踩冰之腳爲虛；但從發力講，前腳則爲實。必須分清這兩種虛實，才

能達到輕沉兼備，才能維持身體之平衡。這些論點，不論從健身、技擊上講，都有其重要意義。

關於重心的虛實，除了獨立步之外，一般都是四六分。但也不絕對，有時是三七、二八（如某些虛步動作、過度動作）。總之，要根據維持身體平衡的需要來掌握。

㈦ 快慢相間，節奏鮮明

關於快慢相間，同是練陳式太極拳的人卻有不同的理解。有的人認為第一趟拳練得快，第二趟慢，則為快慢相間，也有人認為學拳時慢，學成後再練快，即為快慢相間。陳老師所傳拳架，則是主張一趟拳從頭到尾，有快有慢，有高潮，波浪式前進。不僅如此，而且要做到每一個式子的各個組成動作之間，也有快有慢。發勁快，蓄勁慢；柔化動作一般要慢，剛發動作一般要快；有的式子要快（如連珠炮、穿梭等），有的式子則可以緩慢（如懶扎衣、前蹚拗步等）；整個套路前部慢動作較多，後部快動作較多，二起腳前後還有一個高潮，而收尾又慢，做到穩起穩收。並且要求「慢而不呆滯，快而不散亂」，慢也不丟纏絲勁，快也要走螺旋。

總之，陳老師所傳授的拳架在動作連貫的條件下，快慢節奏非常鮮明。不像某些太極拳一味地求慢，速度均勻；又不同於某些武術一味地求快，速度迅猛。而是有剛有柔，有快有慢。看陳老師打拳如滾滾江河，波瀾起伏，後浪推前浪，忽快忽慢、忽隱忽現，快如浪頭，慢如浪尾，給人以鮮明的節奏感。這種快慢相間的練法，可以使你久練而不知疲，越練興趣越濃。從技擊角度體驗，快慢

相間的勁力鍛鍊，可以使你全身的螺旋勁達到剛柔相濟，應用時可以做到「動急則急應，動緩則緩隨，隨屈就伸」。

㈧ 注重呼氣，內氣鼓蕩

雖然陳式太極拳同其它各式太極拳一樣也講合吸開呼，起吸沉呼，有呼有吸，呼吸自然。但是陳照奎老師練拳、敎拳時，都特別注意呼氣，打起拳來總是呼呼帶聲，尤其發勁時更明顯。給人的印象是氣勢飽滿，內氣鼓蕩。陳老師常講，呼氣要呼透，發力時可以張口發聲呼氣，免得用力時胸肺憋脹。實踐證明打拳時注意呼出肺腑之氣，使眞氣下沉丹田，這樣久練而不累。這種注意呼氣的練拳方法，旣符合古典拳論的要求，又符合現代生理學的要求。就是《少林拳術秘訣》中也講：「長呼短吸爲不傳之秘訣」，「氣隨手出，不可失緩，惟手衝出時須發聲喊放，方免意外之病。」六字訣養生法也是強調不同聲音的呼氣。《眞氣運行法》也是注重呼氣。同樣，《陳式太極拳圖說》一書中也一再強調注意呼出濁氣，「濁氣去而清氣來」。

根據現代醫學分析，呼氣時對神經系統有好的影響。正常情況是：吸氣時交感神經興奮，呼氣時副交感神經興奮。交感神經興奮時，全身處於緊張狀態，使心跳加快；副交感神經興奮時，全身出現舒緩狀態，心跳減慢。在練拳時我們注意呼氣，交感神經活動相對減弱，這時血管就處於舒張狀態，毛細血管也舒張，氣血就容易通過，因此就可以使血壓下降，減輕心臟負擔，對防治高血壓引起的

冠心病也會有好處。當然，出氣的作用不僅可以使高血壓、心臟病等症好轉，還可以使周身血液流暢，四肢以至全身得到氣血濡養，對其它病症的康復也有良好的作用，如神經衰弱、植物神經功能紊亂、腸胃病等症。

從人們日常生活情緒觀察，歡笑時多是呼氣，哭泣時則多是吸氣（故謂之抽泣）。至於吸氣，因為空間大氣壓力大大超過肺腔的壓力，只要你注意把濁氣呼出，不管吸氣，新鮮空氣也會滲入肺腑。當然，從整體諧調看，還是要呼吸互濟，有吸有呼。

從技擊上講，這種吐氣發聲的作用，既有利於意、氣、力三結合，對敵人又是一種精神上的威懾。所以，我認為陳老師練拳注重呼氣的方法是科學的。至於呼吸與動作、發勁相配合，陳式太極拳則採取丹田呼吸、肺部呼吸與體呼吸三結合的周天開合呼吸法，從而使此拳內功外功達到完美統一。

㈨ 技擊性強，式式講用

技擊含義體現在著著式式、大小動作之中，也是陳照奎老師傳授套路的特徵之一。在現代生活中，健身性是武術鍛鍊的主要目的，但技擊性畢竟是武術的靈魂，是武術的「真」（護身的作用）。陳老師教拳的第二遍為拆拳，即講每個式子、每個動作的技擊含義，根據太極拳陰陽相濟的原則，特別強調「化打統一，打就是化」，以及「引進落空合即出」、「順勢借力」等戰略戰術。

「第一金剛搗碓」，一、二動作是設敵人右拳擊來，我則先掤後攦，引化來力之中再給他加上攦勁，使來勁落

空；接第三動作發勁，即上引（攌）下進（蹬對方下肢）；四、五、六動作，即若敵後退，我即快速（可用躍步）向敵上、中、下盤同時用擠、撩、戳、踢等法進擊發勁，做到一動無有不動，手到腳到，上下一致，發人必倒。這叫「來，則順勢攌；去，則順勢發」，願來就來，願去就去，隨屈就伸。陳老師風趣地講：「這叫來之歡迎，去之歡送。」也就是拳論中講的「因敵變化示神奇」。這種分解方法，使學者對著著的技擊含義一目了然。他並從人體力學上把剛柔相濟、柔引剛發、引發螺旋、化打並用、虛實互換、避實擊虛、聲東擊西、驚上取下、引進落空等等太極戰術掰開揉碎，講得一清二楚。他教拳時，經常強調：「每一個動作，哪怕是一個微小的過渡動作，都有它的技擊含義，一點也不能馬虎。」因此，使人感到跟陳老師學拳才是學了一套「明白拳」。

強調練單式功夫。陳老師常說：「沒功夫，技巧也是空的；功夫不出，什麼技巧也不頂用，關鍵是出功夫。」怎樣出功夫？他強調把練套路、練推手與練單式三者結合起來，才能出功夫。他說：「推手是檢驗架子的試金石，走架子又是推手的基礎，練單式則是出功夫適應散打的關鍵。」陳老師特別強調練單式。他說：「有些式子動作的用法，在推手中你不能用，如肘法、腿法以及對人體要害部位的擊打、擒拿、點穴等功法，有些快速發勁動作，在套路中也不能一個接一個地練，那樣會把人累得喘氣。」因此，他主張把套路中的各種發勁動作抽出來作為單式練習，練習發放各種技擊勁力。只有這樣遇到情況才能真正用得上。他說：「那種宣傳平時打拳越慢越好，打起來自

然會快的說法是騙人。」

另外，在推手、練拳勁力的變化上，運勁的技巧上，內外三合以及勁分三節等等方面，他都有獨到的見解。他把太極拳的推手只看作一種鍛鍊方式，是一個鍛鍊階段，最後還是散打。他不贊成只練定步推手，主張多練動步推手與單式散手。當然，散手也要體現纏絲勁，體現引進落空合即出、邊引邊進、鬆活彈抖等太極拳的獨特技擊法。此外，他還強調練基本功，例如練百把氣功樁、抖杆子、擰棒子（太極尺）以及其它各種腰腿功等。

㈩ 力的旋律，美的造型

在堅持動作合乎規則的前提下，陳老師的拳架動作造型特別優美。他說：「拳式在符合技擊含義的要求下，練拳時動作連貫又有節奏，快慢相間，富有變化，姿勢優美，就會感到好像進入了一種藝術境界，意趣橫生，興味很濃。」

從美學角度上看，陳照奎老師傳授的拳架的藝術性，主要表現在拳架演練中的對稱美、節奏美、開合美、螺旋美、輕沉美和意境之美。

《牛津字典》裡把「對稱」定義爲「一個物體或任意一個整體各部分之間的適當比例、平衡、一致、協調、調和所產生的美感。」所以運動中的對稱勁（及其端麗的造型）本身就會給人以美感。節奏美，可以從快慢相間這一特點中去體會陳式太極拳這種獨特的勁力的旋律。此外，它還給人以下幾種美感：

開合美。陳老師教拳特別強調注意開合。「逢開必

合，逢合必開」，「開中寓合，合中寓開」。尤其胸部，不像有的太極拳只強調含胸。陳老師講「胸有開有含，胸含則背開，背合則胸開」。還強調在「螺旋中開，在螺旋中合」。欲開先合，欲合先開。發如悶雷，聚如嬰兒……所以陳老師打起拳來忽隱忽現，忽開忽合，開合相寓。有時上開下合，有時下開上合；手開腳合，腳開手合；腳開膝合，腳合襠開，處處總有一開一合，開時氣勢飽滿，神氣鼓蕩；合時精神內斂，渾然一體。陳老師把打拳之蓄發比喻作捲炮竹和放炮竹，捲得越緊，爆發出的力越有勁。處處是蓄勁，處處能放勁。「合則周身柔軟似無骨，忽然放開都是手。」給人以瀟灑而渾厚、舒展而緊湊的開合之美的感受。

螺旋美。拳以腰為樞紐，以丹田內轉為軸心，全身處處都是螺旋勁，全身各部位既有自轉，又有公轉，非圓即弧，非順即逆，內旋外旋，旋腕轉臂，旋踝轉膝，起落螺旋。周身像一個滾動中的具有彈性的球體，而且全身各個部位、關節都似若干螺旋中的球體。這種螺旋力律給人以圓活之趣。某些動作如同龍蟒滾動騰躍前進之形。正像懷素描寫他的草書「奔蛇走虺勢入座，驟雨旋風聲滿堂」，「筆下唯看激電流，字成只畏盤龍走」一樣，奔放流暢，一氣呵成，給人們剛勁有力，而又婉轉自如的美的感受。

輕沉美。陳式太極拳動作之美是自然之美。不論剛勁、柔勁，正如《拳論》所云：「四肢發動，氣形諸外，而內持靜重，剛勢也；氣屯於內，而外現輕和，柔勢也。」陰柔輕靈的一面，譬如和風細雨；陽剛沉著的一面，譬之為雷霆萬鈞。「輕如楊花，堅如金石，虎威比

猛，鷹揚比疾，行同乎水流，止侔乎山立」，「秀若處女見人，肆若猛虎下山」。有人把太極拳的輕柔之姿比作「沉魚落雁」，魚在水中似靜而微動，有時全身抖然一動又靜靜地螺旋下沉；又如大雁自空而降，全身舒展，盤旋飄然下落，沉穩而輕靈，給人以鬆靜沉穩之美的享受。陳老師演練的「懶扎衣」、「單鞭」、「斜行」等式，都給人一種輕沉兼備的感覺。「輕沉兼備、剛柔內含」是太極拳的高級功夫，前面講的鬆活彈抖，則是這種輕沉兼備功夫的典型形象表現。

意境美。興趣是生命力的一種表現。陳老師所傳太極拳架構思和編排科學，造型美，易引起練者的興趣。陳老師常講：一定要在心情愉快，情趣橫生的心情下打拳才能打好。所以上場打拳一定要清心滌慮，專心致志，打拳不僅僅是練武，並且通過練武紓發自己寬闊的胸懷和高潔的情操，不僅僅在於其肌體功夫的深厚堅實，更在於喚起內在的精神力量。拳以傳神。打拳要體現出人不犯我，我不犯人，人若犯我，我必借其力還治其身的精神；把以謙讓爲懷的美德，以不卑不亢、從容不迫的神態注入拳藝之中。即把崇高的精神、情操、意志溶入每一個動作之中，表達於外，亦即所謂武術家的「神韻」，給人以意境美。正如陳鑫公《拳論》中所述，打拳要有景。他說：「一片神行之謂景。景不離情，猶情之不離乎理相連故也。心無妙趣打拳，則打不出好景緻。問何以打出好景緻？始則遵乎規矩，繼則化乎規矩，終則神乎規矩。在我打得天花亂墜，在人自然拍案驚奇。裡面有情，外面有景，直如天朗氣清，惠風和暢，陽春煙景，大塊文章。處處則柳軃花

嬌，招招則山明水秀，遊人觸目興懷，詩家心往神馳，眞好景緻！拳景致此，可以觀矣。」打拳至此才算達到神形兼備的高級水平。

當然，上述這些藝術性完全寓於技擊性之中。技擊性是武術套路藝術性的生命和靈魂，沒有技擊性也就沒有武術的藝術性。那種沒有技擊性的藝術動作，只能稱爲舞蹈。技擊講求快，表現在套路中則有迅猛、緊湊、俐落，瞬息萬變之美；技擊講求勁力的功夫，在套路中則顯示出激烈、陽剛之美；太極拳的技擊特點有柔化剛發、引進落空、四兩撥千斤之妙，表現在拳架上則有剛柔、開合、輕沉之姿。從而形成內容（技擊含義）與形式（動作姿勢）的完美統一。如「靑龍出水」、「高探馬」等式，身靈、肩鬆、步穩、發勁鬆活彈抖，外形瀟灑大方。如果具有同樣的技擊含義而外形是聳肩、挺胸、拱背、蹶臀，則不堪入目。當然，這些要求都要在長期的刻苦實踐中去不斷地領悟其中的實質，並且不斷地融化、提高、昇華。

總之，陳式太極拳的藝術性，是具有技擊攻防的實戰意義包含在內的固有屬性。我認爲在具有技擊含義的基礎上，發揚這種傳統套路的藝術性，使健身性、技擊性、藝術性三者全面發展，旣是陳照奎老師拳藝的特色，也是太極拳發展的正確方向。

（此文系1985年在河南陳家溝太極拳研討會上的發言，載於《少林武術》第八、九期，後轉載於台灣《太極拳》雜誌第60期。1989年《陳式太極拳體用全書》由河北教育出版社正式出版時，又作爲該書的《前言》發表。）

打開太極拳大門的一把鑰匙

——關於太極陰陽分合律

人類社會和各類事物的發展，都有其必然趨向的規律。規律，只能發現，只能遵循，而不能隨意改變，更不可以去創造。同樣，太極拳也有其自身發展的規律，即太極陰陽分合律。古人稱作太極陰陽學說。它具有太極整體觀、陰陽交濟和陰陽運化的螺旋形式三大特徵。

練習太極拳，必須從整體上把握它，從陰陽交濟的觀點理解它、運用它，並認清太極陰陽變化之形式爲螺旋式。換言之，太極拳，從總的方面看，它是一個完整的、統一的整體；剖析開來，它則處處包涵相互對立、對稱、相互依存、相互消長的陰陽兩儀；再從其運動變化形式來看，則無處不是圓的、弧形的、螺旋的、順逆纏繞的運動著。一句話，合則太極，分則陰陽，動則螺旋。我認爲這就是太極拳最根本的三條原理。凡是想打開太極拳大門的人，必須手中掌握這把鑰匙，加上不懈地刻苦努力攀登，才能進得門來而登堂入室。有了這把鑰匙，就能以一對萬，即所謂「頓悟圓通，一了百了」。

現在，我想從以下三個方面來具體地分析太極拳的運動規律，也就是它的基本哲理。

一、太極整體觀

太極一詞，爲中國傳統哲學的術語。歷代哲學家對它的解釋多達四十餘種。但其中最主要而具有代表性的解釋有二：一則認爲太極是派生萬物的本源。認爲太極陰陽有先後之分。「易有太極，是生兩儀」（《易·繫辭上》），「太極者，陰陽之母也」。（王宗岳《太極拳論》）；二則認爲太極與陰陽，是一而二，二而一的關係。即所謂「一體論」。認爲太極是陰陽統一體，「太極者，不過陰陽渾淪耳」。「原非先有太極而後生兩儀」。（明·來之德）台灣的易學家孫振聲先生說得更爲直接乾脆，他說：「陰陽即太極」。

我的認識傾向於第二種理解。太極，是陰陽的統一體。陰陽合則爲太極，太極分則爲陰陽。不論根據中國傳統哲學的整體觀，還是根據現代哲學的系統論、宇宙統一全息論、生物全息論，認識一個事物，首先要從整體上把握它。即如古人所講的：「萬物皆太極」。「宇宙是一個太極，人體是一個小太極、小宇宙」。中國古代便有「天人合一」之說，從大的方面，人體是與宇宙相息相應的；從人體本身來講，也存在著局部與全體對應的現象，現在的耳針療法、足部療法便是這種整體觀的很好應用。

創編太極拳的人，未必懂得系統論、宇宙全息統一論、生物全息學等現代科學知識。但是他肯定懂得《易》學和中醫學的整體觀。所以，太極拳的一個重要指導原則叫做「一動無有不動」、「周身一家」、「一節動，節節動，節節貫串」、「內三合、外三合相結合」、「內不

動，外不發」。陳照奎老師有一個觀點說「打拳有一處不合規矩，則一錯皆錯」，「一個地方不對，全身都不對」。他在教學時，每分解一個具體動作時，提出周身十六個部位變化相互配合，互為協調。否則，便是「單擺浮擱」、「顧此失彼」，以致凹凸、斷續、缺陷等弊病。

打拳時如何把握太極拳的整體觀？我認為應從以下幾個方面把握它：

㈠ 從其鍛鍊內容上，要練意、練精、練氣並重，做到形神兼練，身心兼修。

現今社會上各種功法多如牛毛，五花八門，使人眼花撩亂。但細分析，不外乎各有所重。有的側重於呼吸運使而練氣，有的專習一掌一指之功而練力，也有的專門強調練意。而太極拳，基於整體觀的指導思想，它強調全面鍛鍊，精、意、氣三者兼練並舉，形神兼修，乃至性命雙修。因而原蘇聯人稱中國的太極拳為「整體健康術」。

1991年4月，我接待日本國際健康文化交流研究會會長赤池英至一行時，他們問及陳式太極拳的健身養生特徵，我回答說：「拳走低勢以固根；丹田內轉以練精（精）；順逆纏絲以舒經（氣）；鬆活彈抖以化瘀（氣）；動作繁雜以健腦（意）。」太極拳就是這樣在整體觀的基本思想指導下，「一動無有不動」，以意導勢，通過精意氣的全面鍛鍊從而達到人體的整體健康。

㈡ 從太極拳鍛鍊的功能來看，它融健身功能、護身功能與藝術欣賞功能於一體。

許多優秀的體育項目，健身性是很好的，但沒有技擊護身的功能（如各種球類、慢跑、體操等）；同樣有許多

優秀的武術項目，技擊性很強，但養生功能很差，以凶猛凜厲著稱的泰拳，實用技擊價值很高，但優秀的泰拳手壽都不過中年。另外，還有諸多硬練蠻練的功法，往往缺乏養生之功效。各種舞蹈，藝術性很高，也有一定的健身作用，但對於氣力的鍛鍊和技擊的功能，卻談不到。

太極拳術，熔健身性、技擊性與藝術性於一爐，這是其他體育項目所無法比擬的。台灣《太極拳》雜誌有人著文稱：「本人預言，從二十一世紀開始，中國的太極拳必將成為全世界最流行、最受歡迎的體育項目。」此言不是沒有根據的。關於太極拳這三大功能的論述，請參考拙作《陳式太極拳的健身性、技擊性和藝術性》一文。

㈢ 從調動人體整體力量來看，通過太極拳在放鬆基礎上的整體協調鍛鍊，可以使人們能夠非常迅速而完整地把周身力量集中於一個發力點上。「一動無不動」、「周身一家」的要領，強調周身各部力量的協調性、統一性和完整性，節節貫串、發力順遂。從而防止單擺浮擱、顧此失彼諸病。同時，太極拳非常強調放鬆，除了上盤虛領頂勁、中盤內氣下沉、下盤五趾抓地之外，其他部位幾乎都要求放鬆。但是，一而再地強調鬆，鬆的目的是什麼呢？有人講大鬆、大軟、大柔就是太極拳鍛鍊的目的，我不贊成這種說法。我認為太極拳放鬆的目的在於使周身力量重新組合，只有各個部位都鬆下來，改變原來四處用勁、力不集中的僵滯狀態，才可以根據用力的需要把全身力量重新組合起來，非常順遂協調而迅速地用於一個發力點上。例如「掩手肱捶」式，表面上看似乎只是打出一拳之力，而實質上此時已將全身力量集中到右拳上。發勁時，腳蹬

地，腰左轉，左肘後襯，丹田內轉，從而用腰的螺旋勁抖
出右拳。左腳爲支撐點，右腳爲施力點，丹田（腰）爲樞
紐，丹田內力過脊背，通過大椎穴通過大臂而達於右拳。
這種調動周身力量而用於一點的運力方法，必須以全身放
鬆爲前提。

　　爲此，陳照奎老師敎拳時，要求每進行一個動作，必
須注意十六個方面的協調變化：

　　1.眼神的變化（目視所向）；

　　2.手型、手法的變化；

　　3.手臂的順纏、逆纏的變化；

　　4.步型、步法的變化；

　　5.腿的順纏、逆纏的變化；

　　6.胸背的開合變化（開合關係）；

　　7.左臀、右臀的翻沉變化；

　　8.丹田（腰、小腹）旋轉方向的變化；

　　9.重心左右倒換的變化（虛實關係）；

　　10.手足運動起點、終點、運行路線的變化；

　　11.力點、力度和勁別的變化；

　　12.方位、角度的變化；

　　13.螺旋升沉的變化（上下關係）；

　　14.速度快慢的變化（快慢關係）；

　　15.呼吸的變化（內外呼吸與動作的關係）；

　　16.耳聽方位的變化。

　　每行一勢，每變一動作，皆需以意念貫注這些方面的
變化，力求在放鬆的前提下處處協調一致，做到周身一
家，從而極其順遂地發出一種非常完整的太極勁到一個集

中的發力點，當然，這要經過長期的、艱苦的訓練，不斷充實提高。行功日久，不加思索，即可非常順邃地隨心所欲地把勁發放出去。

以上，就是我要講的太極拳的整體觀。

二、陰陽相濟論

古人云：「不懂卦象，休看丹書」、「不懂易理，莫談醫術」。我們也可以說：「不懂陰陽，休談太極」。大家都知道，太極拳的原理，是以《易》學爲根本依據的。而整整一部《易》經都是講陰陽及其搭配的，即中國傳統哲學中的「太極陰陽分合律」。就是說在太極這個整體之中，包括陰陽兩個對立、矛盾、對稱，而又互濟、互根、互化的方面，即其可分性，這兩種力量相互作用，而推進事物的發展。

這種陰陽相互作用，《易》學中稱作「陰陽交感」，又叫陰陽交濟、相濟。分析《周易》六十四卦中，除了乾、坤二卦之外，凡是陰陽相應、陰陽交感的卦，多爲吉卦；陰陽不相應，甚至對立者，多爲凶卦。凡母卦（內卦）與子卦（外卦）能相交感者，多爲吉卦，否則爲凶卦。例如：

泰卦 ䷊ 天，陽氣，在下，性屬升騰。

地，陰氣，在上，性屬下降。

二者相互交感，則爲吉。

否卦 ䷋ 陽在上而陰在下，兩相離決，不交，則爲凶。

既濟 ䷾ 上水下火，火性炎上，水性潤下，陰陽交合

之象，水火相濟之貌，故爲吉卦。

未濟 ䷿ 上火下水，水火分離，陰陽不交，彷彿練拳中的「單擺浮擱」，故卦辭云「無攸利」。即沒有什麼吉利可言。

從六爻關係看：

恆卦 ䷟ 初與四、二與五三與上皆爲剛柔相應。天地之陰陽相應，如國家之君臣相應，家庭之男女相應，故爲吉卦。

艮卦 ䷳ 初與四、二與五、三與上皆爲剛剛或柔柔，相對立，上下不合，爲凶卦。

從整體上看：

剝卦 ䷖ 象徵「一陰將盡」。陰多陽少。爲凶。

太極拳的鍛鍊，也講求陰陽相濟、陰陽交感。王宗岳講：「陰陽相濟，方爲懂勁。」陳鑫公講：「一陰一陽之謂拳，其妙處全在互爲其根。」太極拳的規矩、勁力、神韻乃至應敵，都離不開陰陽交濟的原則。因此，在太極拳運動中，必須根據《易》學陰陽變化的規律，把握以下四個原則：

㈠ 陰陽對稱：

世界上萬物萬象，其內部都存在著兩種相矛盾、相對立的屬性。唯有這兩種對立的矛盾相互統一依存互化，然後才可以有發展。所以，任何一個完整的事物，必須包括陰陽兩個方面。

運用到太極拳上，每個動作，都是由陰陽兩種力量組成，相對稱、相統一，即有剛有柔、有開有合、有虛有實、有輕有沉、有上有下。不能有剛無柔，否則爲硬；亦

不可純柔而無剛，否則爲軟；不能有開無合，否則爲散；亦不可只合不開，否則爲瘟；不能有實無虛，否則爲僵，亦不可只虛而無實，否則爲浮、爲飄；交手時不能有化無打，否則爲丟；也不能只打不化，否則爲頂，如此等等原則。

(二) 陰陽交濟

對立者的兩個方面，具有相互依存、相互爲用的關係。陰與陽，彼此都以對方爲自己存在的前提。即沒有陰，陽不能存在，沒有陽，陰也不存在。《內經》云：「陰在內，陽之守也；陽在外，陰之使也」。因而，上述的互相對立、對稱的兩個方面，還必須相互爲用，相交結合，這樣，才是事物穩定與發展的最佳狀態。

運用於太極拳，這一條尤顯重要。每一個動作之中，只含有陰陽是不夠的，還必須使陽陰互相作用，相互交濟。陳照奎老師常講的一句話叫做讓雙方「說上話」。即上下，左右、手腳、左手與右手等等相互呼應、相互作用。使陰陽兩種力量合作，非常和諧、協調地完成一個任務。剛柔要相濟、虛實要互根，開合要相寓，上下要相交。例如：發勁，要鬆活彈抖，有剛有柔；上開下合，臂開手合，雙手開而虎口合等等。從韻味來講：凝重而舒展，嚴謹而瀟灑。打拳易犯的毛病，往往是顧此失彼，顧開不顧合，顧上不顧下，陰陽不相交感。例如：做懶扎衣動作三時引與進不合；做六封四閉動作六時手胯不合等。總之，每個動作之中，只有陰有陽還不行，還必須使陰陽雙方相交相應。

這一規律運用到與人交手時，一方面，我本身千方百

計把周身的勁合成一個整勁，做到陰陽協調相濟；另一方面則千方百計使對方「陰陽離決」，使其陰陽不合而失敗。（詳見拙作《誰能合，誰能贏》一文）

(三) 陰陽消長

一切事物中所包括的陰陽兩個方面，總是在變化，不是此消彼長，就是彼消此長，處於一種動態平衡之中。如果這種變化出現反常，即事物發展變化陰陽消長的正常規則呈異常性反應，那麼，我們必須採取相應措施，使它恢復正常變化狀態。

這一規則運用到太極拳運動之中，則要鍛鍊高度的靈敏性，及時調整重心、調整虛實、調整力度與順逆纏絲的變化，以保持自己總是處於穩定平衡，或隨遇平衡的狀態，處於剛柔相濟、上下相隨、重心穩定的狀態，使凝聚與耗散總保持在良性交替發展之中。在應敵時，則要注意提高「聽勁」的靈敏度，「因敵而變」使對方陰之更陰，陽之更陽，加大他陰陽消長的幅度，剛則借之，虛則進之，「左重則左虛而右已去，右重則右虛而左已去」，使他失敗於陽剛或陰虛之中。

(四) 陰陽轉化

陰陽轉化，就是陰與陽兩種不同的屬性，在一定條件下，可以向其對立面轉化。「陰陽合德，則剛柔有體」（《繫辭》）陰陽統一、合作，就能推動事物的良性變化和發展。如果陰陽對立的兩個方面總是處於對立、矛盾的境況，則要發生質的轉化。

陰陽轉化，是事物發展的必然規律，問題是如何引導它向兩種良性方向發展轉化：一是及時調整陰陽，使陰陽

相稱而「長期共存」，使之總處於動態平衡之中；二是對待應該盡快轉化的事物，轉化之後可能會有一個新的良性局面，那就助長其主導轉化的一方，使其盡快向新事物、新局面轉化。

在練習太極拳時，則要求保持「無過不及」的狀態，時刻注意「無凹凸、無斷續、無缺陷」，處處陰陽相濟，總是處於隨遇平衡之中。打拳要快慢相間有節奏，定勢要善於調整重心、呼吸、開合。對敵時則千方百計迫使他失去平衡，促他陰陽盡快向失重、背勁、失敗轉化，即所謂使他「陽之更陽，陰之更陰」。同時，還可以運用欲陰先陽，欲陽先陰的「從反面入手」的技法，目的在於使其轉換得更快。

以上便是我要講的陰陽相濟論。

三、螺旋形式

宇宙之中，任何一種物質演化的總趨勢和總方向，都是以螺旋爲形式、發展與衰退相互交替的規律。這就是物質運動的循環演化律：「矛盾引起發展，發展的螺旋形式」。（恩格斯）

陳式太極拳的主要特徵之一就是其運動的螺旋形式。陳鑫曾言：「太極拳，須明纏絲精（勁）。不明此，即不明拳。」

太極拳名家顧留馨先生也說過：「太極拳纏絲勁的圓運動，不是平面上的弧形動作組成的，而是曲線弧形螺旋形式的動作所組成的」；「直線的動作在推手實踐中證明它是頂勁之病，容易造成『引進落實』，爲人所制」，

「處處在螺旋，在變動力點、方向、角度，才能不丟不頂，不犯雙重之病，取得『引進落空合即出』的技巧」。

所以，我們在練習太極拳時，要掌握以下幾條原則：

1.非圓即弧。每個動作從施力點到發力點，從起點到落點，都走弧線。倒換虛實，裆走下弧，下塌外碾也是弧線。

2.動作的自轉與公轉，不僅手腳運行中處處走弧線，而且手臂、腿腳自身也在不斷旋轉中運行。

3.螺旋中開，螺旋中合；螺旋中升，螺旋中沉。不論是開是合，是上升是下沉，都在螺旋中運行。

4.非順即逆，一順一逆，忽順忽逆，交替纏繞。

5.內氣鼓蕩、觸處成圓，外形氣勢飽滿，處處掤圓。不論從上下、左右、前後觀看，打拳人周身氣勢都是充實而圓滿的。

6.欲開先掤，欲合先掤。不論是開，是合，都要先走一個順逆相反的掤勁。

7.縱橫螺旋。縱橫變化，也都要走一個順逆相反的螺旋勁。即欲縱先橫，欲橫先縱地加掤勁。

8.八門五步，勢勢皆走螺旋。

總之，進也螺旋（野馬分鬃），退也螺旋（倒捲肱）；慢也螺旋（白鶴亮翅），快也螺旋（連珠炮）。用螺旋方式，把陰陽勁（包括上下、左右、內外、形神等等）合二為一（如掩手肱捶動作五和六封四閉的動作六）；用螺旋形式使陰陽平衡，（如懶扎衣、單鞭定式）。

技擊上用螺旋形式，化打結合，沾粘連隨，避實擊

虛，欲左先右，引而後發。

養生上用螺旋形式，以輸通氣血經絡，活血化瘀。

太極拳術，演練起來應該是：以腰（丹田）爲核心、爲樞紐，全身處處都是螺旋勁，不論從整體看，從肢節看，各個部位既有自轉，又有公轉，非圓即弧，非順即逆，旋腕轉臂，旋踝轉膝，進退起落，皆走螺旋。橫看似波浪，縱看如鑽頭，周身如同奔騰躍進的龍蟒之形。這種螺旋力律，給人以圓活之趣，意境之美，神奇之韻。

因爲時間關係，螺旋形式只講以上這些。

總而言之，不論你是鍛鍊太極拳，還是研究太極拳；不論你是從養生角度接受太極拳，還是從技擊方面運用太極拳，都要掌握上述三條基本規律。即：第一要從整體把握它；第二要以陰陽學說來剖析它、運用它；第三要在螺旋形式中駕馭它。

——以上是作者1994年7月14日在全國第一期陳式太極拳面授班上理論課的第一講。由其學生吳振波根據錄音整理而成。

（載台灣《太極拳》雜誌第98期）

中國傳統文化與太極拳

太極拳的魅力，已吸引了整個世界。許多國內外有識之士，入迷於太極拳者已不單單限於學拳健身，而且從中探索中國傳統文化的精髓。一位法國人表示，他們希望「通過學習太極拳領悟中國傳統哲學的奧秘」。還有的外國人提出想通過學太極拳了解中國傳統的社會學、養生學、心理學乃至修身養性之學等等。這絕不是偶然的，因為大家已開始認識到太極拳有著神奇而豐富的內涵。

太極拳，既是中國璀燦傳統文化寶庫中的一個小小組成部分，它又是凝聚傳統文化於一身的光耀奪目的明珠。譬如崑崙山上的一棵靈芝，牠既是壯麗山色的一個點綴，又是巍巍大山所養育的一株仙草。它所以內涵豐富，博大精深，是因為它植根於中國傳統文化的沃壤之中。它那根鬚深深扎進了中國傳統哲學、傳統養生學、傳統醫學、傳統軍事學、傳統心理學、傳統美學等多學科的廣柔而深厚的領域。因此，太極拳可以說是中國幾千年燦爛文化的歷史產物，所謂「深山大澤生龍蛇」。這是世界上其他國家不可能產生的獨特的武術體育項目。所以，有人預言說：從二十一世紀開始，中國的太極拳將成為全世界最受歡迎、最為流行的運動項目。

總之，雖然太極拳僅僅是我國豐富的武術寶庫中千萬種拳術中的一粒明珠，但是在它的身上卻凝聚著浩瀚的民族文化的精華。筆者根據跟陳照奎先師學拳和傳拳三十多

年的體驗，試從以下五個方面來探討太極拳與中國傳統文
化的關係，來全面觀察太極拳的根，使我們進一步認識太
極拳的獨特而珍貴的社會價值。

一、傳統哲學中的太極陰陽
學說是太極拳拳理之根

有人說，學太極拳必須懂得《周易》，必須懂得中國
的傳統哲學。因為，《周易》是中國傳統文化的根本，而
《周易》的太極陰陽學說，又是中國傳統哲學思想的根
本。《周易》的哲學思想是極其豐富的，創編太極拳的人
肯定借鑒了《周易》的許多哲理。

《周易》的核心思想是「陰陽」理論和「太極」學
說，它利用統一的、進化的、互補協調的觀點對待萬事萬
物。太極拳的創編者和後來的繼承者，正是在這種太極陰
陽學說的指導下建立和不斷完善了太極拳的理論體系。

《周易》認為陰陽是化生萬物的基礎，所謂「一陰一
陽之謂道」，明確指出陰陽的依存互根、消長轉化，是萬
物生化的本源。太極拳首先就是以這種陰陽論來安排它的
形態結構的。根據《周易》中的陰陽互體、陰陽互根、陰
陽對稱、陰陽消長、陰陽合德、陰陽轉化、陰陽平衡等觀
點，來構思太極拳動作中的剛柔相濟、開合相寓、虛實互
根、快慢相間、內外兼練等一系列的運動理論，以達到調
整人體一系列對稱的臟腑之間的平衡關係，以及通過穩定
重心而增強人體勁力的隨遇平衡的功能。

《周易》的另一個核心思想是太極學說。《周易·繫
辭上傳》說：「易有太極，是生兩儀。」兩儀即指陰陽。

「原非先有太極而後兩儀生」，「太極者不過陰陽渾淪耳」（明·來之德）。「陰陽者，一分爲二也」（張景岳）。由此可見，太極與陰陽，是一而二、二而一的關係。古人有的認爲太極是無所不包的整體，有的則認爲它是宇宙生成演化的根本規律。太極拳，所以借用「太極」二字，我想它的創編者正是爲了使這套拳，體現人體的健康成長和自我保護的根本規律，即從整體上來調整自身的各種機能，使人體持久處於一種整體協調平衡、統一進化的「太極功能態」。

為此，太極拳運動，處處強調整體勁，「一動無有不動」，「周身一家」。李亦畬《五字訣》也是求「勁整」，「一身之勁練成一家」。陳發科公也強調「內不動，外不動；腰不動，手不發」。「由內及外，總須完整一氣」。同時，太極拳的創編者還主張性命雙修，既煉體又修性，以達到身心平衡。這也是基於這種太極整體觀而提出的。

那麼，這種太極整體勁是怎樣形成的呢？它又決定於陰陽兩個對稱勁在不斷變化中取得平衡和交合，即《周易》中經常講到的「天地絪縕」。陰陽交合，才可以實現天地以及各種事物內部自身兩個對立面的統一。「天地絪縕」之說，表明天地間陰陽兩種元氣「合德無疆」，萬物由它而滋生，人事由它而推進，「天地絪縕，萬物化醇」。「天地交，而萬物通」。這一學說認爲：孤陰不生，孤陽不長。在陰陽二氣絪縕交合得到對立統一時，則聚，聚則生；若陰陽二氣不能交合、不能平衡，則離，離則死。所謂「太極生萬物」的思想，實質上就是這種「天

地氤氳」之說的體現。所以，我們練太極拳的人，特別強調身體各個部位的協調關係，從而才能使全身形成一個陰陽合一的統一體。

我常講打拳也要講點「關係學」，上下、左右、前後、內外、開合、剛柔等等，都要達到和諧統一的境界，才是太極功能態，例如上下關係，要求逢上必下，即有上升之勁，必有下沉之勁。右金雞獨立，左手上升，上托，左膝上提，腰胯必須鬆沉，右膝必須再屈，收腹、吸氣，腳趾下抓。又如掩手肱錘跳躍練法，必須是手臂腿腳上升騰空，而軀幹部分（包括腰胯）必須下沉，做到升中有沉，輕沉兼備。也就是說每個動作之中。必須有陰、也有陽，或者陽中有陰，陰中有陽。而不像有的人打拳，要升都升，要沉都沉，有上無下，有下無上，只柔無剛，只慢無快等等，都不符合這種太極陰陽天地氤氳、陰陽和諧之學說。（關於《周易》與太極拳的具體關係，請參考拙作《太極圖——太極拳的秘訣》一文）。

二、道教的內丹修練術，
　　是太極拳內功的主要依據

道教作爲一種文化形態，在中國傳統文化中具有獨特的地位和作用，被視爲中國傳統文化的主體之一。魯迅先生甚至說：「中國的根柢全在道教。」（《魯迅書信集》）

道教的精義在「貴生」。《道藏》首經《太上靈寶無量度人上品妙經》的要旨就是：「仙道貴生，無量度人。」道教極崇性命之學。因貴生，而樂生、愛生、好

生，從而養生，可謂「養生之敎」。道敎不主張把精神寄托於來世或彼岸，而是主張用奧妙的修煉方法，達到長壽。與儒家宣揚「死生有命，富貴在天」也不相同，道敎倡導「我命在我，不屬天地」（《西升經》）。道敎這種具有魅力的「貴生」思想，主要表現在其修煉養生方術上，即「道寓術中」。因此，養生方術成了道敎精華之萃，立足之本。在長期的歷史發展中，他們積累了豐富的養生經驗。僅道敎的傳統氣功修煉方法就有3600種之多。它們是民族和人類的瑰寶，曾被李約瑟譽爲「生理學上的生物化學偉大探索和實踐」。

　道敎養生術的精華，在於以丹田運化爲修煉核心，以經絡氣血津液暢通爲宗旨，以運動鍛鍊性內分泌腺爲重點，通過煉精化氣，煉氣化神的過程，以達到精、神、氣三寶相凝聚，身心性命相平衡爲目的。

　所以，道敎徒做功，不論是做導引吐納或靜坐修煉功法，其重點多放在修煉下丹田，又稱正丹田，即會陰穴之上，命門穴之前下，小腹之內的性腺系統。因爲人的性腺系統功能的提高，會使人出現一系列的生理變化，特別是經過「煉精化氣，煉氣還神」的重要過程，實現還精補腦的功能，從而增強生命活力。

　而太極拳的內功，尤其陳式秘傳太極拳的丹田內轉功法，與上述道敎修煉術的理論、要旨、修煉方法及重點等等，幾乎完全一致。陳鑫《陳式太極拳圖說》中有云：太極拳是「以易爲經，以禮爲緯，出入於黃老」，「存於中者，如道家所言，積精累氣，積氣歸神之謂也。人能精神充足，則心、手、眼俱到，無論任何運動，精神自足，絕

無疲弊之態。形於外者，如孔子讚老子曰，老子其如龍乎，……」該書卷首之《任脈督脈論》一章，正是道敎修煉內丹之河車搬運功法。太極拳之丹田內轉功法，正是煉精化氣動中求靜的一種精妙功法。可惜，有些練太極拳的人並不明白其中精義，捨掉太極拳而去單練靜氣功，只是把體內一點眞氣調來調去，甚至內氣不足就去學習發放外氣，而不重視煉精化氣之法，結果是捨本求末，不得眞諦，精氣神三者，總也不能達到凝聚，身心不易平衡。

1989年第八期《氣功》雜誌講了幾句公道話：「導引之術，以太極拳爲最完善，它集諸導引之長，剛柔相濟，動靜相兼，呼則吐肺腑之濁，吸則吞天地之淸，仰俯屈伸，左顧右盼，何其逍遙，若把太極拳與靜功兼而練之，各臻其妙，眞是熊掌魚翅相得益美了。」

其實太極拳本身就是旣練內氣，又練軀體的一種動靜結合的最佳功法。我說你靜坐一個小時，眞正入靜的時間不一定有10～20分鐘；而認眞打太極拳半小時，大腦卻可以眞正入靜半小時。即所謂「以一念代萬念」也。練拳熟練之後，那些複雜以及重複的數百個動作，在下意識支配下，動作自如，連綿不斷，大腦休息（因爲大腦屆時絕對不許想其他事，大腦一旦開小差，動作就會亂套）。同時，你若再打低架子，氣血下行，還會減輕腦顱的負擔，所以打完拳之後，人人感到大腦輕鬆，精神淸爽，精力充沛，幹起活來，整天有使不完的勁。並且實踐證明，練太極拳的人，練眞氣運行法，打通前後三關，要比一般人快得多，其根本原因，即在於太極拳運用了道家的內丹修煉之術。

三、中國傳統醫學的經絡學說
是太極拳纏法的依據

中國傳統醫學（中醫），有三個比較明顯的特徵：一是辨證施治中的整體觀；二是陰陽平衡論；三是經絡學說。這三個特徵與太極拳的拳理、拳法極其一致。

中醫認為人體是一個整體，認為疾病是人的整個身體和心理狀態的不可分割的一部分。治療必須從整體著眼。同時，又認為任何疾病都是陰陽失調所致，諸如表裡、虛實、寒熱、邪正等等一系列對立面失去平衡而造成的。因而它的治療原則就是「陰陽均衡」，「陰平陽秘，精神乃治」。它認為人的精氣神，總是由無序到有序，由集聚到耗散，再由耗散到集聚，由不平衡到平衡。

特別是人到中年以後，肝腎漸衰、精血日少，加上一些人往往用腦過多，而腿腳用力愈來愈少，呼吸力愈來愈軟弱，所以人之衰老多表現在腿腳無力，繼而性功能衰弱，腹部脂肪停積，腸之消化力降低，肝功能減弱。查其內因，則往往是由於精虧氣少，氣虛血瘀，乃至氣血失去平衡，經脈失養，絡脈閉塞所致。

中醫的治療方法，多是用平衡陰陽的藥物，或針灸、按摩等法，以調整其陰陽使之平衡。最近上海著名中醫顏德馨先生本著氣帥血行的醫理，倡導「平衡醫學」，創造了益氣化瘀的「衡法二號」新中藥，其特徵就是用益氣化瘀的藥物調整氣血平衡，效果甚佳。

但是我們知道，任何藥物都有戕伐作用，或稱副作用。唯有太極拳之類科學的體療之法只有調整作用，沒有

任何副作用。尤其是陳式太極拳，調整陰陽的功效十分明顯。特別是那些患上實下虛之症者，見效更爲迅速。如神經衰弱，或精神過於緊張者，用腦過長過專者（如從事文字工作、電腦、司機等偏於腦力勞動者）往往患下肢軟弱、腳無力、性無力、食慾減退等症。而太極拳則在「一動無有不動」、「周身一家」的原則下，強調放鬆、強調氣沉丹田，含胸塌腰、肩肘胯都要鬆沉，並強調拳架走低式、襠走下弧、五趾抓地，注重呼氣，以及發勁鬆活彈抖等一系列鍛鍊措施，特別是通過太極拳獨特的丹田內轉功法，使內臟自我按摩，從而使大腦洗心滌慮，以拳練精，以拳引氣，以氣引血，氣引血行，使氣血下行，以達到氣血平衡、身心平衡。

許多學生通過練拳治好了諸如神經衰弱症、美尼爾氏症、低血糖、肥胖症、糖尿症、過敏性鼻炎、過敏性哮喘、高血壓、低血壓等症，收到奇效，就是明證。

中醫理論還有一句名言，即「上工治未病」。其含義是最高明的醫生是在人們未生病之前，敎你不得病。敎人練太極拳者，正是幫助人們防病於未然的上乘「醫生」。所以，太極拳不僅僅是什麼體療保健之法，許多青少年學員的實踐證明，它也是使年輕人成長發育、健康成長的最佳運動方式之一。

根據中醫理論，經絡是調整全身平衡的重要渠道。因此，中國傳統醫學的經絡學說越來越受到全世界醫學界的重視。1985年，美國有一本暢銷書，名曰《沒有蜘蛛的蛛網》，就是向人們介紹中國的中醫經絡學說的。這本書打開了人們認識中國傳統醫學理論寶庫的大門。中國古代醫

學典籍《內經》，就是以大量篇幅講述經絡的生理機制。它認為人體脈絡有順有逆，手足各經脈之間互相連接。說明人的氣血運行是「陰陽相貫，如環無端」的，它是「內屬於臟腑，外絡於支節。」內外相通，內外相應。它的功能就是運行氣血，調整陰陽。它是調整人體全身平衡信息的重要平衡系統。

太極拳，特別是陳式太極拳，講究一種「纏絲勁」，正好與中醫的經絡學說完全一致。陳鑫講：「太極拳，纏法也。」太極拳的纏絲勁，是它區別於其他運動項目的獨特拳理拳法。它要求拳式動作不論大小、快慢、開合都要走螺旋式的運動形式，使人體從腰和丹田（太極核）到四梢，不論臟腑、肌肉、韌帶、關節，從軀體中樞，以至無微不至地毛細血管都在非順即逆的反覆旋轉中運動，纏來纏去，擰來擰去，左繞右繞，「非圓即弧」、「處處走螺旋」，從而起到疏通經絡的健身作用。（在技擊上也是一種特殊的螺旋形式的進攻和引化的戰術）。

這種螺旋式運動，對於調整人體氣血平衡、行氣活血化瘀作用非常突出。學員中有的患脈管炎，有的患周期性的脫皮症許多奇奇怪怪的瘀血雜症，通過練拳病症消失了，（見《陳氏太極拳研究》第二期《太極神功》一文）不能說與太極拳的這種奇妙的纏絲勁沒有關係。

四、太極拳的戰略戰術與 《孫子兵法》一脈相承

太極拳是武術，雖然今天它的健身價值在不斷升級，但傳統太極拳的真諦，仍然表現在它的護身價值，即其技

擊性。太極拳的技擊原理，是和中國的傳統軍事學一脈相承的。許多拳論，皆源於《孫子兵法》等古代軍事典籍。其拳勢的形成多源於戚繼光《紀效新書》之《拳經》。

《孫子》不僅是我國現存的最古的兵書，也是世界上最早的兵書。它不僅在中外軍事學術史上占有顯著地位，而且許多學科都借鑒其原理。連日本一些著名企業家也知道運用《孫子兵法》指導其經營事業「大展宏圖」。查中國太極拳的拳論，不論是陳王庭的《拳經總歌》、王宗岳的《太極拳論》、陳鑫的《陳式太極拳圖說》，還是武禹襄、李亦畬等名家對拳理的論述，都與《孫子》一些論點脈脈相通。試舉例如下：

我國傳統的軍事思想，講「人不犯我，我不犯人，人若犯我，我必犯人。」太極拳的戰略思想，正是建立在這一思想基礎之上，「我守我疆，不卑不亢」（陳鑫）。所以它強調「彼不動，己不動，彼微動，己先動。」正是《孫子兵法》中所講的「後之發，先之至」。《孫子》有云：「夫兵形像水，水之形，避高而趨下；兵之形，避實而擊虛。水因地而制流，兵因敵而制勝。故兵無常勢，水無常形，能因敵變化而取勝者，謂之神。」太極拳則要求「如行雲流水」「以柔克剛」、強調「順其勢，借其力，因敵變化示神奇。」「因敵者」，拳論中「捨己從人」之謂也。

《孫子》有云：「故善用兵者，譬如率然，率然者，常山之蛇也。擊其首則尾至，擊其尾則首至，擊其中則首尾俱至。」這正是太極拳「三節勁」的理論依據。拳論云「勁分三節，節節貫穿」，「擊首尾相應，擊尾首相應，

擊中首尾相應。」（陳鑫）

《孫子》有云：「紛紛紜紜，斗亂而不可亂，渾渾沌沌，形圓而不可敗。」「方則止，圓則行。故善戰之勢，如轉圓石於千仞之山者，勢也。」「如循環之無端，孰能窮之。」太極拳則處處講圓，以螺旋式的動作而據優勢。拳論云：「手足運動，不外一圈，」「所畫之圈有正有斜，無非一圈一太極」（陳鑫）。「亂環術法最難通，上下相合妙無窮；陷敵深入亂環內，四兩千斤著法成。」（《九訣八十一式》）

《孫子》有云：「形人而我無形」；「其疾如風，其徐如林，侵掠如火，不動如山，難知如陰，動如雷霆。」「始如處女，敵人開戶；後如脫兔，敵不及拒」。《太極拳論》則云：「人不知我，我獨知人。」「一羽不能加，蠅蟲不能落。」（王宗岳）「人莫知所以然，只覺如風摧倒，跌翻絕妙。」「靜若處女，動如脫兔。」「輕如楊花，堅如金石，威比虎猛，鷹揚比疾。行同乎水流，止侔乎山立。」（陳鑫）

《孫子》有云：「兵者詭道也。故能而示之不能，用而示之不用，近而示之遠，遠而示之近，利而誘之，亂而取之，實而備之，強而避之，……攻其無備，出其不意。」太極拳論則有：「佯輸詐走誰云敗？引誘回衝致勝歸。」（陳王庭）「聲東擊西走折疊，」「虛籠詐誘，只為一轉」（陳鑫）「欲左先右，欲放先收，欲要先給」等等論述，與孫子之論如出一轍。

《孫子》有云：「避其銳氣，擊其惰歸」，「進而不禦者，衝其虛也。」太極拳推手、散手理論，則強調「聲

東擊西要熟識。」「左重則左虛，而右已去；右重則右杳，而左已去。」「避實就虛，以實破虛，勁走折疊，速打回勁。」「左引右進，右引左進，上引下進，邊引邊進」等等，均反映了拳理拳法同孫子之論相似之極。

從上述《孫子兵法》的若干要論同太極拳拳理的對照中，不難看出太極拳的技擊原理的確是繼承了我國傳統軍事思想的精華。

五、中國的傳統美學思想賦予
太極拳以獨有的神韻

久練太極拳的人普遍反映，太極拳不僅使人們健身、護身、健腦、嫩膚，而且還有健美的功能，甚而它也還可以改變人的性格、氣質、思想。這並不誇張，許多學員的實踐證明了這一點。這是由於太極拳的拳理、拳法和拳心之中融入了我國傳統的美學思想。

中國古代美學思想，同西方的美學思想有許多差別，最突出的是中國美學思想更重視陰陽和諧，虛實相生，明暗相襯，形神兼備，尤其更重視神韻。對中西方美學觀的比較，早在清朝即有人探討，如松年《頤園論畫》就有一段鮮明對比的話：「西洋畫工，細術酷肖，賦色眞與天生無異，……中國作畫，專講筆墨鈎勒，全體以氣運成，形態既有，神自滿足。」

講求神韻，可謂中國傳統美學的主要特徵。中國人講美，特別注重外美與內美之統一，形美與神美之統一。認為神是物的命脈，沒有神的形是死的形。例如畫龍，不一定把全龍畫在紙上，可以忽隱忽現，留下空白，「計白當

黑」，著重把握龍的神態。表現一個人物更是如此，不僅重視人的形態之美，更重視其美的神態，充分體現其本質的美，即如氣質、性格、思想、感情、智慧和才能之美，這才是最高的美。

這種神韻說，實質上是一種「感情移入」，達到「情景交融」、「形神合一」，實質上也是體現我在第一個題中敘述的太極圖的「陰陽和諧」特徵。

我國這種傳統美學思想，早已滲透在太極拳理論和實踐之中。太極拳在要求身法端正、動作和諧等等規矩的基礎上，對於久練此藝者，也是要求具有一種太極神韻、韻味，也就是人們常說的「太極味兒」。例如，太極拳的戰略思想是「人不犯我，我不犯人；人若犯我，我必犯人」。因而練此拳有素的人，就應該具有一種「我守我疆，不卑不亢」，神態自若，心地坦然，從容不迫，靜運莫慌，泰然應敵的大將風度。太極拳第二式「懶扎衣」等式，就體現了這一思想風貌。

太極拳理拳法講求「輕沉兼備」，強調鬆沉。久練此藝者很自然地就會養成一種鎮靜沉著、心平氣和、遇事不慌的「每臨大事必有靜氣」的氣質。所以，先師曾講「打太極拳，神態要像諸葛亮那樣，不能像張飛那樣。」要忌躁、戒狂。太極推手理論講求「捨己從人」、「隨屈就伸」、「仰之則彌高，俯之則彌深。」「動急則急應，動緩則緩隨」、「引進落空合即出」，化打結合等一系列的辯證拳法，久而體悟，必然使人養成一種能屈能伸、能容能放，機智靈敏的性格。

太極拳之拳架，由於造型美，動作剛柔相濟、開合相

寓、虛實互換、快慢相間、鬆活彈抖、動作螺旋，充滿了
對稱和諧之形，波浪節奏之姿，輕沉兼備之態，氣勢磅礴
之勢，外示安逸之神，給人以瀟灑而渾厚、輕靈而凝重、
舒展而緊湊、活潑而莊重，情景交融的意境之美感。眞可
謂「雖曰習武，而文在其中」，而且理在其中，情在其
中，景在其中，久練此技，必然會趣味橫生，其妙無窮
也。

　　中國傳統文化與太極拳的關係，這是一個大的題目，
其中有許多東西値得我們探討。此文只是抛磚引玉，提出
個人的一些看法，以便引起同好們對這個問題的興趣和關
心。

　　（此文係根據作者1989年12月2日在江西大學所作同題
學術報告整理而成。1990年8月16日又在敦煌全國武術與傳
統文化研討會上發言，並被評爲優秀論文，選入《中國傳統
文化與武術》一書。）

太極圖──太極拳的秘訣

　　太極圖，是研究《易》學的一張重要圖像。現在，我擬破釋的太極圖，是《易》學家繪製的黑白互回、陰陽魚互咬尾巴的太極圖。所以又稱《易圖》。傳說這是七千年前伏羲氏所繪。故又稱《古太極圖》。（如圖1）

圖1　太極圖

　　這張圖既簡易又複雜。說簡單，只有黑白兩色；說複雜，它卻包含了天地萬物的共通規律在內。它以綜合併包的方式，容納多種思維。它既含抽象的邏輯思維，又有看得見摸得著的形象思維。可以說它是一個反映探索世界奧秘的唯象思想結構圖。甚至有的外國人說：「這張圖，有啟迪世界的價值。」所以，有人說它是宇宙的模式，是科學的燈塔。

　　中國傳統文化中許多學科，往往都用這張圖來解釋自己豐富而複雜的內涵。可謂仁者見仁，智者見智。研究傳

統醫學的人說它是一張「人體系統論的圖像」；研究氣功的說它是一張「煉丹圖」；研究繪畫的，如當代國畫大師李苦禪、黃賓虹先生都曾說過：「太極圖，是中國書畫的秘訣。」似乎中國傳統文化的許多學科之中都有一個「易魂體系」，都有一張「太極圖」。

無疑，以「太極」命名的傳統武術「太極拳」，與此圖的關係必然更爲密切。我們可以說這張圖顯示了太極拳的理論體系；囊括了太極拳的秘訣。

牛頓在三百年前說過「幾何學的輝煌之處，就在於它只用很少的公式，而得出如此之多的結論。」我們這張簡單而美麗的傳世寶圖，卻繪出了大千世界萬物陰陽變化的獨特公式。

根據筆者近三十年來從事太極拳的鍛鍊與體悟，對這張圖內涵的理解，感到日益充實而深刻。現在，暫且從以下九個方面探索太極拳的奧秘。做爲引玉之磚，供同道者研究參考，並祈予以批評指正。

一、它是一個整體

從總體上把握客觀世界的和諧和統一，是中國傳統哲學思想的精華。太極圖正是這一哲理的美麗圖像。它是一個整體思維模式。它所標示給人們的是要以全面性、整體性來觀察世界萬物，並且把所觀察的每個事物，都作爲一個系統來看待。

所以說，它是分析各種事物的完整的模式。

太極拳繼承了中國傳統哲學和傳統醫學的這一整體觀。所以它首要的一個特點，就是強調練拳要「周身一

家」、「勁要整」，一身之勁要練成一家，「一動無有不動」「牽一髮而動全身」，強調內不動，外不發、腰不動，手不發。由內及外總須完整一氣等等。

陳照奎老師常講：「打拳一個部位有毛病，可能是全身的毛病，決不是一個部位的毛病；」「一個部位有錯誤，全身都不對。」

這種整體運動觀，是太極拳區別於其它運動項目的重要特徵之一。在日常生活或其它體育運動之中，可以只作局部運動，如我去端一杯茶水，可以伸手端來，坐著的身子可以不動，即可茶水入口。而打太極拳則不准這樣簡單行事。不論大小動作，都必須是丹田帶動，由腰而胸，而背、而肩、而臂、而手。

就是太極推手、散打，也強調「引進落空合即出」，合者即將周身之勁合到一個點上。打拳最忌諱的是「單擺浮擱」。太極拳難就難在此處，好也好在這個地方。因為它可以使人們從五臟六腑到甲皺微循環，得到周身的鍛鍊和調整。

二、它是一個圓形的整體

太極圖，給人的第二個印象就是圓。不是平面圓，而是立體圓，上下左右前後都是一樣的圓。即打拳要求「渾圓一體」、「觸處成圓」、「非圓即弧」、「無凹凸，無缺陷，」達到「圓融精妙」的境界。

太極拳的術語是「內氣鼓蕩，外形飽滿」。即處處有一個「掤」勁。「掤」字即含膨脹之意。太極拳講掤、捋、擠、按、採、挒、肘、靠八門勁別，實質上其他七種

勁都是「掤」勁的延伸。太極拳鍛鍊的宗旨，就是使人體形成一個周身如同膨脹的、帶有彈性的、螺旋運動的球體。似球，又不完全同於球。因為球是無機物，人體是有機物。人體不僅有類似皮球的彈性功能，而且有自身的調節功能。由於通過打拳鍛鍊，人能掌握虛實互換，重心靈活倒換，使自己如同「不倒之翁」。

為什麼強調襠走下弧？就是要求在虛實變化、重心倒換時，襠也要走圓弧（下弧）保證重心變換也在圓弧（圓形）中變化。所以，打太極拳的人，應該把自己渾身的力量鍛鍊成一個內氣充足（鼓蕩）、有向外膨脹感的螺旋運動的球體。這是非常科學的人體力學。

大家知道，鋼筋水泥築成的牆壁，可以用強大的推土機推倒，但再大的力量，也推不倒一個球。為什麼？因為圓體便於保持「隨遇平衡」。

人的支撐點有兩隻腳，如果兩隻腳用同樣力抓地再牢，也會被強大的外力推倒，因為充其量你只有左右（或前後）兩個支撐點，如果你靈活地倒換虛實，變成一個支撐點，就可以保持「隨遇平衡」（如門軸與門扇的關係），這如同球體只有一個重心，所以它就不會被推倒。這是太極拳的所謂「中定」勁。

三、陰陽對稱

太極圖，第三個特徵就是在圓形的整體之中，包涵了兩個對稱的、平衡的黑白互回的陰陽魚。陰陽對立、對稱、對等又和諧地相處於一個圓形整體之內。（圖2）

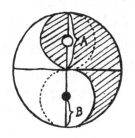

圖 2　太極兩儀面積
　　　對稱相等圖

　　一部《易經》給人以深刻的印象是，這部神秘之書幾乎都以對立的概念作爲基點，即什麼東西都要找一個相應的事物配對。例如：

天　高　動　陰　乾　剛　用　自然　吉
地　低　靜　陽　坤　柔　體　人爲　凶

個個相應，無一不在匹配之中。二者密切配合，相依難分，互相依賴，不可分割。對立的雙方總是統一的。對立統一的思想可以說是中華民族思考問題的始點。

　　太極圖，正是這種思想的完美體現。《易》就是用這種兩分法去揭示事物的本質；就是用這種兩個對稱物的變化去揭示事物變化的規則。

　　「生命就是對立運動」的觀點是正確的。唯動或唯靜，都不完整。「易」者，易也。具陰陽動靜之妙。「一陰一陽之謂道」，許多事物都是由一陰一陽的變化所產生。人們思考問題，總是從陰陽兩個方面按一正一反、兩兩相對安排在一起，來分析、來觀察事物的變化及其規律。抓住這個根本規律，一切問題都可迎刃而解。這就是《易》的基本思路。

　　對稱、和諧，旣是自然界的根本法則，也是太極拳的

最高原則。打太極拳，應該是剛柔相濟，開合相寓，虛實
互換，快慢相間等等一系列的對立統一狀態，使身心乃至
肢體各組對稱的部位都得到平衡的鍛鍊。就是在勁力上，
也是講究對稱、平衡。如左發右塌，右發左塌；前去之中
必有後撐；以及逢上必下，逢左必右等等，以維持自身的
平衡。

四、陰陽互包（互孕）

　　太極圖的第四個特徵，是黑魚有一隻白眼睛，白魚有
一隻黑眼睛。象徵陰中有陽，陽中有陰，陰陽交錯，陰陽
互為其根。這也叫陰陽互包，陰陽互孕。

　　這一特徵，在《易經》之中表現非常突出。一部《易
經》之中所有吉卦的卦形，幾乎都呈陰陽交感之態，凡是
陰陽互孕的卦大都是吉卦。如泰卦、革卦、咸卦等；凡不
會引起交感之卦，大都是凶卦。如未既、否卦、睽卦等。

　　中國美學，自古就提倡陽剛與陰柔要互容、互孕、互
包、而相統一。講求「盡筆之剛德」與「盡筆之柔德」相
結合。（清·沈宗騫：《芥舟學畫》）提倡「寓剛健於婀
娜之中，行遒勁於婉媚之內」。

　　同樣，太極拳也講究開中有合，合中有開，舒展之中
有團聚之意，緊湊之中有開展之功。如「白鶴亮翅」定
式，是開式，但它必須是兩臂開而兩隻手合，兩手虎口
「說上話」，也就是讓兩臂相吸相繫。同時還要求上開下
合，即臂開腿合。兩腿之間又要做到腿合襠開，足合膝
開。從而體現「處處總有一開合」。「單鞭」定式同樣兩
臂開展之中，右勾手虎口必須與左掌根大魚際相合。

虛實關係，剛柔關係也是如此。虛中有實，實中含虛，處處總有一虛實；剛中有柔，柔中有剛。那種把太極拳的勁分作剛勁、柔勁，都不妥當。不論發勁、化勁，不論快慢，都總是剛柔相濟。

五、陰陽消長

太極圖的第五個特徵是：陰魚膨大的部位，陽魚則縮小，陽魚膨脹的部位，陰魚則收縮，陰陽粘隨互補，你消我長，我消你長，陰陽消長。

《易》的運動觀，就是這種陰陽消長，陰陽相對與互補相統一的運動觀。一物之進，必是另一物之退，才能產生均衡中和之態。打太極拳，特別是太極推手之中，必須善於運用太極圖內陰和陽的容忍和進退，消長規律，才能立於不敗之地。

推手，講求「能吞能吐」，能引能進，引進並舉，邊引邊進，上引下進，左引右進。如拳論中所叙：「左重則左虛，而右已去；右重則右杳，而左已去。」太極拳的虛實關係、升沉關係、左右關係等等，周身規矩之中，處處體現這種陰長陽消，陽長陰消的陰陽消長規律。

即所謂「逢上必下，逢下必上」，「逢左必右，逢右必左」，「左沉左必虛，右沉右必虛」。（左側手下沉，左側之足必虛，相反相同）為此，從實戰出發，練拳的時候，必須時刻注意自身凡有上升的部位，必有下沉的部位，有下沉的部位必有上升的部位，（如「金剛搗碓」、「金雞獨立」、「披身錘」等式體現非常明顯）絕對不許升皆升（飄之病），沉皆沉（即滯之病）。

六、陰陽變化的螺旋形式

太極圖的第六個特徵是陰陽魚之間有一條漩渦狀的「S」曲線，它象徵一種動態。標誌著事物的陰陽變化是在螺旋式動態中變化、發展的。

太極拳，尤其陳式太極拳所有勁力和形態動作，處處都要走螺旋。「非圓即弧」，「非順即逆」、「非自轉即公轉」等等。虛實、快慢，都是在螺旋中運動、變化。「開，也是在螺旋中開，而不是掰開；合，也是在螺旋中合，而不是直線合」（陳照奎語）。也正如恩格斯講辯證法的精闢論斷：「矛盾引起發展，發展的螺旋形式。」所以，打太極拳不講纏絲勁，不講立體螺旋者，即不符合太極圖的這一特徵。

七、從反面入手的折迭動態

太極圖中間這條S型曲線，還象徵著任何事物發展變化的左旋右盤的折迭運動，即《老子》的思想方法：「反者道之動」。「將欲歙之，必固張之；將欲弱之，必固強之；將欲廢之，必固興之；將欲奪之，必固與之」。（《老子·三十六章》）

這種順乎自然，而由反而行的方法，基於《易》之「物極必反」的原理。根據這一原理，按中國傳統的，特別是道家的思想方法，促進事物發展往往是從反面入手。連中國的書法也是遵守這個規律。欲右行先從左下筆，欲上挑先下按等等，皆源於此。大家看太極圖中的這條S曲線，就是象徵陰陽變化，不論由小變大，或由大變小皆從

其反向而動。

太極拳中突出的一個勁力特徵，也是從反面入手。欲左先右、欲上先下、欲收先放、欲發先合、欲吐先吞、欲進先引……等等。

如第二金剛搗碓之動作一、二，即先引（右上攔）而後發（再向左下、左前按發）「左雲手」，先向右引（掤）再向左進。推手更為明顯，陳老師常把發人比作拍皮球、盪秋千，欲使球彈得高，必先向下用力拍之。欲秋千盪得高遠，必先向相反的方向引之。

陳式太極拳的所有拳式、動作，皆含有這種「反者道之動」的原理。太極拳技擊中的折迭勁，即基於這一論點。敵進，我則引化，（引化之中有時再加半圈，從而加大敵進之力）此時敵進極，極必返；敵返，我則速打回勁，此即折疊之法也。

其引進中加半圈之法，即折迭中之折迭。這種往復折迭的方法，是太極拳技擊中的重要特徵之一。

八、離心與向心狀態的統一體

太極圖的第八個特徵是：如以陰魚的眼睛為圓心，則陰魚體的螺旋式的作用力是向心的；而陰魚尾所形成的作用力則是離心的。本來向心與離心是作用相反的兩種螺旋力，而在人體，特別是在打太極拳的用勁之中，則體現了兩種狀態的統一性。這是人體奧秘之一，也是太極拳的秘訣之一。

按陳式太極拳的呼吸、內氣運行和發勁規律，都體現了這一獨特的徵象。先從呼吸和內氣運行看：肺部呼氣

（發勁）時，肺腑表現收縮，外氣呈現一種離心狀態；這時內氣下沉，丹田（小腹部位）則表現膨脹，內氣呈現一種向心狀態。相反相同。再從打拳過程中肢體變化看，也多是開合相寓，開合統一的狀態。如「雙推掌」一式，動作四：雙臂掤開，爲離心狀；而右腿提膝、收腹、吸氣、鬆胯、提肛，則呈現向心狀。而兩種相反的力量卻體現一個非常完整的上開下合狀態，在技擊上，則體現了上引下擊之勢。

然後，右腳向前下蹬出，插入敵人之襠部，爲下開之勢（離心）；而上肢兩手合、含胸、塌腰，又呈現上合之勢（向心）仍然是開合相寓、離心與向心相統一，再從一個胳膊來看，也是如此：先是手開、肘合，後是手合肘開，之後又是一個肘合手開（雙掌推出）。也是開合相寓，向心與離心相統一。

此拳最忌諱只開無合（散），或只合無開（癟）。這種離心與向心相結合的運動方式，正好體現了太極圖中陰陽互爲其根的特徵。

九、陰陽氤氳

太極圖的第九個特徵，是兩條陰陽魚非常和諧地、緊密地融合於一個統一體之中。這種陰陽融合性，古人稱謂「天地氤氳（絪縕）」、「陰陽交感」。《易》認爲世界上一切事物，都是陰陽二氣相逢、相交所產生的。「天地氤氳，萬物化醇」、「天地交，而萬物通」。這種「天地氤氳」之說，認爲：只有在陰陽二氣氤氳交合之時，則聚，聚則生；若陰陽二氣不能交合、不能統一，則離，離

則死。

所謂「太極生萬物」的思想，實質上就是這種天地氤氳之說的體現。因此，我認為這張太極圖，還顯出了萬物發展變化中的一種理想狀態。即陰陽相交、陰陽合一、陰陽氤氳。所以，打太極拳的過程，也應該是鍛鍊周身臟腑和各種對稱勁力的相結合、相統一的過程。使剛和柔相結合（相濟），開與合相結合（相寓），虛和實相結合，心腎相結合，任督相連接等等。

所謂「太極勁」，也就是剛柔相合之勁，應該是剛中有柔，柔中有剛，即「棉裡藏針」之勁、「鬆活彈抖」之勁、「內外合一」之勁。關於太極拳的內功，更講求「陰陽氤氳」、「動靜結合」，通過練拳要達到「心腎相交」、「取坎補離」（還精補腦）•「精氣神三寶相聚」等等。那種把太極內功（氣功）同太極拳套路行功看作兩張皮的做法，是違背這種「陰陽氤氳」學說的。

陳鑫《陳氏太極拳圖說·任督二脈論》，就是論述人體陰陽二氣如何通過練拳而相交、相連、相合，而輸通的。甚至古人認為人的氣質狀態也與陰陽二氣的搭配是否諧調有關係。

宋朝哲學家張載就認為人均秉陰陽二氣而生，為什麼氣質並不相同？有智愚、剛柔、緩急、才與不才之異，為什麼會產生這種差別？是輕重清濁互相搭配得不適當所造成的。陰陽二氣中和而正，那是至美至善的，如果偏散不正不合，勢必傾向於一端，而有氣質之差異。

太極拳鍛鍊要旨是要內外兼練、動靜結合、心身合一，而且要求處處和諧、周身各個部位都要做到陰平陽

秘，統一無偏。（這些方面的詳論，可參考《陳式太極拳體用全書》）所以，長期堅持練太極拳的人不僅體質增強，而且氣質和性格也會出現良好的變化。

綜上所述，可見這張《古太極圖》的內涵是非常豐富的，它所包含的太極拳的哲理、拳理、拳法要領也是多方面的。正如《素問‧陰陽離合論》所云：「陰陽者，數之可十，推之可百，數之可千，推之可萬，萬之大不可勝數」。故上述幾條淺見，只能釋其一二，是否有當，願求教於諸同道。

（此文原載《武術健身》1990年第六期，並轉載於台灣《太極拳》雜誌第八十一期）

太極・太極圖・太極拳

——兼論道家思想對太極拳的影響

　　1988年4期《武林》，曾刊載曾慶宗先生的文章《太極・道教和水》，論述道家思想與太極拳的關係。他認為道家思想對太極拳的創編，有一定影響。可是，同年12月《武林》又發表一篇論點相反的文章《周易與太極拳術》，認為太極拳與道家思想沒有關係，甚至以周敦頤的《太極圖說》為證，說明太極拳只能與儒家思想關係密切，從而否定了曾文的一些正確觀點。

　　我認為，這是不妥當的。不論太極拳的創編者是不是道家或道教人士，但從太極拳的取名、拳理構思以及它內功的鍛鍊方式等方面考察，它與道家的哲學思想乃至後來道教的一些養生修煉術均有著密切的聯繫，並受其深刻的影響。雖然，太極拳的理論也受到儒家思想影響，但道家思想對它也有深刻的影響。這個客觀事實，是不容否認的。《現代物理學與東方神秘主義》一書的作者，把太極拳稱為「道家的太極拳」，雖然並不確切，也有一定道理的。

一、「太極」一詞源於道家著作

　　上述爭論的雙方，都承認《易經》的哲理是太極拳產生的理論基礎。這是對的。因為《易經》為中國古代學術

思想的根本。不論儒家還是道家，其思想淵源皆受《易經》影響。無疑，太極拳的根本原理也離不開《易經》的基本思想。但是，形成太極拳的某些具體概念和思想，並不是直接從《易經》中來的。因為《易經》中並沒有「太極」一詞。有人說「太極」一詞雖然不是出自《易經》，但它最早出自解釋《易經》的《易傳》。其實，「太極」一詞是出於比《易傳》還要早幾百年的《莊子》。

《莊子・大宗師》有云：「在太極之先不為高。」經過哲學史家考證，《易傳・繫辭》中的「太極」概念來自《莊子》。因為《易經》早於老莊，《易傳》則晚於老莊。《易經》與《易傳》兩者相距七、八百年。所以，我們說「太極」的觀念，淵源於道家。

「陰陽學說」，也本於道家和陰陽家。春秋末期的老子才提出陰陽是萬物產生與發展的基本動力或屬性。莊子繼之，認為：「至陰肅肅，至陽赫赫，肅肅出於天，赫赫發於地，兩者交通成合和，而物生焉。」太極陰陽說是道家的宇宙觀。老子說的「道生一，一生二，……」其「一」即太極。他認為宇宙是個太極，人體也是個太極，萬物各自有一個太極。太極至廣大，盡精微。陰陽，則是太極這個整體中所包涵的兩大要素。

《陳式太極拳圖說》的作者陳鑫說：「太極拳者，實本太極之理自然而然者，」「事事物物無非本於太極，故也。」「大矣哉太極，妙矣哉太極！太極拳，亦不過仿其形似而已。」說明太極拳與太極陰陽學說是一脈相承的。而孔子、孟子是不講太極、陰陽的。儒家典籍《論語》《孟子》《中庸》裡都不見「太極」一詞，也不見「陰

陽」之說。有人說《易傳》是孔子之作，這早已被哲學史家所否定，至多是孔子之後的門人之作。

二、「太極圖」本於道士之手

「太極圖」與太極拳關係可謂極其密切，太極圖的整體性及其陰陽互根、陰陽對稱、陰陽變化中的螺旋形式等等特徵，都與太極拳創編者的構思密切相關。陳鑫論太極圖時也說：「萬物皆由此出，萬物皆由此生」，「拳莫能外之」。但他因襲儒學舊說，認為「太極圖最早見於周夫子（敦頤）《周子全書》，所作而非希夷」等等。卻把事實搞顛倒了。其實，周敦頤之《太極圖說》中之「圖」、以及其「說」，都是從道士陳摶（希夷）那裡改頭換面而抄襲來的。

從中國哲學史中，不難看出中國歷代儒、道、佛三家是互相鬥爭又互相融合的。就是儒家代表人物周敦頤所處的北宋時期，儒家對佛、道的態度上也是分有三派：一派獨尊儒術，反對佛道；一派主張三教融合；另一派口頭上反對佛道，而暗地融合佛道。周敦頤就是這一派的代表人物。周的《太極圖說》就是這種融合觀點的代表作。表面上說成是儒家的思想，與道家思想毫無關係，其實，它與道家思想有深厚的淵源。

這有史實為證。先說其「圖」。載於《周子全書》的「太極圖」，根據明、清許多學者考證，此圖係以道教的《太極先天之圖》和《水火匡廓圖》為藍本和基本材料而製成。不僅如此，周敦頤還與道士有一定的師承關係，他的「太極圖」，即師承於北宋初的道教學者陳摶（陳希

夷）。此事南宋朱震《漢上易解》中即談到：「陳摶以
《先天圖》傳種放，放傳穆修，……穆修傳周惇頤，（周
敦頤原名）惇傳程顥、程頤。」明末黃宗炎則論證周的
「太極圖」來源於陳摶的「無極圖」（二圖比較，圖式完
全相同），此事還有詩為證，周敦頤在遊道觀時，曾作過
一首題名《讀英真君丹訣》的詩：

> 「始觀丹訣信希夷，蓋得陰陽造化機。
> 子身母生能致主，精神合後更知微。」

（按道教術語，「子」係指水火；「母」即金木；
「主」，聖胎；「精神合」，精氣神合而為一；「知
微」，還虛。）

由此可見，「太極圖」並非「粹然孔孟淵源」，而實
在淵源於道教。《太極圖說》其中的文字之論說部分，也
是從道教《無極先天圖》後邊之《說》為其藍本。不只內
容，乃至寫作形式上也極為相似。因篇幅所限，不再一一
抄錄。讀者有興趣可以去比較。（見《中國道教思想史
綱》）

三、太極拳理與道家思想

《陳式太極拳圖說》序云：「其書以易為經，以禮為
緯，出入於黃老。」從此序言乃至全書內容不難看出，太
極拳的創編者的入手點和落腳點，均未離開道家的哲理和
道教的身心修煉之術。雖然該書大量文字是標榜儒家之
說，但其中創編者的構思，拳理中許多重要論點及鍛鍊要
領確是出入於黃老思想。試從以下幾個方面觀察：

㈠ 太極拳創編者的世界觀受道家思想影響

有些人在太極拳的創編人是不是道士張三豐上爭論不休。其實據現有的大量史料考證，尚不能證明太極拳的創編人是道士張三豐。但河南溫縣陳王庭創編太極拳卻有史據。雖然太極拳的創編者並不是道教人士，但創編者受道家思想影響確係無疑。陳王庭的一篇遺詞，幾乎滿紙都是道家的天道觀和自然觀，其詞云：

「嘆當年披堅執銳，掃蕩群氛，幾次顛險。蒙恩賜，罔徒然。到而今，年老殘喘，只落得《黃庭》一卷隨身伴。悶來時造拳，忙來時耕田。趁餘閑，教下些弟子兒孫，成龍成虎任方便。欠官糧早完，要私債即還。驕諂勿用，忍讓爲先。人人道我憨，人人道我顚，常洗耳、不彈冠，笑煞那萬戶諸侯，兢兢業業不如俺。心中常舒泰，名利總不貪，參透機關，識破《邯鄲》，陶情於漁水、盤桓於山川。興也無干，廢也無干，若得個世境安康，恬淡如常，不憂不求，那管他世態炎涼，成也無關，敗也無關，不是神仙，誰是神仙？」（見《陳氏家乘》）

陳鑫《陳式太極拳圖說》結尾末頁最後一首《五言俚語》中的結論性的幾句話「返眞歸樸後，就是活神仙」，與上述陳王庭的思想是一脈相承的。

由此可見，這種「道法自然」的出世思想決非儒家觀念，而是典型的道家思想。

㈡ 太極拳的拳理拳法中充滿了道家的哲理

道家的世界觀，認爲一個「得道者」應該是：一、能與自然界協調地生活；二、做每一件事都能獲得成功。因而他就要把注意力完全集中到對自然界（包括自身）的觀

察並揭示其規律上，即道。道家的世界觀，是從對立面的不斷相互作用這個觀念出發，得出以下人類行爲的幾條基本原則。這幾條哲理與太極拳理息息相關。

一是陰陽對立而統一的兩極關係。《莊子》認爲「是此亦彼也，彼亦是此也……彼是此，莫得其偶，謂之道樞，樞始得其環中，以應萬變。」這正是太極拳論中的「化即打，打即化，」化打結合，「虛籠詐誘，只爲一轉」，打和化，引和進都在一個螺旋圈中完成。此論與莊子之說何其相似！

二是每當你想要達到任何目的時，就應該從它的反面入手。老子說：「將欲歙之，必固張之；將欲弱之，必固強之；將欲廢之，必固興之；將欲取之，必固與之，是爲微明。」太極拳拳法中也講求「往返須有折疊」，欲左先右，欲右先左；推手講：「欲要先給」，「欲順先逆」、「欲逆先順」，「要多少給多少，半點也不多給；給多少要多少，半點也不多要」，「如意要向上，即寓下意。若將物掀起，而加以挫之之意，斯其根自斷，乃壞之速而無疑。」這些要領與老子之論點不是如出一轍嗎？

三是你想要保留任何事物，就要在某種程度上容忍它的對立物。老子說：「曲則全，枉則正，窪則盈，敝則新。」拳論中的「隨人所動，隨屈就伸」，「能吞方能吐，能捲方能放」，「能引進落空，才能四兩撥千斤」，「左重則左虛，而右已去；右重則右虛，而左已去。」等等，正是這種平素鍛鍊能容納對方來力的本事，才能發放自己的勁力，保持自己的平衡。亦即拳論所云「順其勢，借其力，戰而勝之」，還是「樞始得其環中」，在其螺旋

運動之中。

㈢ 道敎的內丹修煉術是太極拳內功的依據

道敎養生術的精華，在於以丹田運化爲修煉核心。以經絡氣血津液暢通爲宗旨，以運動鍛鍊性分泌腺爲重點，通過煉精化氣，煉氣化神的過程以達到精氣神三寶相凝聚，身心性命相平衡爲目的。

所以，道敎徒做功，不論是作導引吐納功法或靜坐修煉功法，其重點多放在修煉下丹田，又稱正丹田，指會陰穴之上，命門穴前下，小腹之內的性腺系統。因爲人的性腺系統功能的提高，會使人出現一系列的生理變化，特別是經過「煉精化氣、煉氣化神」的重要過程，實現「還精補腦」的功能，從而增強生命活力。

而太極拳的內功，尤其陳氏秘傳太極拳的丹田內轉功法，與上述道敎修煉的理論、要旨、修煉方法及重點等等，幾乎完全一致。陳鑫《陳式太極拳圖說》談及練拳要旨時曾云：「存於中者，如道家所言，積精累氣，積氣歸神之謂也。人能精氣充足，則心手眼俱到，無論任何運動，精神自足，絕無疲憊之態。形於外者，如孔子讚老子曰，老子其如龍乎。……」《圖說》中之《任脈督脈論》，正是論述道家修煉內丹之河車搬運功法。而太極拳的氣沉丹田、丹田內轉諸功法，也正是河車搬運功法之基礎功，即煉精化氣之法門。

㈣ 關於太極拳與水的關係問題

曾慶宗先生認爲以柔克剛的拳理與老子哲學思想有關係。他把太極拳喻爲《水性拳》，反駁文章則反對這種觀點。其實把用兵、打拳比作水，也不是從曾慶宗先生起。

《孫子兵法》即有多處把用兵比作水，他說：「夫兵形像水，水之形避高而趨下，兵之形避實而擊虛。水因地而制流，兵因敵而制勝。故兵無常勢，水無常形。能因敵變化而取勝者謂之神。」（《虛實篇第六》）又云：「激水之疾，至於漂石者，勢也。」（《兵勢篇第五》）又云：「勝者之戰民也，若決積水於千仞之溪者，形也。」（《軍形篇第四》）就是陳鑫所著的《陳式太極拳圖說》之中，也有把打拳比作水的言論：「其以柔進，如水之波旋轉」。水並非純柔和柔弱，君不見水力採煤中的水槍有多大的力量？君不見洪水激浪的衝擊波有多大威力？這些能叫做純柔、柔弱嗎？我認為將用兵打拳比作水無可非議，全面觀察水性也是剛柔相濟的，它既有柔弱的一面，也有堅強的一面。正如老子所云：「天下莫柔若於水，而攻堅強者莫之能先。」（78章）

當然，根據太極陰陽學說，我贊成太極拳應該是剛柔相濟的拳，不贊成把太極拳規定為純柔，只講大鬆、純柔，不講甚至反對「剛柔相濟」的種種論調。不然，還叫什麼「太極拳」！太極者陰陽對立統一之整體也。

以上我謹對有關太極拳與道家思想（以及後來的道教修煉術）的關係，闡述個人的一點淺見。但我並不排除太極拳之拳理也受儒家及其它學術諸家的影響，因為自古以來，中國傳統文化中之諸子百家，往往是互相排斥、又互相吸取的。拙見是否有當，尚祈同好們批評指正。

（原載1991年第二期《武林》）

學習陳鑫的治學精神
加強太極拳的理論研究

——紀念陳鑫先生誕辰一百五十週年，在溫縣第五屆
國際太極拳年會學術研討會上的講話（1998.8.24）

首先，感謝大會給我一個機會，讓我把幾十年來學習、鑽研、實踐和傳播陳式太極拳的經歷和體會，向陳家溝的父老鄉親、諸位前輩和世界各地來的朋友們作一次匯報。有人說你這是「班門弄斧」，我說這是老師讓我這個小學生接受一次考試的好機會。因爲我每次來陳家溝，都有回到自己的家鄉一樣的感覺。人，貴不忘本——這是我們中國人的傳統美德。飲水思源，我永遠忘不了的是陳家溝的太極拳、是陳家溝的一代宗師陳照奎引我走上一條生路，給了我第二次生命，使我這個72歲的老頭子，仍保青春精神，這是我一輩子也報答不完的恩情。由於我起步晚，功夫淺，所講的難免有錯誤，還希望大家給予批評和指教。

今天，是我們的老前輩陳式太極拳一代導師陳鑫公誕辰150週年（1849—1998）。陳鑫公，是近四百年來，第一次全面總結、系統闡發陳氏世代積累的太極拳拳理、拳法的傑出的理論家。他的巨著《陳式太極拳圖說》是中國自有太極拳以來的第一部最完整、最輝煌的經典之作。至今它仍閃耀著奪目的光彩，它對今天普及和發展太極拳，

尤其在理論方面的貢獻，仍有極其珍貴的價值。

對我個人來說，可以說引我走上太極拳之路的是陳照奎先師，而使我最早從理性上認識太極拳、而熱愛太極拳達到入迷程度的，正是陳鑫這部《陳式太極拳圖說》。

1963年顧留馨、沈家楨合編的《陳式太極拳》剛一出版，我就愛上了此書後邊所附錄的陳鑫的諸多拳論和語錄。後來，我千方百計找這部《圖說》的原著。聽說河南省圖書館存有此書，但是不肯外借，因為該書封面署名是褚民誼題簽。文革期間（1970年）我通過在河南省文化局工作的我原來的一個學生閻豫昌（也是你們河南的一位作家），「走後門」借到了這部書，如獲至寶。當時，沒有複印條件，我只好一個字一個字地照樣抄錄下來，四卷線裝的《圖說》，我硬是花了一冬天的時間，20多萬字，幾百張圖畫，全部原原本本抄錄和描繪下來，照樣地用白線裝訂四冊，保存至今。之後再把原書送回河南。當時，把我右手的食指和中指都累腫了。但是，精神上非常愉快，因為我終於獲得了一盞練拳的指路明燈。

當時，我感到從此書中不僅學到了陳氏拳的拳譜、拳理、拳法，而且學到了陳鑫公那種嚴謹治學、善繼、善述，發憤著書，對後學高度負責的崇高精神。當我讀到他在序言中下面一段話時，內心非常激動。他說：

「愚今者，年逾七旬，衰憊日甚。既恐時序遷流，迫不及待；又恐分門別戶，失茲真傳。不得已，於課讀餘暇，急力顯微闡幽，以明先人教授。精粗悉陳，不敢自秘。自光緒戊申，至民國庚申，十有三年，後書始成，又強振精神，急書於簡，雖六月盛暑，不敢懈也。……」

　　從上述發自肺腑的語言中，可以看出一位對中國文化遺產、對先人太極拳事業，抱以極其忠誠、極其負責態度的傳人，其崇高精神躍然紙上，令人肅然起敬。同時，我們從全部《圖說》中，還可以看出陳鑫公那種嚴謹的治學方法，他「本羲易奧旨，循生理之血脈，解每式之妙用，指入門之訣竅。」「探原於易，出入黃老」，「反覆申明，不厭其詳」，「發前人之未發」。眞是「善繼、善述，有光前烈。」

　　陳鑫公雖然離開我們七十年了。但他這種嚴謹而負責的治學精神，仍然活在我們每個熱愛太極拳者的心中。正如陳鑫公所預料的：隨著時代的演變，傳人的領悟不同，拳架可能有所變化。但陳鑫的治學精神和重視拳理學習的教導，卻仍是我們每個人都要學習的。陳鑫說：「學太極拳，必先讀書，書理明白，學拳自然容易。」他又說：「善學者，必以理爲尙。」他還告誡那些不重視拳理學習的人，「不流於狂妄，即涉於偏倚。」這些話，都非常中肯。任何一門學問，其原理屬於它的靈魂，所以我們中國傳統文化各方面的先賢們，歷來，都極其重視理論的研究及其在實踐中的指導作用。明·馮夢龍講：「一時之強弱在力，千古之勝負在理。」英國學者弗朗西斯·培根，也曾說過：「隨之我們就會看到：智慧和學問之碑，是怎樣遠比權力和武力之碑，更加長垂不朽！」《學術的進展》。說到此，我們感到陳鑫的《圖說》就是一塊長垂不朽的豐碑。所以，我們在繼承、研究和發展太極拳的事業中，同樣必須向陳鑫公學習；在繼承的基礎上高度重視對實踐的總結和理論的研究，豎起更多的理論豐碑。

但是，太極拳的理論研究，在整個太極拳事業的發展中，至今仍是一個薄弱環節。1986年《人民日報》曾發表過一篇文章。文章說：「我國太極拳的理論研究工作正面臨挑戰。我國對於太極拳理論的研究卻一直發展緩慢，處於零星分散狀態，對於太極拳的力學分析、健身價值、生理機制等方面，缺乏科學的定性、定量研究，在理論和研究手段上，遠遠落後於日本等國。」這些話非常切合實際。

最近溫縣體育局局長原福全先生在今年第七期《武林》雜誌上的一篇談話，闡述了同類觀點。其中他也強調要重視拳師素質的培養和拳理拳法的研究。他說：現在來學拳的國內國外的學員，大都有較好的文化基礎。他們學拳，學的不僅是拳術，而往往是以拳為載體，從中研究、探討東方文化。所以我們的拳師應該具備較高的文化素養，能深入地理解拳的內涵。」原國家武協主席徐才先生，也曾說過：「有一位法國朋友來中國學太極拳，他說是為了從中學習中國的人生哲學。」

綜合上述大家一個共性的認識，就是我們太極拳界的同道們，面臨一個重要的任務，就是必須加強理論學習、理論研究，使我們隊伍的素質，向一個高層次發展，像陳鑫公先生那樣，執著追求、鍥而不舍，傾注畢生精力和心血，刻苦鑽研，「顯微闡幽」，使太極拳的理論的發展有一個新的飛躍！

如何加強對拳理的研究，經過多年來的實踐，我認為必須從三個方面努力下功夫：一是把握傳統哲理，弄清太極拳理的哲理依據，從而掌握它的思維方式。二是依靠現

代科學知識，弄清太極拳比較玄奧的一些東西，增強理性認識，從而看清它的科學價值和時代價值，增強我們弘揚它的信心。第三，就是要下苦功夫，刻苦實踐，從難從嚴過細地，讓每個拳式，每個動作合理合法，眞正做到實踐與理論相結合。

一、從把握中國傳統哲理入手，弄清太極拳的理論依據

按陳鑫的說法：明理，是步入太極拳大門的第一關。縱觀一部《陳式太極拳圖說》，其中第一卷（卷首）前70頁，都是圖文並茂地講解易學原理，講太極陰陽學說；接下來，又用了50頁，講解中醫的經絡學說。然後，是依據上述原理而來的拳理、拳法，並且將這些原理貫徹到全書各個章節乃至各個拳式、各個動作。通覽全書，從中可以看出，太極拳的創編，有四大理論支柱：一是易經的太極陰陽學說；二是道家的養生術；三是中醫的經絡學說；四是傳統的兵學，如《孫子兵法》，戚繼光《紀效新書》等等。爲了繼承太極拳，爲了弄清太極拳的豐富內涵，我們必須首先虛心向古人學習，弄懂這些古典理論依據。然後，才可以明白太極拳創編者的思維方式和拳理依據。

但是，根據多年的體察，我又發現四大理論支柱之中，陳鑫又是以易學爲總的指導思想，以太極陰陽學說爲太極拳的總的思維綱領。因爲，中國的易經，是群經之首，歷來，哲學總是各門學科的統帥，在中國的各門傳統文化中，幾乎都有一個「易魂體系」。名之曰「太極拳」的這個拳種，更不例外。

　　為此，我們鑽研太極拳的理論，必須認眞學習和把握易經中有關比較複雜的太極陰陽分合律的思維方式。如果我們只籠統地知道「陰陽相濟」四個字還遠遠不足。爲了具體弄淸陰陽種種變化的規律，多年來我自學《周易》訂閱《周易硏究》、《哲學硏究》等刊物。爲了弄淸中國醫學中的「經絡學說」，我還參加河北醫科大學中醫敎授劉亞嫻主講的「中醫專修班」，甘當小學生，與年輕人們一起認眞聽課，記筆記。此外，我還鑽研了有關太極拳的多方面的哲理知識。

　　其中，收穫最大的是我感到基本上弄通了易學哲理中與太極拳拳理有關的陰陽變化的基本規律，掌握了這把金鑰匙。

　　一部易經，八八六十四卦，幾乎都是講陰陽搭配的關係。凡是陰陽搭配合理或比較合理的卦，陰陽相互交感的卦（不論母卦與子卦，內卦與外卦，以及六爻之間），大多是吉卦；相反，則多是凶卦。聯繫太極拳，也是如此，凡是拳架、動作，乃至推手、交手之中，能合理地運用種種陰陽變化規律，使之陰陽搭配合理，打著順遂，看著舒服，拳也就漂亮。推手、交手，自己善於陰陽搭配，而善於使敵人陰陽離決，就容易得機得勢而取勝。

　　我粗淺的體會是，練拳之中，必須切實把握下列陰陽變化的幾種規律（思維方式）。

　　㈠ **陰陽對應性**。陰陽對稱，相應，從中可以悟到「逢左必右」、「逢上必下，逢前必後」，「左發右塌」、「右發左塌」，例如左右金雞獨立，手上托，腰胯必須鬆沉，有上有下；又如懶扎衣，右手發下塌勁，左胯

要鬆沉，如此等等。從中體現運勁中的動態平衡的要求。

㈡ **陰陽互包（互孕）性。** 從中可以理解太極拳剛柔相濟、開合相寓、輕沉兼備、化中有打，打中有化，化打合一等一系列拳術要領。陳照奎老師用比喻的語言，講白鶴亮翅開展動作時說，「讓左手與右手虎口說上話」，單鞭定式，兩臂掤圓，左右手掌根說上話。開中有合。他教拳，常講「團聚之中要有開展之功，舒展之中要有團聚之意」等等。都是在這一原理指導下的動作規律。

㈢ **陰陽互根性。** 例如拳論中的「虛實互換」、「處處總有一虛實」的要領，就是基於這一哲理。設想：「邁步如貓行」的要領，左腿如貓出腿之輕靈，而此時右腿必感更吃力，因爲它是根。

㈣ **陰陽全息性（或整體性）。** 從中可以進一步理解「周身一家」、「一動無有不動」、「腰不動，手不發」，以腰爲核心，腰帶整體，而整體之中各部位、各臟腑之間又是息息相通的。所以，練太極拳，必須把握它的整體性。例如發力，其施力點、勁路、樞紐、發力點（著力點）必須節節貫串而一致。

㈤ **陰陽變化的有序性。** 陰陽總在變。正常情況下，陰陽變化有序，可以促使事物健康發展。運用於太極拳，就是「往復有折疊」。欲左先右，欲上先下，欲放先捲，欲擒先縱，欲開先合，欲發先蓄等等。即所謂「從反面入手」。老子講的「反者，道之動」，就是這個道理。

㈥ **陰陽變化的漸變性。** 陰陽變化包括漸變、突變，量變、質變。我們練拳，從養生角度考慮，應該是力求生命的漸變，生命長期健康，保持生命的質量，延緩衰老，

老得慢一點，盡力防止突變。那麼，太極拳這種運動，就像陳鑫講的要「沿路纏綿，靜運無慌」，做到有氧代謝，打拳要求沉、穩、慢，增強耐力，但也要練練發勁，快慢相兼，養練結合，形神兼練，這樣肯定更利於健康。

㈦ **陰陽變化的螺旋形式**。陰陽變化，都是螺旋式的、波浪式的，沒有直來直去。《自然辯論法》告訴我們，「矛盾引起發展，發展的螺旋形式。」太極圖（易圖）也向我們標示：一是圓形整體；二是其中包含對立的陰陽兩種內含；三是陰陽之間變化的S線（螺旋形式）。尤其我們練的陳式太極拳，更講求順逆纏絲，打拳三個圓；推手三個圈，都是體現這一要求。

㈧ **陰陽變化的莫測性**。「陰陽莫測之謂神」太極拳博大精深，陰陽變化莫測，人體潛力莫測，環境變化莫測，與敵交手對方手法變化莫測。練拳的人必須從鍛練靈敏度，形神兼練，掌握多種應敵功夫，「因敵變化示神奇」，乃至多種適應環境變化的功能。練太極拳的人，應做到與自然、環境、與社會環境，與人際關係，都能相適應，達到一種「無礙妙境」。

總之，我個人多年的體會：一旦弄清了這些易學中陰陽變化規律，則可以使整套拳架，每個拳式、每個動作，都能做到合理、合乎陰陽之理。一通百通，一了百了。

二、依靠現代科學知識，驗證太極拳的時代價值

講到用現代科學武裝自己，以現代科學理論，揭開太極拳神秘的面紗，來驗證太極拳的科學性和時代價值，對

我來說這是個難題。大家知道，我本來是學中文的，工作也是長期從事文字工作，而對現代自然科學知識知之甚少。從而研究太極拳，有許多困難。

隨著現代科學知識的不斷充實，和在實踐中的不斷體悟，對太極拳論中原來某些模糊、玄奧、神秘的一些論點，逐步有了一些新的、比較透徹的理解。例如，原來困擾我的用意與用力的關係問題、呼吸問題、「張為蓄，弛為用」以及對「精氣神關係的問題」的眞正理解。

我帶著這些問題，經過反覆學習現代生理學、心理學以及人體力學、生命科學等方面的現代科學知識，逐步從中得到解答。

例如：

㈠ 關於呼吸問題。原來一般拳論中一種是講自然呼吸；一種是強調丹田呼吸（腹呼吸、內呼吸），練闢谷的人又強調皮毛呼吸等等。通過對人體呼吸系統的研究和體悟，我逐步弄淸了只有使肺呼吸（胸呼吸）與腹式呼吸（丹田呼吸）相結合，才有利於加大肺活量、更好地實現有氧代謝，增強體能。

當然，前輩提出重視腹式呼吸，本來是正確的、無可非議的，因爲人體生命從母胎到剛剛出生，就是靠腹式呼吸。但也不可輕視肺呼吸。而一般成年人又只重視胸肺呼吸，而忽視腹部呼吸。我在實踐中，逐步體察到，只有兩者正確結合，才是正路。肺活量是生命健康的標誌之一。男女肺活量不同，隨著年齡的變化也不同，但是運動得法，老年還可以保持5000毫升。肺呼，丹田膨脹；肺吸，丹田收縮。這樣有利於：①加大肺活量及肺部的健康；②

更有利於有氧代謝；③實現腹內按摩，有利於腹內諸臟器的健康。同時，從中我也弄清了「張爲蓄，弛爲用」的道理。

㈡ 關於「用意不用力」等說法，按現代科學知識，都是犯了片面性的錯誤。

太極拳重視用意，是完全正確的，不准用力是錯誤的；重視練身，是完全正確的，不准練招是錯誤的。側重一個方面，否定一個方面，都是違背了陰陽相濟的原理。

關於力，我查遍了有關人體力學書籍及辭海、詞源等經典論著。加上我老師陳照奎常講的「天下哪裡有不用力的武術」？的論述。最後，我認爲：太極拳離不開意氣力三者的結合，力是不可少的。力，包括巧力、拙力、僵力、笨力等等。關鍵是我們只是強調用巧力、用小力勝大力而已。或者叫做勁，勁也是力。

力的出現，都是成對的。有作用力與反作用力。你頓步、蹉步、震腳是作用力，大地還你以同樣的反彈力，即反作用力。太極拳，就是巧妙地利用作用力與反作用力（力的陰陽）的種種辨證關係練拳和應敵。「四兩撥千斤」，關鍵是一個合字、一個撥字。我的小力與對方的大力合而爲一，稍微用四兩勁改變一點角度，合力順勢而使來力落空。

打拳，我強調用意念力。即以意念導向，發揮一種無形的作用力（有的拳叫「試力」）。有假設的反作用力，從中練習發力、借力、化力，引而後發等等技巧。所以，強調用意是對的，不用力是錯的。因爲意念也是一種隱形的力。

從養生角度講，這種加大掤勁，用意導引的技巧，對人體微循環的調節大有好處。

又如，人體力學中的力偶、槓桿、內力外力、離心力與向心力等等力學原理，都可以運用於太極拳的種種技巧之中。

㈢ 關於拳走低勢的問題。我的老師陳照奎傳我的叫大架子、老架子、低架子（他不同意叫新架子。陳伯先老師、陳立清老師，也講當代陳家拳，只講大架與小架，不該再把大架又分老架、新架，建議今後傳統大架只分83式、75式等等即可，多求同，少求異，盡量求同。）關於拳走低架，當今也有人非議。認為低架不利於通氣，某些為省力而打高架子的人，甚至說我老師早逝是因為打低架，實踐證明，這都是謬論。

① 我與老師前後相處 9 年之久。我的老師早逝是因為文革期間他的不幸遭遇及其他幾種原因。

② 當今練老師低架的人，我的師兄、學生（我個人）的事例，年齡達到七、八十歲以上的，大有人在。

③ 現代許多科學知識，強調加強人體下盤運動。如英國的體育專家格拉斯哥講：「從下世紀起，人類生活方式的一個重要變化，是重視健康，在各種健康運動中，更重視下肢運動。……」我國古人有云：「神仙留下健身方，開襠下胯最為良。」

④ 從力學角度和我的若干堅持打低架的學生的實踐證明，打低架有若干好處。人體力學，告訴我們重心下沉、運動下肢，有利於人體重心穩定，有利於動態平衡（例如不倒翁），有利於防止骨質疏鬆；一些資料還告訴

我們，多練下盤，五趾抓地，大趾抓地有利於性功能改善；二、三趾抓地，有利於調節胃功能等等。另外，我看到《心意六合拳》的內經中，其中有一篇《地龍經》，也是大講拳走低勢的好處。我的學生中，有兩位醫學專家（姚文虎、王文波），他們在若干病人中研究出，走低架、襠走下弧，大大有利於改善性功能。而性功能的好壞，是人體健康與衰老與否的重要標誌之一。還有一個資料，襠走下弧，雙胯鬆沉走橫 8 字型，有利於大腿內側肌肉鍛鍊，可以刺激下垂體和腎上腺，使內分泌旺盛。有若干學生的生理改善，有力證明了拳走低架，加大襠部運動，有利於內分泌的改善（列舉若干事例，略）。還有，美國醫生開吉爾為一位尿失禁的婦女治病，讓她鍛鍊 P、C 肌的收縮與放鬆（稱為不為人知的運動）。結果出現意外的功效。不僅治好了尿失禁，還治好了乳房下垂、性生活缺陷、痛經，以及減肥的效果。

總之，通過一些現代科學知識的驗證，使我更深刻地認識了傳統陳式太極拳的時代價值。在各種運動、功法中太極拳至少具有以下幾大優勢：

① 它是終身體育（從小練到老）。

② 它是整體健康術（性命雙修、身心兼練）。

③ 它有防身價值（養生與護生結合）。

④ 它有很高的文化價值（人格修煉）。

⑤ 它是「上實下虛」等時代病的剋星。

三、從難從嚴過細地刻苦實踐，讓傳統套路的每個動作都合理合法

　　學拳，明理是第一關。但只明理，不實踐，仍係空談。太極拳，是一門實踐學。只有在吃透拳理拳法的基礎上，通過從難、從嚴、過細地刻苦實踐、刻苦鑽研、潛心體悟，並且能有持恆的毅力，才有可能較好掌握太極拳這門科學。愛因斯坦說：「科學是一門永遠寫不完的書」。我說：「太極拳是一門永遠鑽研不完的科學。」

　　練拳為了減少盲目性，少走彎路，避免把拳總打成空架子、花架子，必須在鑽研理論的基礎上，「從難、從嚴、從細」地在實踐中，不斷充實、不斷糾正、不斷使拳架昇華。這6個字，是陳老師教我練拳時的方法，幾十年來，我就是認認眞眞按先師的敎導刻苦練拳。他說：「拳架是整個太極拳全部功夫的基礎。」所以，我今年七十多歲了，仍堅持按老師的吩咐，打低架子，堅持天天打拳，天天出大汗，年老了也每天至少兩遍拳。其中，關鍵是按老師教我的6個字練拳，即一定「從難、從嚴、過細」地邊練、邊悟、邊總結、邊充實、邊提高。

　　關於「從難」。即越難練的動作，越認眞按拳譜要求，按老師敎導去刻苦地練。例如打低架子，肯定吃力。低架子，倒換虛實，再做到禓走下弧，更難。如練雀地龍，仆步、低勢，我仍能禓走下弧（示範）。跌岔，有些年輕人都不願跌，我今年72歲，每趟拳照跌不誤！

　　關於「從嚴」和「過細」。就是細小動作不可馬虎、每招每式的內涵要弄清楚明白。能「掰開揉碎」（陳照奎

語）。不達目的，不罷休。學無止境，藝無止境，永遠當小學生，永遠孜孜以求，永遠不知足（生活上知足，拳上不知足）。一天一個進步，每一遍拳都有一點新收穫。並且一年365天，天天不停，大年初一不停。尤其比較複雜、要過細地弄明白的動作，一個一個地吃透，弄明白，並且練到身上。一句話，每天除了吃飯、睡覺之外，就是一個字——拳，練拳、鑽拳、改拳，把太極拳當作我生命的一部分，視拳如命。

例如，爲了弄清每式、每動的勁路、勁點、變化，我把一路、二路拳600多個動作的每個動作當中包括幾個勁點、勁點的大小變化、方向位置、來龍去脈，都弄清楚。如「第二金剛搗碓」動作一，其中四個勁都要弄清楚（示範）。

又如重心倒換，傳統拳路非常清晰。有些拳式動作重心錯了，一錯百錯。如「退步壓肘」、「閃通背」最後一動，重心一定在左。某些新編套路規定重心偏右就錯了。又如「第一前蹚」接「第二斜行」過渡動作中五次倒換重心，要一一弄清（示範）。

「擦腳」、「蹬腳」動作之後的一個開合，一定要做到①放鬆；②再加掤勁、掤開；③再合。體現開合關係。但此時，下邊一隻腳非常吃力、困難。但只有如此，才能鍛鍊下肢的耐力（示範）。

「金雞獨立」也是如此。老師要求一定有上有下，合乎陰陽對應的原理。同時，慢慢托起，肯定會鍛鍊下肢的支撐力（示範）。

老師強調三節互用，如《孫子兵法》所云「擊首尾相

應，擊尾首相應，擊中首尾相應」。尤其重視「重武器」
（中節）的運用，做到三節勁，節節互變，節節貫串。例
如「金剛搗碓」動作一起勢，也有三節變化。「單鞭」又
易忽視了右肘的運用。提腿，又易忘記了膝部的運用。
「懶扎衣動」三一幌肩，又丟了肩靠勁等等，都屬於丟勁
（示範）。

關於扣腳。今天一天考拳師48人，多數不知扣腳。這
方面我老師也很認眞。要求有時以腳跟爲軸（如懶扎衣、
單鞭）；有時以腳掌爲軸（閃通背），有時先腳跟後腳掌
（掃蹚腿），爲什麼碾開？爲什麼裡扣？都有不同的技擊
含義（示範）。

很多動作，老師特別強調以技擊含義（拳法）考核許
多動作的正誤。例如：攦法。有人把兩臂拉得過寬，老師
說：「人家的胳膊是橡皮筋的嗎？」又如攦時，有人不懂
裡合肘、墜肘。老師說：「你前手、後手還要不要保護肋
部？」墜肘了，又有沒有掤勁等等。

關於立體螺旋。臀部的翻沉，「六封四閉」腳走後
弧，以走胯靠。又如陳老師講的打拳三個圓、推手三個
球，都是非常細膩而有趣的拳法。只有過細地去鑽硏和實
踐，才可以把握到手。而且這些東西，都體現在拳架一個
個的動作之中。

寫詩，講求「詩在詩外」，打拳，旣在拳外，也在拳
內。

陳照奎老師傳的正宗傳統拳架，大家公認是太極拳中
的精品。它所以「精」，就精在通過「從難、從嚴、過
細」地認眞刻苦鍛鍊，讓每個拳式、每個大小動作，都個

個符合拳理、拳法。所以，我說在過好明理關的前提下，還必須讓理論結合實踐，服務實踐、指導實踐、驗證實踐、發展實踐。那麼，我們做為陳式拳的愛好者、繼承者、傳播者，就應該永遠做小學生（當老師是暫時的，當學生是永久的），下苦功夫，認真學習拳理、掌握拳理，弄清每式每招的拳理依據和技擊含義，不斷充實其內涵，使套路的每個動作，都做到「**合理合法又科學**」，使每個拳式和動作，都經得起拳理的檢驗、科學知識的檢驗、交手的檢驗，精益求精。從而使陳家代代相傳的傳統拳架更加充實，更富於科學性，正如趙乾杰和程齊先生8月21日講的：「咱們這代人，要讓太極拳從理論上有一個新的飛躍！讓它向高科技、高知識層次發展。」而且，讓太極拳在精神修煉方面，也達到一個高的境界。在精神文明建設和全民健身運動中，使它普及更廣，提高更快。

最後，我願向各位朋友，向陳溝的父老鄉親，向各位老師前輩表態：我一定要以陳鑫公為榜樣，把太極拳事業當做自己生命的一部分，傾注畢生精力和心血，忠誠地繼承，精心地鑽研，熱情地傳播，為在全世界弘揚陳式太極拳奮鬥到生命的最後一站。

謝謝大家！

（根據錄音整理）

2

基　礎　篇

太極拳基礎功夫論

一、拳架是太極拳全部功夫的基礎

從事任何一門科學的研究，都必須對這門學科有深厚的基礎，基礎越深越廣越好。因為只有對這門學科理解能力越高，才能培養起自己對它的見解、質疑和分析的能力。無數科學家的經歷證明，成為一個好的科學家，基礎、天資、毅力三者缺一不可。

太極拳，是中國傳統文化中的瑰寶，它兼備文武之道，可謂我國特有的一門既古老又新鮮的科學。它的內涵非常豐富，正如人們講的「博大精深」。它具有養生醫療價值、技擊護身價值和藝術享受價值，它將三大功能融為一體，這在中國的武術寶庫中可謂獨樹一幟。

既然太極拳是一門科學，那麼，熱愛太極拳和從事太極拳研究的人，就應該認真而刻苦地打下一個深厚的基礎。什麼是基礎？基礎一般指建築物的根基，即足夠的底面面積和足夠的埋置深度。把它引伸開來，也就是指一切事物發展的根本，或叫起點。

太極拳的基礎是什麼呢？根據筆者三十年來的體悟，它全部功夫的基礎是拳架。也就是說，太極拳能不能發揮其養生、技擊和藝術這三大功能，究其根本，集中地體現於拳架基礎的深度和廣度如何。

吳氏太極拳的宗師吳鑒泉先生，要求其弟子在三年多一點時間內打滿一萬遍標準拳架（請注意「標準」二字），以達到著熟。陳氏第十六世著名太極拳理論家陳品三先生強調：「拳打萬遍，神理自現」。陳式太極拳一代宗師陳發科，每天打拳三十遍，要求其子陳照奎日練家傳低架二十遍（請注意「低架」二字，低架子是難度較大的陳氏家傳拳架）。

我的老師陳照奎先生之太極拳拳架、推手、擒拿、散手以及器械功夫皆爲上乘，這是當代太極拳界所公認的。但他平時最重視、教學中最強調的還是拳架鍛鍊，他說：「拳架鍛鍊，是太極拳最重要的基本功，因爲套路中的各個拳式，都是在搏鬥中有效動作的總結。各種拳術最初大多是單獨的招式，以後發展爲連貫一起的成套的拳路，即所謂套路或稱拳架。通過套路的鍛鍊，可以初步使自己的動作符合搏鬥的要求。」

他又講：「陳式太極拳是一種高級拳術，它有博大精深的內涵。這不是短時間能掌握的，即使你有一定聰明，也得有相當長的時間才能弄懂學會。至於練到身上，練到高級功夫，完全掌握，非十幾年到幾十年不可。學頭趟架子，一般有半年可以學會，但改起來，需要幾年功夫，還恐怕未必能改好。因此學架子必須是一招一式、一手一腳，打下正確的基礎，一招一式有規格，一手一腳有地方。初學不嚴格要求不行，如果隨便圈圈過去，會給以後改拳造成極大困難。如果一開始就要求嚴格，打一個好的拳架基礎，看起來是慢了，但以後深一步改拳就容易了，提高也就快了。有些人貪快，想在短時間內就掌握太極

拳，這是不會有什麼成就的。至於有些人沒學好架子，就想推手，就想發人，就更可笑了」，「拳架是推手的基礎，推手是檢驗拳架的試金石，推手是從拳架到實戰鍛鍊的一個過渡階段。如果只練推手不練拳架，雖然也能掌握一定的應敵技巧，但無法全部正確掌握基本動作。容易養成一些不正確的動作習慣，在技巧上達到一定水平之後，就很難得到更大進步。」

為什麼太極拳先輩如此重視拳架鍛鍊？我認為這主要是由於：唯有拳架（標準的拳架）能夠全面體現太極拳的養生健身、技擊應敵、藝術欣賞三大價值。比如從其養生功能來說，這是太極拳所以受歡迎、影響最大的一個方面，它所以能使人們身心全面得到健康，特別是它的健腦、嫩膚作用，就在於它是通過如滔滔大河的連貫而複雜的套路動作，順逆纏絲、丹田內轉、快慢相間、節節貫串、鬆活彈抖而發揮其功能的。

總之，人體精氣神的運化、鍛鍊，都要以拳架為依托。從其技擊功能來看，固然推手是太極拳系列運動中不可缺少的內容，但是太極拳拳架中的一些重要的有效的實戰擊打動作（如膝擊、肘擊、腿法等等），在推手中是不准使用的，有些技擊動作散打比賽都不許使用，而在練拳架的過程中，卻可以淋漓盡致地充分發揮。

另外，太極拳的藝術欣賞價值，陶冶人的情操等功能，更不是拳架之外其他項目可以代替的。可以說，沒有拳架就沒有太極拳的一切。這些道理，是那些持「重意不重形」，「要意不要形」，以及「重推手、輕拳架」，甚至什麼「百練不如一站（樁）」等等觀點的人所不理解

的。

二、標準拳架的六項指標

太極拳拳架，既然是太極拳全部功夫的基礎，那麼應該怎樣才能打下一個既有深度又有廣度的良好基礎呢？我認爲這個基礎的內涵，至少應該包括拳架的外形、內勁、用法、功力、神韻、拳理等六個指標。

㈠ **規矩的外形**。同學習書法、繪畫一樣，學拳開始也要有一個模仿外型的階段，使自己的一招一式，一出手一投足，都要規規矩矩，這個啓蒙階段極其重要。教師的示範和講述作用是關鍵，常言「什麼老師，什麼學生」，往往第一位老師入門引路是否正確，關係一個學生成長的命運。因此，不論是學拳的或傳拳的人，都必須抓好這個基礎的基礎，一開始就把拳式的手眼身法步搞得規規矩矩、端端正正、紮紮實實。對每個拳式的每個動作，起碼要弄淸以下九個方面的要求。

1.端正身法：這是一切規矩的首要要求，如陳發科公要求的：「像坐在小板凳上一樣，穩穩當當。」屈膝而膝不過腳尖，圓襠鬆胯，含胸塌腰，上身端正，頂勁上領，鬆肩墜肘，內氣下沉，五趾抓地，重心穩定，八面支撐。

2.起承轉合：每個動作的起點、運行路線、角度、方位變化、落點。

3.手型手法：特別是手臂的順逆纏絲和方位變化。

4.步型步法：特別是腿腳的順逆纏絲和起落方位。

5.胸腰開合：胸腰旋轉的方向、角度。

6.重心倒換：包括襠走下弧，重心是偏左或偏右，是

四六開，還是三七開、二八開以及左右臀隨著重心變化的翻沉，都要清楚。

7.眼神注視的方向。

8.呼吸：內呼吸、外呼吸與拳式的配合。

9.能做到放鬆。

在學第一遍拳時，如果能達到上述九項要求，後來的改拳和提高，將會非常順利，不然則非常困難。

㈡ **完整的內勁**。把規矩的外形與正確的內勁統一起來，才算把拳練到身上。內勁往往是看不見摸不到的，但又是實實在在存在的一種強大的物質力量。什麼是內勁？就是人體精氣神相凝聚的一種完整的力。實質上勁與力並沒有什麼區別，只不過言勁則強調其內勁和巧力而已。人體內勁是很複雜的，多種力源交織在一起，從不同角度可以發現這種人體內在的「太極勁」有以下若干特徵：

1.整體勁。包括兩層意思，一是人體各組成部分之間的協調統一，意氣力、精氣神的統一；二是人與自然相互為用的整體勁。即借人體放鬆、五趾抓地、蹬地、頓步、震腳等方法，汲取大地的反彈力。《拳論》所云：「力發之於足，行之於腿，主宰於腰，形於手指。」即說明人體的力源之一是人體與大地的作用力與反作用力融為一體的整體勁。

2.丹田內轉帶動周身的核心勁。太極拳不論大小動作，都要靠丹田帶動，「腰不動、手不發」，「內不動、外不發」。《拳論》云：「緊要處全在胸中腰間運化。」而胸腰的運化，又以丹田內轉為樞紐，同時，丹田內轉對於養生還有獨特的功效。

3.內外呼吸相配合的內氣鼓蕩勁。《拳論》云「骨節放鬆，皮毛要攻」，「氣宜鼓蕩」，均指此勁（詳見《周天開合論——關於太極拳的呼吸問題》）。

4.陰陽相濟的對稱勁。王宗岳《太極拳論》云：「陰陽相濟，方爲懂勁。」什麼叫懂勁？一句話「陰陽相濟」。陰陽相濟，既含陰陽對稱、對立之意，又含陰陽互根、互補、合一之意。比如太極拳的剛柔相濟、開合相寓、輕沉兼備、虛實互根，以及推手中的化打結合等等，都是陰陽相濟的具體體現。

5.順逆纏絲的螺旋勁。纏絲勁決不只是梢節的纏繞，而是人體內在精氣通過經絡、臟腑、肌體收縮和發放內力的整體作業，其表現形式是螺旋形式，即「周身無處不螺旋」。纏絲勁是太極拳的精華，太極拳的沾連粘隨、鬆柔圓活、化打結合，主要靠纏絲勁。疏通氣血，調整臟器功能，也在很大程度上靠這種螺旋勁。

6.欲左先右的折疊勁（從反面入手，其內涵包括胸腰開合、折疊和勁力的往復折疊）。

7.左發右塌的平衡勁（前發後塌，逢上必下）。

8.節節貫串的蛹動勁（不論人體九節勁、三節勁，都是節節貫串）。

9.首尾相應的三節勁（即兵法中的擊首尾相應，擊尾首相應，擊中首尾相應，節節相應）。

10.虛實互換的中定勁（也是保持人體平衡的措施之一）。

11.腰脊爲軸的下塌外碾勁（也是螺旋勁的發力特徵之一）。

12.鬆活彈抖的彈性勁等等。

以上十二種內勁都是在行功走架當中細心體會長期積累起來的，正如《十三式行功歌》中所云：「勢勢存心揆用意，得來不覺費功夫。」

統帥以上這十二種勁的是意念力。所以練拳時必須以用意為統帥。

㈢ **鮮明的技法**。太極拳畢竟是武術，技擊是太極拳的靈魂。有人反對在練拳中講求用法，其實，沒有技擊含義的拳架還叫什麼武術？我認為技擊含義是標準拳架的重要內涵。為此，練拳架時要做到以下幾點：

1.在練拳架當中，在做每個動作時，都要弄清假設敵人所處的位置，向我進攻的形勢，我所處的位置和形勢。

2.拳架中每個動作的技擊含義，是引化，是化打結合，還是聲東擊西。是掤、攦、擠、按，還是採、挒、肘、靠，還是左右閃戰等等。總之，自己手眼身法步的變化，都應該是針對敵人的行動而變化。即《拳論》講的「打拳無人似有人」，「因敵變化示神奇」，一出手一投足，都有敵情觀念。最終，能把太極拳的整個套路的技擊含義分解清楚，練一套明白拳，清楚拳，從而體現太極拳的武術風格（當然，只以健身為目的者則不必以此為準）。

㈣ **厚實的功力**。太極拳的健身性、技擊性和藝術性都是以實力為依托的。「用意不用力」的說法並不全面，強調用意是對的，但「不用力」則不準確，何況意念也是一種力。整套太極拳的鍛鍊應該體現出力量、速度、耐力、柔韌、靈敏等多方面身體素質的要求。不然，它就不

是科學的體育項目。可是，太極拳畢竟又不同於現代一些
體育項目單項目標的鍛鍊要求。太極拳的勁力，應該具備
陰陽互濟、整體作業、順逆纏絲、鬆活彈抖四大特徵，其
中特別是螺旋勁、彈抖勁和意念力、丹田力，又是它特殊
的功力象徵。什麼樣的鍛鍊方式，最符合它這種獨特功力
的增長？我認爲應該從以下幾個方面努力：

1.盡量增加練拳遍數，每天至少十遍拳，用三年左右
的時間實現「拳打萬遍」，以練整體功力。

2.拳走低架子，練耐力。陳老師稱此種低架子爲「活
椿」，可以鍛鍊腿（根基）的實力。這種低勢活椿在行雲
流水般的行功之中，可以連續不斷地使肩、髖、膝、踝等
關節的柔韌性和耐力得到很大的提高，加上周身一家的複
雜動作相互配合，從而使人體的協調性大大提高。

3.拆開拳架練單式。把拳架拆開，一個動作一個動作
地練發力，名曰：「拆拳」。必須有老師輔導，要反覆
練，逐漸增加每一式鍛鍊的遍數，進行強力訓練（這主要
適於青少年和壯年）。

4.結合推手練靈敏度。練聽勁、懂勁、沾粘連隨、順
勢借力、造勢借力、化打結合等功力。

5.結合輔助功，以增強臂力、握力、腰襠力。諸如擰
太極尺（棒），抖太極大杆，揉太極球，旋太極輪，練纏
絲槓，乃至練打沙袋（打沙袋當然不同於其他拳擊的練
法，而是採取鬆活彈抖和螺旋方式的擊法）。

6.拳路快慢相間，以練緩衝力。有蓄有發，有節奏。

7.全神貫注地鍛鍊意念力。許多人體科學家和武術家
都證明，人體的意念力是一種物質力。鍛鍊這種力量的方

法，就是在練拳過程中樹立一個假設的對抗目標，而用意念引導周身的氣力，順暢地貫注到一個打擊點上，從而增長一種無形而存在的意念力。這也是太極拳強調「用意」的原因之一。

㈤ **太極拳的神韻**。中國傳統文化中不論是書法繪畫、戲劇歌曲還是武術，都講求其獨特的韻味，太極拳也講求拳韻、拳味、拳品，一句話講求「太極味」，也就是拳的神韻。前邊講了太極拳是一種性命兼修、身心兼練的拳術，通過練拳來表現一個人的風度、氣質、情操，才是上乘功夫的標誌之一。練拳的人是一種精神鍛鍊，觀拳的人是一種精神享受，達到這項標準，應該從以下幾個方面努力：

1.要懂得中國古代哲學中陰陽互濟、陰陽和諧的哲理，這是一切傳統文化之神韻的依據。也是使人思想境界升高的途徑。

2.懂得太極拳的崇高戰略思想，具有沉著應敵、從容不迫的大將風度，「人不犯我，我不犯人，人若犯我，我定能勝人」，「我守我疆，不卑不亢」，神態自然，具有一種大將臨陣之氣概。

3.通過打拳，鍛鍊一個人的思想情操和品格、氣質，表現一身浩然正氣，表現能屈能伸、能開能合、能剛能柔、落落大方、光明磊落的崇高精神境界。太極拳的氣勢具有相當大的感染力，拳架打得有氣勢，內氣鼓蕩，外形飽滿，瀟灑而凝重，舒展而緊湊，它可以使人感受到一種巨大的精神力量。

4.打出拳架的節奏旋律，如果說中國的繪畫是由點和

線構成的和諧美的意境，那麼太極拳則是由高度和諧的全身動作所構成的一種造型優美的力的旋律。太極拳動作所呈現的輕沉兼備、剛柔相濟、開合相寓、螺旋纏繞、忽隱忽現、有快有慢、節節貫串、猶龍似蛇、如雲似水、有低潮、有高潮、「周身柔軟似無骨，忽然放開都是手」等，就是這種力的旋律的美妙體現。

正是由於太極拳講求神韻，所以人們稱練太極拳爲神經體操和心理訓練方法。

㈥ **拳架處處合乎拳理**。要學習太極拳的基本理論，從理論上駕馭這套拳，以拳理指導拳架、拳法，使拳理與拳架完美統一，使拳架的每一個動作，每一個招式，都合乎拳理。爲了使整套拳架處處合乎科學理論，練拳人應該從以下幾個方面加強理論修養：

1.弄清形成這套拳的理論依據及其與中國傳統哲學的關係，特別是弄清《易》學和太極陰陽學說對太極拳的重大影響。

2.以中國傳統醫學理論，特別是它的整體觀與經絡學說來理解太極拳的內功。

3.以現代生理學、心理學來分析理解太極拳的健身養生功能。

4.通過學習現代物理學和人體力學，來掌握太極拳的內勁和技擊原理。

5.以美學基本知識來指導太極拳的造型及其韻律。

6.學習歷代太極拳名家遺留下來的經典拳論，並能鑑別眞僞，以吸取其精華，使自己的拳架「凡動皆合理」。

實踐證明，了解太極拳基本理論，對於學習拳架可產

生事半功倍的效果。理論明白了，可以在練拳中舉一反三，悟性才有個方向。所謂太極拳的明師，主要是能以明確的理論分解一套標準的拳架，並給學生指出深造的道路，把學生引上正路。

三、拳架鍛鍊的途徑

拳架的鍛鍊過程，實質上就是不斷糾正動作，充實內涵，增強實力，提高境界的過程。

㈠ **老師掰開揉碎，學生細嚼爛咽**。我的老師陳照奎先生教拳，除了在集體大班講課之外，個別傳授時，他都是要問學生：「你是願意學細點，還是想學快點？」學拳過程確實有個快與慢、粗與細的辨證關係。如果開始教練能像陳老師那樣示範講解叙述正確，學生模仿學習認真規矩，即便速度慢一點，比如一年或更多時間學完一套拳，總的過程將是快的。

此外，走架子時也要練慢，除了發勁動作必須快之外，可以放慢，慢而不間斷，慢而不呆滯，尤其「低架子＋慢動作」，更出功夫。陳鑫講的「快，讓別人跟不上我，慢也讓人跟不上我」，即是這種要求。

㈡ **老師精雕細刻，學生反覆改正**。嚴師出高徒，除了請老師嚴格糾正，同學熱心幫助之外，自己要在反覆實踐中不斷自我糾正，應該做到每打一遍拳都有改進，即便是微小的發現和矯正。每打一遍拳都要有所體悟，都要有一個新的境界，為此要不厭其煩地下苦功夫多次改正，或會有所成就，甚至是學一輩子，練一輩子，悟一輩子，改一輩子。

㈢ **以拳架爲主，拳架、推手、單式和輔助功交替鍛鍊**。要以拳架爲起點、爲歸宿，練習推手檢驗拳架的勁路，練習單式和輔助功增強拳架的功力。推手、單式可以階段性的鍛鍊，而拳架則是天天必修的課目。只有常年天天堅持練拳架，才能全面發揮太極拳的功能，全面獲得太極拳三大價值的效益。

㈣ **六個指標的鍛鍊步驟和修煉期限**。以上我講的是太極拳的基礎，主要是講拳架在整個太極拳「系列工程」之中的重要地位。而不是什麼「五層功夫」、「九層功夫」等等。六個指標除了第一個是首關，是起點，是第一步，其他也可以交替進修，時間上沒有死的規定，可以因人因條件需要不同制宜。但是練好這套拳，練出一定成績，至少要三年苦功夫，而且必須保證每天至少有三、四個小時的鍛鍊時間，同時還需要看你的悟性和毅力，並且不斷得到老師的指導，才有可能全面實現六個方面的要求，才能有一個好基礎。

總之，只要基礎打好了，至於是建築十層、幾十層，還是幾百層的摩天大廈，則是建設者從心所欲的事情了。

（ *此文原載1992年12期《武林》* ）

陳式太極拳的周身規矩

導 言

「大匠誨人，必以規矩」。傳授太極拳，首要的是讓學生準確地掌握此拳的種種規矩，其中尤爲重要的是弄清對周身各個部位的具體要求。

目前，我國太極拳流派甚多，不僅風格各異，其要領規矩也不盡相同。有的強調「斂臀」，有的主張「翻（泛）臀」，有的主張「拔背」，有的則堅決反對「拔背」，等等。就是同爲陳式太極拳，不同的傳人也有不同的要求。有人強調「眼看己手，眼隨手運」；有的則主張「眼看敵方」，或云「眼以視敵人爲主，兼顧左右」。有的傳人只講「胸要合住」，有的則講「胸有開有合，胸開背合，背開胸含」，如此等等，其說不一。我謹按先師陳照奎所傳授的拳架、拳理，對陳式太極拳周身規矩自下而上地逐一闡述，供同道參考。

一、腳

1.腳爲人體之根基。陳鑫云：「千變萬化由我運，下體兩足定根基。」腳是人體的根節，又是下肢的梢節，腳對人體起著支撐作用，它是人依靠蹬地的反作用力而產生力量的關鍵部位。因此，練陳式太極拳時，要時刻注意

「五趾抓地，湧泉穴要空（虛）」的要求。五趾抓地與腳跟蹬地，湧泉穴虛，形成前後實中間空，這既可以增強人體力量的彈性，又有利於「腳弓」的鍛鍊。

2.「一動無有不動」是太極拳運動的特徵之一。但練拳時踏實之腳卻不許隨意亂動，五趾必須抓住地面，不准腳掌或腳跟一側離地裂開（喝風、拔根）。更不準腳掌、腳跟來回搓動（擰鑽子）。俗云：「擰鑽子拔根，傳授不真。」其實，五趾與腳跟抓地的目的，是爲了促使腳趾、腳踝等關節更靈活的鍛鍊，死與活也是辨證統一的。

3.踏地之腳需要外開或裡扣時，要以腳跟爲軸，腳掌擦地而外開或裡扣，不許把腳尖翹起。以腳掌爲軸轉動時，則腳跟要擦地外開或裡扣（腳尖點地之步型不在此列）。扣腳裡扣的度數，根據拳架高低和身體旋轉角度決定。

4.提腳出步時，是鬆胯塌腰，穩定重心，屈膝，鬆踝，提腳，再出步。凡逆纏出步時，則大趾領勁，腳尖上翹裡合，亮出腳掌，腳跟裡側先著地，徐徐蹬出。凡順纏出步時，則小趾領勁，腳跟外側先著地。逆纏退步時，則腳尖腳掌裡側先著地（或擦地），再腳跟著地，頓步踏實。

5.出腳時，一般要輕靈，如探深淵，如履薄冰，邁步如貓行。出去之腳，可以在上身和重心不移動的前提下輕靈地收回來。退步時，則要沉著，可以頓步發勁，即所謂「進要輕柔，退要沉穩」。

6.兩腳所站之步型，多係「八不八、丁不丁」之斜行步法。即凡左腳站成外開型時，右腳腳尖則要裡扣（除少

數正馬步外），形成「 ⠾ 」，斜向平行步。同時，兩腳前後不許站在一條豎線上，只可以騎著一條線進退。

7.兩腳在重心虛實倒換時，重心偏左或偏右，多係四六開，也有三七、二八開者。要注意此拳下肢之虛實包涵兩重含義：一是重心虛實，即凡重心所在（所偏）之足爲實，另側爲虛；二是發力之虛實，凡提起發力之足爲實，另側爲虛。即從重心而論，發力再大之足，也是虛。

8.腳踝，是腳與小腿連接的重要關節。用膝擊人時，腳腕必須要放鬆，腳自然下垂；蹬腳擊人或震腳時，則腳腕相對地要收緊，鬆和緊也是對立統一的。

9.震腳。震腳時要求全腳放平，做到意氣力完整一體。不能僅腳跟用力或只用腳掌，不要在瀝青、水泥地面上猛震，以防腳傷。陳老師常云：「愛震不震，不震也要意氣力一齊達到腳底，實現勁整。」

10.虛步腳尖點地時，拳式越高，腳跟離地越近；拳式越低，腳跟離地越高。

二、膝

1.膝關節在太極拳運動中有獨特的作用。要膝部經常保持一定的彎度，屈膝，弓膝。弓膝時膝蓋不准超過腳尖（仆步除外）。尤其陳老師所傳的老架低勢拳架，要求更嚴，打拳時要求像坐在小板凳上一樣，大腿放平（但小腿大腿夾角也不准小於九十度），加上倒換重心時襠要走下弧，膝的支撐力量相當大，爲此要求練拳人的膝關節必須有很好的基本功。通過經常練習椿功和低架運動，不斷增強膝關節韌帶以及腿部肌肉的力量。

2.爲了保護和鍛練膝關節，打拳之前必須認眞順逆旋揉膝蓋，進行踢腿、壓腿、靠腿、裡合、外擺腿等預備活動。這種下肢和腰部的預備活動時間，一般要超過打拳的時間。

3.腿順纏出步時，膝先外開，定步時裡合；逆纏出步定步時膝蓋也要裡合，做到「兩膝常常裡合，兩腳常常裡扣」之要求，以保持腿開襠合，開中寓合之意。同時，兩膝裡合，必然有利於大腿裡側向後外開，有利於圓襠，這又有「合中寓開」之意。

4.提膝，一般係用膝擊人。提膝一般要裡合（外擺腿除外），腳自然下垂（提膝時不可繃腳背或翹腳尖，以免分散膝部之上擊力量，只有腳下踏、上踢或蹬出時，方可把力點移到腳部）。膝擊人，還包括撞、頂（挑）、扣、跪等法。

5.弓蹬步屈膝時，後腿膝部旣不能繃直，也不能軟塌，要使委中穴外有微微外掤之感。要注意扣膝圓襠，弓蹬步還要注意後腿大腿及膝部均有裡捲之勢（如掩手肱捶最後發勁時，只有後腿裡捲，右拳力量才能加大）。除了使用膝跪之法，後腿膝關節不能直線下跪，要有裡捲外撑之感，以保持下肢的彈性。

6.獨立步，膝關節要盡力上提，可提至胸口（心口）部。經常抱膝獨立（鬆胯、提肛、收腹、吸氣），有利於鍛練腿的踢蹬和彈性放長。

三、腿

1.雙腿站立時，腿的裡側有向後外膨脹的感覺，前面

有向裡合的感覺，形成一種纏裹之感，也是一種對稱開合勁。

2. 逆纏出步（或退步）時，大趾領勁，勁從大趾往下、往裡，再順腳的外緣向上翻過來，繞過踝骨，再往裡順小腿上纏穿過膝部，再往大腿裡側纏，從而形成大腿肌肉向後外翻，而膝部向裡合，到大腿根處再裡合，入會陰穴。

3. 腿的順纏法，則與上述相反。即變爲小趾領勁，自下而上，先向外旋轉纏繞，到大腿根處，由後下再向前上翻，最後出會陰穴。

4. 順纏逆纏又分爲出勁與入勁。一般情況是出勁自上而下走足三陽，入勁自下而上走足三陰。

5. 雙腿有一順一逆，也有雙順雙逆。有人認爲腿只能一順一逆，不能有雙順雙逆，否則易前俯後仰。陳照奎老師云，不能絕對化。有時有雙逆或雙順的動作。例如「倒捲肱」一式退步時，過渡動作中雙腿一瞬間有一開一合，即雙順雙逆。

6. 凡獨立步，要注意做到頂勁領好、收腹、吸氣、鬆胯、提肛、五趾抓地，這樣有利於穩定重心。

四、襠、胯、臀、尾骨

1. 兩大腿根裡側，會陰穴處即爲襠，打拳襠要圓，要虛。會陰穴兩側爲兩塊髖骨，俗稱胯，胯要鬆。髖骨之後側肌肉爲臀，臀要自然下沉。襠胯部位的鬆活端正，是內勁運轉的關鍵部位，常言「腰襠膝，太極拳的發動機」。

2. 襠、胯的運化，多在立體螺旋的前提下，走一個橫

型「∞」字。從左右大腿根處上下纏繞、裡外翻動，出入勁皆交會於會陰穴處，形之於外，則表現在沉左臀翻右臀，或沉右臀翻左臀（「翻」有的作「泛」）。兩臀上下立體螺旋翻沉，不許左右搖擺，更不許蹶臀。

鬆胯，在練拳中極為重要，因為胯是人體上下運動的總樞紐。下肢虛實、上肢輕重，以及上下對拉拔長、上下相隨，都要通過鬆胯、旋腰的螺旋運化來完成。

3.襠任何時候都要保持圓。圓襠的方法是使兩胯鬆開，大腿裡側肌肉有向後外撐的感覺，方可使襠圓虛。步伐不論大小都要圓襠，防止尖襠。所謂「兩膝常常裡合，兩腳常常裡扣」，其目的之一即為了圓襠。襠有開有合（合襠又稱扣襠，開合變化又稱調襠），但不論開或合，襠都要虛圓。

4.倒換重心時襠要走下弧，即走「鍋底型」，這對在重心移動時保持身體平衡極為重要。但襠的低度不能低於膝蓋（仆步除外），否則會形成蕩襠。蕩襠為病。

5.尾骨也要放鬆，自然下沉。尾骨往往隨腰勁去向而微微擺動，恰似船之舵。一般吸氣時，尾骨有微微向裡上翻之感，有利於真氣自會陰向上達命門，再自然上升而通督；呼氣時，尾骨有微微向下鬆沉之感，有利於真氣下沉丹田而通任。

6.打拳時要注意百會穴與會陰穴相吸相繫的感覺。兩者之間既要上下相合，保持上身中正；又要體會上下對拉拔長的感覺（即上有虛領頂勁，下則襠部向下鬆沉），從而使周身轉動既輕靈又沉穩。

五、腰及小腹（丹田）

1.腰部運動非常重要，它既是太極拳動功的樞紐部位，又是太極拳內功的核心部位。《拳論》云：「緊要處全在胸腰運化。」從技擊發勁來分析，腰部為全身力量放捲的樞紐。先師常云：「發勁要主宰於腰，結合丹田帶動」，「腰不動，手不發；內不動，外不發。」

2.要把「腰不動，手不發」的要領，體現在拳式大小動作之中。不論大小動作，都要從腰部起動。這是太極拳運動與日常生活動作的區別。例如，平時用手去距離很近的桌上端一個茶杯，完全可以腰不動，伸手即到。但在太極拳運動中則不然，即便很小的動作，也要從腰部先動，由腰而背、而肩、而臂、而手，回來同樣要由腰部牽動，並且要求往復都走螺旋勁，非順即逆。

這是太極拳運動的特徵之一，即「一動無有不動」，「周身一家」之謂也。

3.腰之上下應有對拉拔長之感，四成上升，六成下沉。上拔（升）者即頂勁上領，下沉者即塌腰落胯。陳鑫云：「腰是上下體之關鍵，腰以上氣往上行，腰以下氣往下行，似上下兩奪之勢，其實一氣貫通，並行不悖。」又云：「腰勁貴下去，貴堅實。」「腰為上下體樞紐轉關處，不可軟，也不可硬，折其中方得。」「腰勁下不去，不能氣歸丹田，氣不收到丹田，則中極、會陰失於輕浮，因而胸中橫氣填塞飽滿，即背後陶道、身柱、靈台左右，橫氣皆填塞充矣。」

4.腰部之前下為丹田（即小腹）。氣沉丹田，丹田內

轉是陳式太極拳內功之精髓。此處運動之意義及要領，可參考《丹田內轉論——陳氏秘傳太極拳內功》一文。

5.腰部之後爲命門，命門處要有鼓蕩之感。尤其應注意呼氣發力實腹時，命門處也有向後膨脹之感，體現「前去之中必有後撐」、「逢前必後」、「氣宜鼓蕩」諸要求。

6.由肚臍而下至丹田，再下至會陰，再後上至命門，再從命門穴到肚臍，形成一個「小小周天」。呼氣時，略突腹（小腹），任脈之眞氣沉歸丹田，經脈之氣部分發放，部分循任沉入丹田；吸氣時，略收腹，氣從會陰後提升至命門，形成氣貼命門、氣貼脊背，呼時再力發脊背，同時小小周天眞氣不斷循環。這是內外呼吸相結合、相諧調的一種方式。

7.爲了使腰、襠、胯旣鬆沉又靈活協調，有條體驗是：要感到小腹是放在大腿根上，而不是支挺在大腿股骨頭上，這樣有利於鬆胯、圓襠、活腰。

8.再一條體驗是：鬆腰鬆胯，主要是鬆命門穴以下腰椎，節節貫串，眞氣下沉，同時又要注意頂頸上領，從而做到「輕沉兼備」。

六、胸、脊、背

1.上身端正是陳長興老架太極拳的主要特徵。因此，胸、脊、背都要保持自然鬆沉且中正，防止挺胸、凹胸、弓背等弊病。胸、背均有開合，胸開背合、背開胸合，開合都是在螺旋運動中開合。所謂開胸，是在胸部放鬆的前提下略伸展開左胸或右胸（不是左右平分之勢），便於胸

部運化和發放胸部擊靠作用，此時胸腔肌鬆開有橫向放長之勢。所謂含（合）胸，是胸部微微內含，兩肩微微前捲，同時背部有向後膨脹展開之感，這時，胸腔肌有上下鬆開放長之勢，這都是爲了便於胸腰運化。

2.椎關節放鬆非常重要。椎關節既要放鬆、拉長，又要虛虛合住，左右運轉靈活而有力。胸腰的開合、上下的屈伸，以及發力都由椎關節和腰肌來主宰。

陳式太極拳不講「拔背」，所有陳式拳論中，均無拔背一詞，背怎樣撥？拔者，有抽、拽、拉、扯之意，背如何向上、向後抽拉？拔背容易使人誤解爲略弓背。故有些練拔背者多形成弓背。

其實「上有虛領頂勁」，下有「氣沉丹田」、「五趾抓地」，即體現了對拉拔長之意，不必再贅「拔背」之詞。陳照丕先生特別反對「拔背」之說。他說：「千萬不可拔背，拔背完全不對。雖然說脊背是自然弧形，但不能有意上拔，用拔背就會頭重腳輕，犯頭重腳輕根底淺的毛病，如果練太極拳用拔背，那就會橫氣填胸。」（見陳照丕：《陳式太極拳理論十三篇》）

顧留馨在《陳式太極拳》一書中用了「拔背」一詞，那是編者強加的，顧原來練楊式拳，楊式拳講拔背。據說原始楊式太極拳也不講撥背，而是陳微明加上去的。

楊澄甫的弟子李雅軒說：「含胸拔背這句話，老論上沒有，這是形意拳、八卦掌上的規矩。因爲陳微明早先跟孫祿堂練過一段時間形意拳，後來才跟楊澄甫先生練太極拳。陳著的太極拳書上，有太極拳十要，他添了這句含胸拔背。以後練太極拳的人，以爲這句話與太極拳也無妨

礙，作書的也把這句話沿用了。從此就成了練太極拳的規矩了。其實，不是那回事，所以我今告訴你們，對這句話不要過分強調，如強調了，就脫離了自然。太極拳以端正爲主要基礎。」（1964年11月20日信摘抄。《太極拳理傳眞》21頁）由此可見楊式有的傳人也不贊成這句話。

3.關於含胸，即胸部微微含，兩肩、兩肘微微前捲而且略掤起，實質上要求胸部放鬆，便於氣血通行，便於胸腰運化，便於下盤穩固，防止挺胸，防止橫氣塡胸。即陳鑫所講：「胸要含住勁，又要虛」、「胸要鬆開，胸一鬆，全體舒暢」。總之，含胸要防止凹胸，開胸又要防止挺胸。

4.胸要空，腹要實。只有胸空腹實才能發出鬆活彈抖之勁（腹實即丹田眞氣充足，丹田內轉）。

5.脊椎要有鬆直之感，「脊背是左右身之關鍵」，「背用中氣貫注」，「若問此中眞消息，須尋脊背骨節中」。脊椎，包括頸椎、胸椎、、腰椎、骶椎，都要求鬆直，以保持上身中正（陳長興老架太極拳的主要特徵之一）。脊椎鬆直，有利於通督（三關），督脈一通，對五臟六腑都有利。腰脊直，也不易疲勞。

陳長興傳的拳架特別強調上身中正，故人稱陳爲「牌位先生」。如果平時腰脊不直，就容易過早地出現損傷性的腰肌勞損、骨質增生等毛病。

6.結合丹田帶動，逐步練出胸腰折疊之功夫，在技擊中才便於胸腰運化。

七、肩

1.兩肩要平正鬆沉，切忌拱肩、扛肩、晃肩、聳肩，行功中不准一肩高一肩低，肩不許妄動，它隨胸腰變化而動，隨胸部的開合而動，更不准左右上下搖晃。一般人腰勁未練出來之前，為追求腰勁而往往容易晃肩。一般要求含胸時，兩肩微微前捲，以助含胸之勢，又要防止過分前捲形成「探肩」；開胸時肩要隨胸略開，但係螺旋中開。

2.肩之腋下要虛，不要夾死，有外撐之感。腋下有能容一拳之隔為宜，便於推手時有回旋餘地，故云「轉關在肩」（運化之機也）。

3.有「鬆肩」、「沉肩」之爭，其實各執一個側重面。總的講，肩是在鬆開（向外掤開）的前提下向下沉，「前提」者，首要之點也。正如陳鑫所述：「肩膊頭骨縫要開。始則不開，不可使之強開。功夫未到自開時，心說已開，究竟未開。必攻苦日久，自然能開，方算得開。此處一開，則全胳膊之往來屈伸，如風吹楊柳，天機動蕩，活潑潑地毫無滯機，皆繫於此，此肱之樞紐，靈動所關，不可不知。」

八、臂

1.兩臂相吸相繫。

2.兩臂總要保持掤勁，總要保持半圓形。一支臂保持半圓形，兩臂也要形成一個半圓形（如「單鞭」、「白鶴亮翅」）或兩個陰陽半圓形（如「雲手」、「前招後招」等），以做到「觸處成圓，非圓即弧」之要求。

3.肩、大臂、肘、腕、手，勁要節節貫串，發勁時要節節放鬆，如同把自己的手（拳）扔（抛）出去一樣。

4.臂之勁走三節，出勁由肩——肘——手，入勁由手——肘——肩。三節勁體現了「擊首，尾相應；擊尾，首相應；擊中，首尾相應」之技擊原理。

九、肘

1.鬆（沉）肩垂肘，鬆（沉）肩墜肘，爲各式太極拳之共性要求，一般情況下肘都要下垂，肘總要低於肩，架肘是練拳中之大病。

2.特殊情況下，有「挑肘」之法，如「井纘直入」之動二，「穿心肘」之肘向前上擊，如「六封四閉」之動五等等，這是在敵身之左右兩側擊之。

3.有「肘不離肋」、「肋不貼肘」之說，也有爭議，其實兩者乃相濟互用之法。即肘旣不要貼肋（便於運化），又不離肋（護肋）。平時兩肘總是處於下墜而外掤之勢。

4.打拳時要注意外三合、內三合。外三合包括肩與胯、肘與膝、手與足，內三合者，意、氣、力相合也。

十、腕

1.腕宜沉宜活。即「揚指坐腕」、「舒指塌腕」之謂，這樣有利於「沉肩墜肘」。不坐腕，肩、肘、手易犯飄浮；不坐腕，則如寫字犯潦草輕浮之病。

2.凡手由順纏變逆纏，或逆纏變順纏，必須塌腕再轉化。順變逆，先走大魚際（塌上勁再走）；逆變順，先走

小魚際（塌上勁再走）。

3.折腕、分裡折、外折、裡下折、裡上折等等多種變化。外折腕多係用小臂或掌根擊人；裡折腕多係用腕背擊人，或係運用刁拿勁。

4.旋腕，多係在解說對方拿住手腕或反拿時走螺旋勁，或變換手法走折疊勁時，也叫活腕，「轉關在肩，折疊在腕」之謂也。為了做到活腕，平時多練折腕、旋腕、抖腕，可通過撐太極尺，增強腕部的柔韌性。

5.從人體造形看，坐腕（塌腕），揚指（舒指）是一種健美的形態，坐腕不是立掌，而是指斜向揚起，腕下塌。「舒指」即指關節放長，指肚鬆，從技擊上講，坐腕也體現出用掌根發人（如「懶扎衣」之動六，即右手放人之勢。

十一、手

1.陳照奎老師重視手型，以及手型的變化、手的作用。「每一舉動，其運化在胸，表現在手；主宰於腰，形之於手」。他認為手指鬆散則表現神散、力散。

2.手型包括：掌、拳、勾。

(1) 掌：要求瓦攏掌。即大拇指、大魚際都有向裡與小指相合之意。手指鬆鬆地合攏，既不許張開如「五股鋼叉」，又不許死死併攏，也不要形成京劇演員的「蘭花手」。掌形變化：根據技擊含義的變化，掌形有各種變化。如按掌、推掌、撩掌、劈掌、摔掌、拍掌、穿掌、切掌、捌掌、絞掌、探掌、捲掌等所謂太極十三掌。掌還有順纏與逆纏的變化，順纏時，小指領勁大指合，突出小魚

際，逆纏時則相反。另外，擺式則掌心瓦攏，前手順纏則中指、食指、無名指可以揚指後翻。按式則可以揚指突出掌根。拿式則五指向掌心虛虛合住等等。但上述變化都要注意氣貫到中指肚，或勁鬆到中指肚，即陳鑫講：「中指勁到，餘指勁也到。」

(2) 拳型：四指捲攏，大指扣到中指中節，拳虛握，拳心要虛，但外型又不能散，有「運時散手，著人成拳」之說。要使拳頭渾圓一體，拳發勁時，腕不可軟，但也不可過硬，要有掤勁，鬆活彈抖。

(3) 勾手：裡下折腕，五指捏攏。但腕不可折過，要腕背形成半圓形，不可如某式太極拳勾手腕折九十度。腕部要鬆要圓，定勢時，勾手虎口圓，掌心要空，以示內氣鼓蕩之意。大指要與食、中、無名指尖合攏，小指貼附於無名指之側，不許散，不許某一指尖翹起。

勾手含有手掌解脫，以及擒拿、刁腕、腕背擊人等技擊含義。

3.行動中，兩手要常常相吸相繫，有時兩個掌心相合，或者指尖與指尖，虎口與虎口相合。

4.凡右（左）手向平行線以下走採勁時，右（左）腳必須是虛。手向前、上、側上時，下邊之足可以為實。

5.凡雙手（雙腕）由交叉變向分開時，都要先坐腕，向外加掤勁（撐），然後再展開。即所謂「逢開必掤（撐）」。

十二、頭

1.頭部要端正。百會穴要上領，即虛領頂勁，下頦微

裡收，眼平視。切忌：低頭、昂頭、歪頭、晃頭，頭正有
利於保持身正平衡、重心穩定。

2.虛領頂勁，是太極拳的綱，提綱挈領才能領帶全
身，其意義很重要。頂勁上領，身軀輕靈，是整個運動的
關鍵。從氣功角度考慮頂勁上領，有利於通督脈，有利於
精髓上升入腦，而有「還精補腦」的健腦作用。「腦為髓
之海」，精髓上提則「髓海有餘，則增勁多力」，但頂勁
不可無也不可過，過則僵硬。

3.百會穴的頂勁與丹田、會陰穴的沉勁，上下形成一
條相吸相開的軸心線。上有提勁，下有沉勁，物必自直而
端正。頂勁領起來，自然會有靈機，如雞衝、蛇行、馬
跑，都是頂起頭來。

4.項部要直，但不可硬挺。同時「項要靈，靈活則左
右轉動自易」（陳鑫）。

十三、眼

1.眼睛是五臟的精華，精、氣神的窗口，因而眼要有
神，不可呆滯。

2.打拳時，眼注視方向，其論不一。有人主張眼以注
視自己某手為主，或中指肚，或云「注視前邊的手，上邊
的手」等等。陳照奎老師則主張，「視敵方為主，同時以
眼的餘光左顧右盼」。一般講，交手時，多注己手，但向
右側搌敵右臂時，則要注視前面之敵，而不視己手（如
「金剛搗碓」動三）。「掩手肱捶」、「倒捲肱」皆為眼
注前方之敵，不准眼往後看己手。

3.眼為心之先鋒，也是陰蹻脈與陽蹻脈交會之所，故

練功家都注重眼的調攝。

4.眼要平視，即如陳鑫所云：「目平視前，光兼四射」，不能低頭下視。在「指襠捶」、「擊地捶」中，目光下掃也不能低頭，不能丟掉頂勁。

十四、耳、鼻、口

1.耳要聽身後，兼顧左右，以防敵人突然偷襲。

2.打拳一般鼻吸鼻呼，發勁時可以口呼，但以自然爲準。運動過程中要注重內呼吸（腹式逆呼吸）與肺呼吸配合好。一般呼氣突腹，吸氣收腹，吸氣時氣上走命門，氣貼脊背。呼氣爲出勁，吸氣爲入勁。一般掌握提吸沉呼，但不要絕對化，有時肢體合勁時也要呼。

另外，一個動作過程中，也可能有吸有呼，呼吸頻率與動作不一定一致，有時一個慢動作運行之中，可能呼吸幾次，有時一呼之中連發幾個動作（如「連珠炮」）。呼吸問題可參考拙作《周天開合論》。

3.打拳時口輕閉，舌尖抵上腭，但也不要過於著意。

4.打拳發力時，可以張口吐氣發聲，但不宜做作，發則必出自丹田。

5.打拳時面部神態也很重要，往往打拳時可以表現出一個人的氣質，因此，打拳時神態要自若。要從容不迫，不要擰眉瞪眼，也不能鬆鬆散散，或矯揉造作，故忌繃嘴、張口、吐舌、咬牙等病。

十五、周身各個部位之間的整體觀

打拳時要樹立周身一家，內外一體的整體觀，防止

「單擺浮擱」之病。這就要注意在一系列的螺旋形式之中的各部勁力對立統一，對稱和諧是太極拳種種規矩的基本原則（基礎）。為此，周身各個部位在運動中，要注意從總體上把握端正和諧、對稱統一的美的造型。當然，太極拳之美，不僅在於造形，而且在心、在神、在韻、在功，做到美的造型與美的意境相統一。

打拳的人要心意純正，拳勢工整，陰陽合德，天機活潑，一片神行。從而使自己在運動中得到健身健腦、積精提神、氣充勁足，以致能發揮出太極拳神奇的技擊力量和養性延命的功能。

（1987年 3 月19日）

陰陽相濟論

── 關於陳式太極拳的十大關係

「陰陽相濟，方爲懂勁」。太極拳的全部拳理拳法，統而言之，一陰一陽而已。陰陽相濟（互濟、交濟、互根、互孕、對稱、平衡等）的辨證關係，體現在太極拳的一系列運動，乃至一些細微的動作之中。爲此，打好這套拳的關鍵，即在於如何把握住這一系列的陰陽之間的微妙關係。

先師陳照奎先生傳拳，特別是在分析太極拳的勁路時，處處都涉及陰陽關係，今擇其要者闡述上下、內外、左右、前後、先後、虛實、開合、剛柔、順逆、快慢等十個方面的關係。

一、上下關係

上下關係，主要體現輕沉兼備的拳理，即逢上必下，逢下必上；有上有下，有升有沉、升中有沉，沉中有升。從整體上把握，只要有上升的部位，必然有下沉的部位，絕對不許升皆升，沉皆沉，一切都是爲了穩定重心，維護平衡。例如「金剛搗碓」動作一，雙手螺旋上提，而胸腰螺旋下沉，屈膝塌腰。同一隻手臂，手腕上升，而手指、大臂、肘關節則下沉。「金剛搗碓」動作五，右拳右膝上提，而左手、左腿下沉。「金雞獨立」式，右手上托，右

膝上提，而左手下按，左腿再屈，重心再下沉。如此等等，都是升中有沉，沉中有升，輕沉兼備。即便是有些動作四肢皆上升，雙腳騰空，而軀體部份，特別是腰襠部，仍要求相對下沉（如二路「搬攔肘」式動作一）。

打拳的整個過程中，時刻都要注意，上有虛領頂勁，下有氣沉丹田和五趾抓地。即便是非常細微的動作，也要堅持輕沉兼備，如許多揚指坐腕（舒指塌腕）動作中，也是要求有輕有沉，有上有下；手指上揚，掌根下塌。從內氣、內勁看，也往往是要求四成上升，六成下沉；對拉拔長，上下對稱，升沉統一。

從技擊上看，則要求上下相隨，上驚下取，上引下擊；甚至是上、中、下三盤同時並取，但支撐軀體的一條腿仍要屈膝下沉，以穩定重心（如「金剛搗碓」動作五）。因此，打拳切忌有上無下（飄），有下無上（失去領勁）等病。時刻注意做到上盤輕靈，下盤沉穩；四肢輕靈，腰下沉等等規律的要求。

二、內外關係

內外關係比較複雜，首先要求內外一體的整體勁。其中最重要的又是內動帶外動，即內不動，外不動；腰不動，手不發；大小動作均要求丹田帶動。同時，外形動作的熟練，又促使內部（丹田）運動。正如《內經·陰陽應象大論篇》所云：「陰在內，陽之守也；陽在外，陰之使也。」內外互濟、互用。其次是要求做到呼吸與動作相濟，內呼吸（丹田）與外呼吸（肺部）相濟，做到內氣、內勁與外形動作相協調、順遂，內氣的周天開合與肢體的

動作開合要一致，切忌內動外不動或外動內不動。

內外關係，還有一個意與形的關係。有的拳種重意不重形，甚至要意不要形。而陳式太極拳則是旣重意又重形，要求形神兼備，要求意、氣、力，精、氣、神高度統一。從更高的境界要求，太極拳應該把肌體鍛鍊與性格、氣質修練統一起來，使身心得到全面鍛鍊。因此，打拳時還要注意眼神所向，注重意念力的培養，使精、氣、神完美統一。

三、左右關係

「拳者，權也」（陳鑫），打拳過程中要使自己身體像一台秤，隨時保持左右平衡。其方法就是「左發右塌，右發左塌」，「沉左臀翻右臀，沉右臀翻左臀」。凡是右手臂發下沉採勁時，則重心必須偏左；左手臂發下沉採勁時，則重心必偏右。左手往前發勁，右肘要後稱；右手向前發勁，左肘必然後稱（如「掩手肱捶」最後發勁）。雙手同時向右發勁（如「六封四閉」動作三），左臀必須下沉；雙手同時向左發勁時，右臀必然下沉（如「第二金剛搗碓」動作二）。

總之，逢左必右，逢右必左，以隨時維持自身平衡。切忌一頭沉，跟頭棍；切忌左右歪斜，左右搖擺。此外，在左右關係中，還有一個左右與中間關係問題。即不論向左向右運勁、發勁，都要保證不失中，保持中盤中正安舒，維護「大本營」的穩定。像下棋一樣，老師不能輕易離位。因此，左右手常常是有一隻在中線（胸前、腹前、眼前或兩膝前中線），就是爲了不失中。再次，發勁時還

有左右一體之要求，即右拳向右前發勁，左拳（肘）必然向左後襯勁，這時開胸合背，左襯之勁通過脊背傳導至右拳，使左右在螺旋中發勁整體若一（如「掩手肱捶」動作五）。

四、前後關係

「前去之中必有後撐」。發前後塌，逢前必後。同樣，後退之中必有前進（如「倒捲肱」，二路之退步「獸頭式」）。做到退中有進，前後兼顧。一般後退之步要以腳頓地發勁（勁傳導至前手），又是一個前後一體，即後撤頓步所發之勁力（反彈力）與前手發勁既對稱又合一。同時，後撤之腳還可以套擊、扣套敵人之前腿。

這樣，一退一進，邊退邊進，下退上擊，後退之中有前擊，又是一個「前後相濟」，又如「左衝、右衝」式，有前有後，八面支撐，以保持重心穩定，自身平衡。因此，打拳切忌前俯後仰，切忌彎腰、挺胸、蹶臀、跪膝（膝蓋超出腳尖）。打拳還講求「耳聽身後」，也是為了打前防後，前後兼顧。

五、先後關係

或稱「往復關係」。《拳論》有云：「往復有折疊。」折疊者，即從反面入手的一種來回勁，欲左先右，欲右先左；欲前先後，欲後先前；欲上先下，欲下先上；欲收先放，欲發先蓄；欲要先給，欲給先要等等。技擊中的「聲東擊西」，先化後發，先引後擊，「引進落空合即出」等要領，都是這種往復折疊勁的運用。所以，太極拳

架中許多動作的組合，都是忽左忽右，一上一下，一引一進，一反一正，一捲一放等等。尤其發勁之後，必須有一個「接勁」，接勁實質上就是這種欲左先右的折疊勁。例如「懶扎衣」結束之後，接「六封四閉」，右手一定先向右掤一下之後再向裡收。「前蹚」接「第二斜行」，也是右手先向外掤一下再走下弧裡收。其技擊含義就是「欲要先給」，先給對方一點掤勁，從而加大對方向外的反彈勁，以便更有利於「引進落空」。「兵不厭詐」，就是這種先後關係在拳法上的體現。

拳法中還有「後發先至」一說，如何解釋？我認為其中有兩層含義：一是我不主動進攻別人，我處於應擊者的地位，但一旦對方出手，與我交手，我即神速擊之；二是我不先發勁，讓對方先發勁，我對來力先引化之，化其實、探其虛，即先沾連粘隨，從不丟不頂中討消息，然後快速擊其要害，破其根節而取勝，故「後發先至」還含有「後發先勝」之意。

六、虛實關係

不倒翁為什麼不倒？一是它只有一個重心，二是它的重心總是偏下，三是它的底部是圓形的，四是它上虛下實、上輕下沉。人，卻只有兩隻腳，如何掌握這種「不倒翁」的本領？重要的方法之一，就是虛實互換，虛實互根，並且注意重心下移，在倒換重心時褈走下弧（為了在倒換重心時仍能保持下盤沉穩），以維護自身的動態平衡（又稱為隨遇平衡）。

那麼，全身在複雜的運動中，各個部位，特別是四

肢，如何和諧地相互配合，來達到這種平衡？這裡要把握三種虛實關係：一是重心虛實的調整，二是發勁時的虛實關係，三是手足虛實的搭配關係。整套太極拳在行功過程中，重心不是偏左就是偏右，兩腳在虛實倒換中以維持身體平衡。陳式太極拳兩腳虛實比例一般是四六開，也有三七、二八開的動作（如虛步、仆步等）。發勁時，發勁之足為實，另一足為虛（與重心虛實是兩碼事）。上肢發勁與下肢配合問題，按陳照奎老師教拳，左手向前偏下，或向下發勁，左腳必然為虛。但是，左手如果是向前偏上，或向上發勁，則左腳也可以是實。這與那種強調「凡左手發勁左足必虛」的機械虛實論大不相同。

七、開合關係

把握開合關係，要注意四點：第一是欲開先合，欲合先開，即逢開必合，逢合必開。第二是開合相寓，即開中有合，合中有開。如「白鶴亮翅」定勢，雙臂展開而兩足相合，足合而膝襠開，兩臂開而兩手相合。而且先是兩手虎口相合，最後又變作兩手掌根相合。又如「初收」動作一，兩手相合（上搓勁），而兩肘卻要開（為加大搓合勁）。「懶扎衣」動作三，則是上合下開。總是開中有合，合中有開。第三是掌握處處都有一個開合，例如，胸開背合，背開胸含。就是一隻手中也有開合，如大小魚際合，拇指與小指合等等。第四是要講求外形開合與丹田開合相配合，動作開合與內呼吸開合相配合（此題見拙作《周天開合論》），從而做到內氣鼓蕩，外形飽滿。陳照奎老師講：「推手時誰能合誰能贏。」他不僅要求手與手

合，手與腳合，肘與膝合等等，而且要求有時左肘與右膝合，右肘與左膝合等等。要求把周身的勁合到一個著力點上，合到對方的重心線上。開也是爲了合，欲發勁，必先求勁合。「引進落空合即出」，就是強調一個合字。

八、剛柔關係

剛柔相濟，剛柔互補、互孕，是太極拳的主要特徵之一。剛柔相濟的勁力，是整體性的（剛與柔不可分）、螺旋式的、輕沉兼備的一種彈性勁。不論勁大、勁小，不論動作快慢，不論是蓄、是發，其勁力都是剛柔相濟。即陳鑫所云「五陰五陽稱妙手」。太極拳旳「掤」勁即是這種剛柔相濟勁的總概括。掤字，有向外支撐、膨脹之意，如氣球、輪胎、彈簧、鐘錶發條等等，都是這種掤勁的形象化。《拳論》云「筋骨要鬆，皮毛要攻」，也是這個含義。又例如農民趕牲口的鞭子，鞭桿是柔的、鞭梢是柔的，但是發抽打勁力時，則是非常有力的非剛非柔、又剛又柔的彈性勁。

陳鑫云：「是藝也，不可謂之柔，亦不可謂之剛，只可名之爲太極。太極者，剛柔兼至而渾於無跡之謂也。」

九、順逆關係

陳式太極拳以順逆纏絲爲其精華。非順即逆，處處皆講螺旋式的纏絲勁，不論是開合、虛實、剛柔、快慢變化，都要走纏絲勁。順與逆的變化，是根據著力點的變化而變換。因此雙手、雙臂、雙腿，都是一順一逆，或雙順雙逆的折疊變化，其變化的依據往往是根據敵人力點的變

更而變化。有人認爲手臂可以雙順雙逆，腿部只能一順一逆，不能有雙順雙逆。認爲雙順必後仰，雙逆必前俯，陳照奎老師則認爲不能絕對化。例如「倒捲肱」退步時，撤退之步裡扣，兩膝裡合，就有一個短暫的雙逆過程。從技擊上看，這時雙腿裡合，正是用膝擊或足套對方腿的時機。太極拳推手中的沾連粘隨，化打結合，都是靠順逆交替變換，不斷變更著力點，以達到化實擊虛之目的。所以，馮志強老師說：「推手的訣竅，一順一逆而已。」此外，爲了在順逆變化時避免飄浮之病，還必須注意在手的順逆變換時要坐腕（塌腕），以腕爲軸。同時，要注意垂肘、鬆肩。注意不論梢節、根節，順逆變化都要走腰。

十、快慢關係

事物都是波浪式前進，爲了體現太極拳的節奏感，打拳速度要快慢相間，即有快有慢，忽快忽慢。不僅一套拳有快有慢，有高潮，而且一個拳式，甚至一個動作，也要有快有慢。例如走一個圈，下半圈慢（蓄勢或引化）上半圈快（發勁），這樣打拳既不累、不平板，又易引起興趣，做到活潑潑地汗流而不氣喘。從技擊上看，這種快慢相間的鍛鍊方法，利於增強發放彈抖勁過程中的緩衝力與爆發力的結合，並且有利於迷惑敵人。正如陳鑫所云：「虛攏詐誘，只爲一轉」。

當然，在學習和練拳過程中，快慢可以由練拳人自行調節。例如：一路拳比二路拳要慢；習拳時慢，發勁時快；練套路時慢，練單式時快。習拳時必須慢，慢方可動作到位，勁力到位，處處規矩。練單式則必須快，快方可

練速度、練力量，以增功力。練功時慢，表演時快。而且要注意慢中有快，快中有慢。做到慢而不呆滯，快而不丟，快而不亂，快而不丟纏絲勁，不丟動作，不忘輕沉兼備；快而不失沉著，慢而不可間斷。像陳鑫講的，要做到「慢，慢到別人跟不上我；快，快到別人跟不上我」。

　　我想，打拳時能處理好這十個關係，其拳的功力和神韻就可觀了。以上我主要是根據陰陽相濟的拳理，闡述了自身維持平衡的一些重要措施。此外，在應敵實戰之中，還要運用陰陽相濟的原理，千方百計破壞敵人的平衡。運用纏絲法，設法以我之陽擊敵之陰，以我之陰化敵之陽。並且要千方百計使敵陽之更陽，陰之更陰（如推手中之打空、打回、打直等等戰術），使他陰陽不能互濟，使他陰陽離決，從而失去平衡。只要他失去了平衡，如何擊打和發放，就都好辦了。

　　《內經》有云：「陰平陽秘，精神乃治，陰陽離決，精氣乃絕。」運用到技擊之中，就是千方百計使我本身陰陽互濟，而使敵人陰陽離決。按《老子》的說法，這叫「以正治國，以奇用兵」。

　　（此文係作者1993年在河南溫縣第二屆國際太極拳年會上所做的學術報告，刊載年會會刊《太極拳》）

丹 田 內 轉 論

——陳式秘傳太極拳內功

引 言

1986年12月在成都召開的全國性太極拳學術研討會上，有人發言反映：在日本有人向中國太極拳教練提出一個問題：「太極拳為什麼能嫩膚？」

這個課題提得好。它正好涉及到了我國太極拳的奧妙所在、精華所在。太極拳，尤其是陳式太極拳，以它那獨特的輕沉兼備、剛柔相濟、開合相寓、動作螺旋、鬆活彈抖、快慢相間、內外兼練的運動形式，融武術與養生術於一爐，使長年從事這一運動的人，不僅可以健身、護身，而且可以健腦、嫩膚、健美。所以人們都說太極拳是中國武術寶庫中獨樹一幟、構思特異的一顆明珠。

為什麼太極拳可以起到健腦、嫩膚、健美的作用？除了上述它那些運動方式上的特徵之外，其奇妙的內功——丹田內轉法，是重要的因素之一。關於「丹田內轉」，在顧留馨、沈家楨著的《陳式太極拳》及顧著的《太極拳研究》等書中，都曾提及「氣沉丹田與丹田內轉相結合」，但其功法如何具體運用到拳術之中，其機理的依據是什麼，均未詳述。

作者自1972年至1980年從陳照奎老師學習陳式太極

拳，深得老師口傳身授的太極精義。現在將陳式秘傳有關丹田內轉功法之要點簡介如下：

一、丹田內轉法是陳式太極拳的精華

丹田內轉，從武術和勞動角度來說，它是使人體產生鬆活彈抖型的爆發力的太極內功；而從養生健身角度來說，它又是「煉精化氣」、「還精補腦」的重要養生功法。

古往今來，人類在不斷探索健康長壽的方法。那麼養生大道最首要的問題是什麼？是「煉精」。沒有「煉精」的功夫，也就談不上「化氣」、「化神」和「還精補腦」。當然煉精也離不開真氣的帶動。煉精、化氣是相輔相成的。但煉精畢竟是養生的築基功。

梁代醫學家陶弘景云：「養生之道，以精為寶。」《性命圭旨》把煉精列為「首關」，有云：「初關煉精，為動靜兼用之功。」一些練功的人往往只講練氣、養氣、運氣等等，而很少談及煉精之法。無精，氣從何而來？觸及到「精」字，也是多講「保精」、「惜精」、「戒慾」、「節慾」、「禁慾」以及「上士分床，下士異被」等控制性生活諸法。只講「節流」，不講或很少講「開源」。這不能說不是一個值得探討的課題。

何謂精？這裡講的精是指人體的內分泌腺特別是性腺的分泌物，即激素（荷爾蒙）。這種激素進入腺體周圍的毛細血管，隨血液循環到身體各處，以調節身體的生長、發育、物質代謝和組織器官的活動。

按「煉精化氣」的原理，它可轉化為真氣，順經絡循

環到身體各處，充盈周身，維持和增強人的生命力。這種
激素過多或缺乏，都會引起各種疾病。產生這種生命要素
的主要部位在丹田，即小腹。

丹田，向來是爲養生家所重視。道家養生家認爲丹田
是練功的「根」，爲「安爐立鼎」煉金丹的地方。《黃庭
經》的「黃庭」二字即指此處，認爲此處是「積精累氣」
之所。《胎息經》所言胎息的部位也指此處，認爲此處爲
人體生命之源（人體力學家認爲此處是人體重心、中心所
在）。前人講：「抓住丹田練內功，哼哈二氣妙無窮」。
太極拳家則把丹田稱爲「太極點」，係太極拳運動的軸
心，故又稱「太極核」。由此可知，太極拳的創編人陳王
庭遺詞所云：「一卷《黃庭》隨身伴，悶來時造拳，忙來
時耕田，……」（《陳式太極拳圖說》），當時造拳也是
參照《黃庭經》，抓住了這個練功的關鍵部位，而提出了
「氣沉丹田和丹田內轉相結合」，作爲太極拳內功功法，
從而使太極拳成爲一套內功、外功兼練的拳種。

丹田，一般都指臍內向裡斜下一寸三分（又稱一寸
半）處。即小腹之內，骨盆之中，膀胱之後，骶椎之前，
氣功家稱此處爲儲藏眞氣的「夾室」。其實，此處是人體
許多重要臟器的所在之地。尤其是生殖器官聚集的地方。
由外及內進行剖析，首先是腹肌，腹肌是牽動人體腰部及
下肢力量的關鍵，它並對小腹內的臟腑起保護作用。其內
部則是生殖腺聚集的部位。如精囊腺、前列腺、女性的卵
巢等性分泌腺。科學家認爲增強這些內分泌臟器的機能，
是增強人體生命活力的重要措施之一。這些性機能的增
強，可以保證人體產生自身所需要的性激素。這些激素是

促進人體各器官生長、發育，並持久地維持其正常狀態，
延長壽命的極其重要的生命原素。運動這個部位，即某些
運動家提倡的「腹部體操」、「骨盆體操」等，也就是太
極拳運動強調的「丹田內轉」之內功功法，可以增強消化
系統的吸收功能，增強性功能，培養真氣，增強內分泌，
產生性激素，從而達到健美、健腦、嫩膚。這種丹田內功
與整體運動（外功）結合起來，就可以達到祛病延年健康
長壽的境域。

　　從技擊角度分析，這種丹田內轉功法，則是太極拳所
特有的螺旋型的鬆活彈抖勁的動力源泉。拳論所謂「主宰
於腰」，實質上就是主宰於丹田。太極拳運動發勁時，丹
田內部潛轉活動的離心力和向心力表現在：發，則放射到
四肢，即氣貫四梢：捲，則從四梢收到丹田，即氣聚丹
田。但這種力量的收和放，都不是直線的，而是通過人體
所特有一系列的螺旋動作、節節貫穿地來實現。平素的套
路鍛鍊，推手、單式鍛鍊，一招一式都著眼於丹田潛轉，
著眼於丹田內轉帶動四肢乃至周身，不斷發揮丹田內轉這
種人體的樞紐作用，對於增強人體的自衛、技擊能量，無
疑是十分重要的。拳論中所謂「周身柔軟似無骨，忽然放
出都是手」，即這種丹田爆發力的形象描述。

二、丹田內轉功法的基本特徵

　　怎樣「抓住丹田練功夫」？各種功法都有自己獨特的
方式方法，有的取站樁功，有的持靜坐法，有的則配合以
簡單動作，稱為動功，還有更簡要的方法採取揉腹法、揉
腎囊等，方法各異。陳式太極拳則與眾不同，它是在複雜

的拳勢演練過程中（第一路八十三式，近四百個動作；第二路七十一式，近三百個動作），意注丹田，以意領氣，氣沉丹田，然後取逆腹式呼吸法，以眞氣帶動，調動丹田內轉，丹田內轉又帶動全身的螺旋式運動。形之於外則爲「順逆纏絲」、「胸腰折疊」諸形式。而且強調丹田內功與四肢、軀體動作完全協調一致，叫做「一氣貫穿，周身一家」。

拳論云：「內不動，外不發」；「腰不動，手不發」。打起拳來，小腹內部內氣鼓蕩，翻江倒海；外形則轉臂旋腕，旋腕轉背，旋踝轉膝，以丹田內轉爲核心（原動力），貫串整體一系列的螺旋運動，非圓即弧。

這種丹田內轉功夫，可以使腹部臟器，特別是盆腔內的臟器，通過自我摩蕩、自我按摩，而增強其機能，生精化氣，有益於打通前後三關，舒通經絡，通任督二脈。

丹田內轉，是陳式太極拳拳理拳法有機整體中的一個組成部分，要了解丹田內轉的功法，必須與了解太極拳的整個拳理拳法相結合。現在，只能從這套拳藝的一個側面來闡述一下關於其內功（丹田內轉）的一些特徵。

㈠ 意注丹田，氣沉丹田，丹田眞氣充盈，是發動丹田內轉的基礎。打拳時，先入靜片刻，洗心滌慮，壹志凝神，檢查全身放鬆狀態，引眞氣下行，意注丹田，感到眞氣充盈丹田（發熱）之後，再由丹田內轉啓動周身。而且是以外呼吸引動內呼吸，以眞氣帶動小腹內的諸臟器取螺旋形式轉動起來。所以，我主張上場打拳起動之前，要適當延長預備式的時間。

㈡ 由外及內，由內及外，內外結合，促使丹田內部

轉動起來。即拳論中講的胸腰折疊與丹田內轉結合。丹田內轉，與其他功法不同的地方就在於它不是弧立的動，不是靜坐中求內動，而是內部與整個軀體一起動，動功與靜功相結合。從打拳講，打拳強調走身法，在身法端正的基礎上，胸腰走螺旋勁，「刻刻留心在腰間」，以腰為軸，以太極核的離心力和向心力帶動全身，走立體螺旋勁，從腰到四肢，都是順逆纏絲勁，所有動作都是圈，這種周身的螺旋運動是丹田內轉的實質。整套拳的大小動作都要與丹田內轉相協調一致。

　　如拳論所述：「內不動、外不發」、「腰不動，手不發」，「出腎入腎是真訣」，「節節貫穿，周身一家」。而且強調以這種內動作用為主、為先。同時又注意內動與外動（內功外功）相結合。丹田內轉的方式，包括前後、左右、上下、斜向、橫向等多種立體螺旋方式。但都要與外形協調一致。如丹田走前後圈時，外形也走前後捲放、開合、蓄發，如「左衝」「右衝」等式；丹田走左右圈時，外形也要走左右螺旋，如「掩手肱錘」、「三換掌」諸式；丹田走斜圈，外形動作也是斜向旋轉，如「白鶴亮翅」、「六封四閉」等拳式。

　　㈢　以提肛、鬆胯和兩臀翻沉為特徵的骨盆動作。陳式太極拳的丹田內轉法，是呼吸運動、腹部運動、骨盆運動三結合的一種鍛鍊方式。拳論強調「襠走下弧」、「提肛、鬆胯」、「吸氣收腹，呼氣突腹」、「沉左臀翻右臀、沉右臀翻左臀」等等。這些措施實質是增強骨盆運動。人體骨盆及骨盆肌正好像一個保護盆，從左、右、後、下幾個方面來保護人體小腹內重要的臟器，手臂和腳

腿則可以從前方保護它。打拳時經常提肛、鬆胯、沉翻左右兩臀、會陰處一提一鬆，骨盆處髖關節立體螺旋式的上下轉動，即斜向走「∞」字形的運動，都可以使人注意會陰穴，增強人體下部的活動，從而使大腦皮質與下部內臟器官關係密切起來（即氣功中講的心腎相交），以調節內分泌機能。並且可以使腹肌、骨盆肌，以及下部器官的各種括約肌、提肌、豎立肌等等，保持良好的彈性，這對增強性機能和增加性激素有積極作用，有助於取得「煉精化氣，還精補腦」之功效。

㈣ 外呼吸與內呼吸相結合，呼吸與動作相結合。丹田內轉，其實質就是一種丹田呼吸法，它與肺呼吸、體呼吸協調一致，故稱為內呼吸。所謂呼吸與動作相配合，主要是指這種以丹田呼吸為核心的鼓蕩之內氣與拳架動作相隨，所形成的人體特有的一種「周天開合呼吸法」。同時，陳式太極拳的呼吸法注重呼氣。這種注重呼氣的練拳方法，是許多武術門派所重視的，它既有利於呼淨肺部的濁氣，吸進新鮮空氣，又有利於導引真氣下行。根據現代醫學家分析，常常注意呼氣有利於肌體放鬆，對神經系統有好的影響。從丹田內轉的功法考慮，注意呼氣可以使真氣順任脈下行，氣聚丹田。（關於內呼吸與外呼吸、呼吸與動作如何相配合，見作者另文《周天開合論》）。

㈤ 動功、靜功和輔助功相結合。陳式太極拳是動功靜功相結合的一個拳種。這種動功靜功兼練還含有雙重意義：一是指打拳過程中，達到動（體）靜（腦）相結合；二是打拳之外要單練靜功。打拳時怎樣使大腦得到平靜？這其間有微妙的道理。因為兩套拳有155個式子，700多個

動作，爲了節節貫穿，連綿不斷、剛柔相濟、快慢相間，打起拳來只能壹志凝神，循規蹈矩，腦子一點也不能「走私」。每次運行，大腦都要專注於那些複雜而又已熟悉的動作，從而使大腦得到平時難以得到的平靜。而四肢和軀體，則在進行難度較大的運動。即「以一念代萬念」，使人體「司令部」在肢體運動中得到休整。正如藝術理論家溫克爾曼所講述的一種狀態，「就像大海的深處永遠停留在寂靜裡，不管它的表面多麼狂濤洶湧」。陳式太極拳這種運動方式，比某些動作簡單的運動方式效果好就好在這裡。因爲跑步、簡易體操等運動方式，在運動過程中，大腦往往可以「開小差」。

　　關於太極拳的靜動，其功法與眞氣運行法基本相同。關於輔助功法，可以因人而異（有的是爲了提高技擊功夫，有的則是爲了健身的需要），比如擰太極尺、抖太極桿，百把氣功樁等等功法，都可以與丹田內轉功法結合練習。此外，練功的人，還要重視道德修養（養性功夫）。如此，持之以恆，必然會使你的精氣神得到全面鍛鍊。

　　（此文係作者1986年12月23日在成都全國首屆太極拳學術研討會上發言的一部分。曾刊載於1987年第 7 期《武林》）

周 天 開 合 論

—— 關於太極拳的呼吸問題

導　言

呼吸問題是太極拳運動的一個大問題，它涉及到太極拳的內功，涉及到它與氣功、與拳架、與推手、與技擊等各方面的關係。其實，太極拳的內功主要是氣功（當然還包括養性功夫）。所以有人說：「太極拳是氣功的最佳動功形式，氣功就是太極拳的內功。」還有人說：「太極拳是高級氣功。」太極拳正是由於它為一種動靜兼練、內外兼修、意氣力相結合、精氣神相凝聚、融健身、護身、健腦提神、延命養性於一體的高級功夫，所以太極拳運動數百年來經久不衰。可惜，長期以來對太極拳的內功，首先是呼吸問題的研究與探討，還沒有引起人們足夠的重視。談到呼吸時，往往是以「自然呼吸」四個字了之。甚至有人將鑽研呼吸與動作的關係而提出的一些論點，冠之謂「故弄玄虛」。這不是科學態度。

通覽目前見到的一些太極拳論著、文章、資料、對太極拳呼吸的功能的機理、方式，特別是對內呼吸與外呼吸的關係、內外呼吸與拳架動作的配合等問題，還缺乏系統而明白的闡述。有的強調打太極拳的呼吸要「細、緩、深、勻」，可是剛柔相濟、快慢相間的陳式太極拳許多動

作要發勁，有跳躍竄越，即便是楊式、吳式快架也有快動作，這如何使呼吸做到「細、緩、深、勻」呢？有的拳論講開呼、合吸，有的則主張開吸、合呼。按陳式太極拳「處處有一開合」，以及「開中寓合，合中寓開」的拳理，有些拳式在同一時間內是「上開下合」（如白鶴亮翅等），有的則是「下開上合」（懶扎衣動作三等），還有「背開胸含」（背折靠）、「胸開背合」（迎門靠），還有「手開肘合，肘開手合」、「腳合膝開、腳開膝合」等等要領，這又如何使呼吸與開合配合呢？有的人把呼和吸、進和退、打和化、發和蓄、伸和屈、落和起、俯和仰機械地劃成一張等列表，也是不能完全講通的。

如發勁不一定都是呼，如提膝擊襠，也可以是吸。又如倒捲肱合肘發截擊勁，吸，也是發，並非蓄。即拳論講的「收腹，吸氣，提肛」，走合勁，所以「發呼蓄吸」的說法也不準確。

另外，還有一些講「太極拳內功」、「太極拳氣功」者，只是講述了練靜功和樁功中元氣，或真氣、中氣、宗氣等內氣的運行，但是，這些內氣的運行與肺部呼吸的關係、與拳架動作的關係是怎樣的，卻未講到或未講透，其所謂「太極拳內功」與太極拳拳架仍是兩張皮，頂多可以做為基本功、輔助功或靜功來練習。講內功者往往說法也不一致，有的說「吸氣氣歸丹田」；有的說，「呼氣氣沉丹田」，也令人莫衷一是，陳鑫公的《陳氏太極拳圖說》雖然強調了內氣運行與一些拳式的關係，但也未講清內呼吸與外呼吸的關係。有的當代太極拳名家反對太極拳與周天功結合，其實周天功是氣功中的重要內容，也是中醫經

絡學的的組成部分，不講周天功（內呼吸）就難以弄清太極拳的呼吸規律。據陳照奎先師說，有的人練陳式太極拳不明呼吸規律而發生練拳努勁憋氣而導致吐血的事故。由此可見，太極拳的呼吸問題，應該引起廣大太極拳愛好者和太極拳專家們的重視和研究。筆者習拳敎拳三十年來，也沒有完全弄清楚這個重要課題，不過自從跟陳照奎老師學陳式太極拳以來，不斷在實踐中探索、體會，也悟出了一點眉目。現在，闡述以下拙見，供同道者參考。

一、人體同宇宙共呼吸

人體是一個複雜的開放的巨系統。其特徵，一是這個巨系統本身有很多層次；二是和它周圍的環境相互起作用，即古人講的「天人合一」、「天人相應」。

太極拳是依據《易經》、道家的太極陰陽學說、以及導引吐納養生之術，還有古代兵法而創編的健身護身法寶。「天人合一」、「天人相應」的整體觀，無疑也要體現在拳理拳法之中。有人把「天人合一」的觀點稱之爲「宇宙全息統一論」，認爲人體與宇宙是一個統一體，人體是宇宙中的小宇宙，因而它的一切動態都要與大自然合拍。人體呼吸當然也不會例外，它應該與大自然同呼吸，人的呼吸系統應該是人體之氣與宇宙大氣相互聯通的重要渠道，打拳時應是「人在氣中，氣在人中」（《抱朴子》）。即如《性命圭旨》所云：「一呼一吸，氣通於天，天人一氣，聯屬相通，相呑相吐」，使自己與宇宙融爲一體。有個美國人講得好：「當我們體會到一種與宇宙融爲一體的感覺時，這才是純粹的、積極的幸福時刻」

（《美國人談生活的藝術》）。練太極拳的人，更應該知道人體與宇宙的統一關係，應該在練拳時做到有意識地使自己的呼吸與宇宙共呼吸。

人體呼吸系統的基本功能，是通過一呼一吸的運動過程，吸進大氣中的精微（包括氧和某些特殊的營養物質、信息能量），吐出二氧化碳和一切濁氣，實現氣體交換。同時這種人體和大自然的氣體交換過程，又是多層次的複雜過程。人體的呼吸系統至少包括三個層次，或說三種功能、三條渠道，即肺呼吸、體呼吸和丹田呼吸。人體的氣體交換就是由這三個呼吸分系統共同來實現的。不過一般人都熟悉口鼻呼吸（肺呼吸），對另外兩個重要的呼吸渠道，即「毛竅呼吸」（體呼吸）和「丹田呼吸」（又稱內呼吸、胎息），則知之甚少。其實，人體是通過三者相互推動、交換、協調，形成一個完整的呼吸系統，從而促進人體氣血的周流和推動各種功能的發揮。

懂中醫和練氣功的人都知道「萬物皆有氣」，人體的各個部位時刻都存在氣化運動，都可以與身外的大氣相通。練功有素的人，在一定的時間內，可以相對地停止肺部呼吸，而依靠丹田呼吸和體呼吸（即毛竅呼吸）來維持生命。練闢谷的人，在很大程度上也是依靠丹田呼吸和毛竅呼吸吸進大自然中的營養物質，而維持生命。我並不主張人們都去練闢谷或廢棄肺呼吸，而是探索在打太極拳過程中如何全面發揮人體的呼吸功能，如何在進行肺呼吸的同時，並且重視毛竅呼吸和丹田呼吸，以便有利於調節和發揮人體潛在的多種功能。

歷代許多養生家都講求「服日精法」、「服月精

法」、「服日月光芒法」等探氣功法，皆講到體呼吸。他們講要使「日中之五色流霞、月中之五色流精皆來接身……」（見《遵生八箋》）。因此，在練拳過程中，要兼顧發揮這三個呼吸渠道的整體功能。

練拳過程中如何實現毛竅呼吸（體呼吸）的問題，我的體會是：在上場打拳之前，先要使自身進入一個「氣功態」，洗心滌慮、凝神入靜之後，在意念中把自己同宇宙融為一體，即感到自己沐浴於大氣之中。打拳過程中以意念打開全身億萬個毛孔，同大自然一起呼吸。即有一種「人在氣中，氣在人中」之感。進一步想像自己所有張開的毛孔，吸進大氣一切美好營養物質、信息能量，同時把自身的濁氣排泄出去。在打拳整個過程之中，都要隨著內呼吸的鼓蕩，感到周身億萬個毛孔如同肺部的億萬個氣泡一樣，在不停地進行有益的氣體交換。感到「自然太虛之中，有一點如露如電之陽，勃勃然入玄門，……化為甘霖，而降於體內，我即鼓動巽風以應之，使其驅逐三關九竅之邪，掃蕩五臟六腑之垢」（《性命圭旨》）。

陳鑫《陳氏太極拳圖說》一書中也講「筋骨要鬆，皮毛要攻」（肺主皮毛）。為此，打拳時要用意念引導全身放鬆，內氣鼓蕩，外形飽滿，全身皮毛與大自然之大氣相互鼓蕩。打拳盡可能選擇場地，最好選在山間、林中、水邊等負離子多、空氣新鮮的地方。陳式太極拳起勢要求面向南方，就是為了順著磁場方向練拳，這樣可以借助磁場外力，促進人體與大自然的氣體交換，促進人體內氣的增長。

打拳時要同宇宙共呼吸，充分發揮人體三大呼吸功

能，這是我要闡明的第一個觀點。

二、內呼吸與外呼吸的和諧關係

內呼吸，我指的是丹田呼吸，有人稱作腹式呼吸，我認為「腹式」這個詞不能準確地表達丹田呼吸的特徵，因為丹田在小腹，而不是整個腹部。外呼吸，即指肺部呼吸及毛竅呼吸。三者以何為主導，為樞紐？一般人自然是以肺呼吸為最重要，肺部呼吸一旦停止，生命即將終結。但是，對於練內功的人、練太極拳的人來說，則應以丹田呼吸與肺呼吸相結合為最重要。

歷代太極拳名家都非常重視內呼吸，雖然他們沒有名之曰「丹田呼吸」。陳鑫云「出腎入腎是眞訣」（《陳氏太極拳圖說》）；楊澄甫云「氣能入丹田，丹田為氣總機關，由此分運四體百骸，以周流全身」（《太極拳使用法》），都著重闡明丹田呼吸（或稱「腎間動氣」）的重要作用。尤其孫祿堂先生講得更具體，他說：「余練拳術之時，呼吸之穴，仍在丹田之中」，「內外總是一氣」，「練拳之內呼吸，轉法輪，用意注於丹田，以神用息而轉之」。並云「拳術與丹道是一理也」（《拳意述眞》）。陳發科公講的「內不動、外不發，腰不動、手不發」，陳照奎先師所講的「丹田內轉」，一切拳式動作都要「結合丹田帶動」，都是強調了內呼吸的重要性。

那麼，內呼吸（丹田呼吸）與外呼吸是怎樣配合而諧和一致的呢？根據筆者長期體察，認識到它們之間，是一種持續的相互推動的「鼓蕩」關係。

最近一些科研工作者，通過科學實踐，提出一個新口

號：「生命在於振蕩」，運用呼吸吐納作爲振蕩源，丹田爲這一振蕩源旋轉中心，波及全身，使人們在「振蕩」中健美增壽（1991年1期《世界體育》）。所以「氣宜鼓蕩」，道出了太極拳呼吸的基本特徵，說明內呼吸與外呼吸的基本形式和相互關係。其實，「鼓蕩」（或稱脈動）表現在一切事物的新陳代謝整個過程之中，「鼓蕩」就是膨脹與收縮對立統一的表現形式。在人體呼吸系統中，它就是呼與吸的對立統一，內呼吸與外呼吸的對立統一。恩格斯在《自然辯證法》一書中曾描述膨脹和收縮是一種基本的運動形式，人的呼吸功能也不例外。不論是內呼吸、外呼吸，當人體呼氣時，必伴隨著收縮（吸）；吸氣時，因得到新鮮氧氣的充盈，又必伴隨著膨脹（呼）。這種膨脹和收縮像一對形影不離的「戀人」，總是相互伴隨、依賴、推動，對立而統一，從而形成一種周期性的、有節奏的、螺旋式的「鼓蕩」。打拳的過程之中，同樣也是呼與吸、丹田呼吸與肺部呼吸之間的膨脹與收縮的螺旋式的「鼓蕩」關係。

內呼吸功能與外呼吸功能之間相互配合的協調關係，我想作如下的描述：

吸氣：胸肺膨脹，小腹（丹田）收縮，億萬肺泡吸進氧及其他營養物質，並循動脈進入血液，循經絡與元氣、水谷之氣合爲眞氣，下歸丹田。同時，胸肺的膨脹橫膈下沉，推動丹田之眞氣向下、向後，沿督脈弧形上升，即拳論所云「氣貼脊背」、「斂入脊骨」，亦即技擊上謂之「入勁」。同時，眞氣沿手三陽、足三陰「氣歸丹田」，再經會陰上升入督，氣聚命門（小周天的下半圈）。

呼氣：胸肺收縮，呼出濁氣，小腹（丹田）膨脹，而且包括命門（脊背）都有膨脹鼓蕩之感（這時橫膈上升迫使肺腑吐出濁氣）。此時，任脈之眞氣繼續下沉丹田，督脈之眞氣則一部分「力發脊背」、「氣貫四梢」。另一部分上升百會（或從大椎穴）再向前弧形下沉丹田（亦即小周天的上半圈）。同時，眞氣沿手三陰、足三陽「氣貫四梢」。氣貫四梢從養生來說，有利於微循環的通暢，從技擊上講，即「出勁」。如拳論所云：從「力發脊背」而「力達四梢」，足蹬手發，上下相隨，節節貫串，八面支撐，內勁外發。即老子所云「呼接天根」，古人講的「胸通宇宙」。

這樣一呼一吸，兩個半圈合而爲一個整圈，即一個小周天（或大周天，或小小周天），像太極圖中的陰陽魚似的。陰魚膨脹陽魚收縮，相反相同。丹田呼吸、肺部呼吸（包括毛竅呼吸，因「肺主皮毛」）二者一陰一陽，運動協調一致，相互推動，相互鼓蕩，即「陰陽摩蕩」，從而促進人體生命之運動，促進人體勁力之增長。

爲了更形象地說明肺部呼吸與丹田呼吸的關係，我想起了民間炊事用的風箱。這種風箱一推一拉，彷彿人體的一呼一吸，推進時，從進風口大口吸氣，深深地吸，同時將內氣通過出風口吹向灶火；風箱桿拉出時，則一半風從進風口吐出，另一大半仍要將氣通過出風口吹進灶火膛內。以此作喻，不論是呼氣、吸氣，都要把眞氣送入煉精化氣的丹爐（丹田），即靠肺部呼吸的鼓蕩作用，推動丹田眞氣之集聚、耗散與運行。

丹田呼吸，又好比另一具風箱，它借後天呼吸之氣的

鼓蕩作用，使眞氣循經聚集、耗散和運行。不論是吸是呼都要氣沉丹田，所以打拳時強調小腹部不論吸、呼都要飽滿，以實現下盤實、上盤虛。即便是當督脈之氣一部分貫入四梢時，另一部分也要循任脈歸至丹田。同時，丹田一開一合的鼓蕩作用，又推動肺部呼吸功能之充分發揮。兩具風箱不停地相互鼓動，必然促使人體氣血持續地勃勃然周流全身。當然，風箱同人體呼吸功能並不相同，它是直來直去，人體眞氣周流則是通過螺旋式的鼓蕩，把眞氣循經運到人體所有經絡乃至四梢，增進微循環的功能。其實，道家安爐築鼎煉丹，就是通過丹田呼吸修煉之法打通周天，達到水火相濟、心腎相交、陰平陽秘、健康長壽。

陳鑫的《任脈督脈論》的描寫極其形象，云：「功久，則頃刻間水中火發，雪裡花開，兩腎如湯熱，膀胱似火燒，眞氣自足，任督猶如車輪，一呼一吸，眞氣之出入，皆在於此。」把內氣運行在打拳中的作用說得既明白生動又形象。一般人認爲，肺部呼吸是人體氣體交換的唯一渠道。其實，對練功的人來說，這是一種「忘本」的呼吸方式。大家知道人在出生落地之前完全是靠胎息（即丹田呼吸），落地之後，雖然開始肺腑呼吸，但丹田部位仍未停止內呼吸，它與肺腑互相鼓蕩，相互推動（可以觀察嬰兒明顯的腹式呼吸狀態）。隨著成長，人們逐漸忽視了腹部的丹田呼吸，只有道家養生家和某些武術家、太極拳家、氣功家仍在重視這種內呼吸功法。

現在，有些醫學家，也開始重視和研究人體內呼吸的功能作用。如台灣著名醫學家黃亮先生，以自身長期驗證說明：「人體如果只注意肺部深呼吸，只追求肺活量加

大，而不注意引氣下行，往往引起胸悶、頭脹、口乾、心
悸等症狀。練內功的人注意引氣下行（氣沉丹田），運用
腹式呼吸，則上述不良現象均消失。」（見黃著《易與醫
道》）所以，對練太極拳的人來說，對丹田呼吸功能是絕
對不能忽視的。丹田，旣是人體運動的重心所在，又是煉
精化氣的核心部位。丹田呼吸是人體三大呼吸功能中的主
導和樞紐。

三、周天開合是呼吸與動作相配合的方式

關於太極拳的呼吸與拳式動作的配合問題，是太極拳
內功同外功相協調、相結合、相統一的一個關鍵。

筆者經過多年的精心體察，領悟到「周天開合呼吸
法」是太極拳的內外呼吸與拳式動作協調配合一致的最佳
方式。何謂周天？我指的是練內功時眞氣運行，通過前後
三關而實現任督二脈暢通一周的所謂「小周天」，打通十
二經和奇經八脈的「大周天」，另外，還包涵所謂的「小
小周天」，即內氣從臍下至會陰，再上命門，從命門再到
臍下，三點之間形成一圈的「丹田內轉」，一呼一吸，丹
田運轉一周即謂之「小小周天」。何謂周天開合？眞氣所
循經旋轉一個周天（大周天、小周天或小小周天），拳式
動作即基本上爲一個開合，或謂之丹田內轉一呼一吸，眞
氣循環一周，肢體形之於外，則一個開合。對一般人，即
大小周天尚未打通，也可以做到丹田內轉一個小小周天，
帶動拳式動作一個開合。這樣使內呼吸與動作開合協調一
致，內外相隨，做到周身一家，內外一家。

周天開合的基本特徵，擬從以下幾個方面加以闡述：

㈠ 本著「內不動，外不發」的拳理，在意念引導下，使丹田呼吸（一呼一吸循環一周）來帶動拳式動作的開合。呼則俱開（膨脹），吸則俱合（收縮），不論外形動作圈大圈小，整圈半圈，其運行弧線長短、速度快慢，都與丹田呼吸節奏相一致。同時做到內呼吸、外呼吸與動作協調一致，當然丹田內轉有平圈、有立圈，有斜圈等等，這是最基本的形式。

㈡ 以出勁、入勁為丹田呼吸和動作開合相配合的依據。企圖以起落、蓄發、化打、引擊幾組對立動作，來同呼吸合開等相聯繫，都不妥當，因為吸不一定是蓄，化也不一定是呼。李亦畬《五字訣》中一段拳論，正好說明了這個問題：「吸則自然提得起，亦拿得人起；呼則自然沉得下，亦放得人出。」說明吸也可以發人，呼也可以發人。那麼如何使呼吸與拳式動作、與技擊緊密聯繫起來呢？我認為應以「出勁」、「入勁」為依據。一般出勁為呼、為開；入勁為吸、為合。這才能體現呼（開）也可打人，吸（合）也可以打人的對立統一關係，因為太極拳畢竟是武術，呼吸與動作開合相結合的依據（出發點）應該是人體自衛本能和技擊力學的規律。丹田呼吸與動作開合，一般是一致的，但不宜拘泥於固定的模式。大開大合的動作與丹田呼吸取得完全一致是容易的，但有些動作是「上開下合」或「上合下開」，這時丹田呼吸是「呼」，還是「吸」？如何使內外協調？我認為在此種情況下，應以「出勁」、「入勁」為協調的依據，如「懶扎衣」一式，動作三即上引（合）下進（開），是吸是呼？這要看當時是引化（合）為主，還是以下盤進擊（開）為主。前

者為入勁，後者為出勁。如係前者，則為吸；係後者則為
呼。如按「引進落空合即出」的拳理來驗證，一般規律是
「引進落空」為呼也可以為吸。因為引化有收縮動作，也
有開展膨脹動作，但「出」必然為呼，「入」必然為吸
（吸之前必伴隨一呼，呼之前必伴隨一吸）。

　　㈢ 以拳式為例，加以具體描述。以陳式太極拳第二
路（炮捶）之「左衝」、「右衝」二式為例。左衝、右衝
收放（開合）動作比較簡單，但一捲一放，一呼一吸，一
個周天體現非常鮮明。動作一：雙手握拳走下弧收至腹前
時，為蓄勢、引勢、為吸，氣由丹田經會陰走後弧向命
門，再緣督脈上升，氣貼脊背；同時，足三陰之氣經會陰
上升，也達脊背。動作二：雙拳走上弧向前發勁（雙拳向
前上抖出）時，呼氣，一部分真氣緣任脈下行，氣歸丹
田；同時，脊背督脈之部分真氣，則經手三陰發出；同時
經足三陽向下行，腳蹬地，體現氣貫四梢，力達四梢，
意、氣、力三位一體，從而使「氣歸丹田」與「氣貫四
梢」上下周流協調一致。同時周身毛竅噓唏、通透暢達、
肌肉若一，使內呼吸外呼吸與體呼吸也協調一致。

　　㈣ 練拳過程中，經過練習周天開合呼吸法，並不意
味著必然通關（大小周天）。已通關的，通過練拳注意周
天開合法，可以鞏固和提高通關效果和內氣的能量；未通
關者，通過這種丹田內轉與呼吸相結合的鍛鍊，肯定有助
於通關。如果再注意動功與靜功結合鍛鍊，其效果更佳。
「動靜交相養，陰陽得其平」（《陳氏太極拳圖說·
序》）。

　　㈤ 呼吸頻率與動作開合的節奏並非絕對一致。打拳

快慢要因人需求而不同，技擊又要「因敵變化」而定，所以打拳動作速度有快慢之分，有時是先慢後快，有時快而復慢，有時連續發幾個快動作。其中，動作與呼吸如何配合，我認為呼吸頻率與動作頻率大體一致，但也並不是絕對一致，不過丹田呼吸與口鼻呼吸快慢一般還是要一致的。一個較慢的動作過程中，也可能要呼吸兩次，或一個長呼過程之中間加一次短吸，在技擊上為接勁（如「金剛搗碓」動作三）。相反，有時在一呼之中連續完成兩個乃至多個發勁動作，如陳式太極拳第二路（炮捶）第五十八式「連珠炮」，即在一呼之中完成三個快速動作。

（六）打拳注重呼氣

上述太極拳的呼吸應該注意發揮人體所有呼吸系統的功能，所有呼吸系統均要以丹田呼吸（內呼吸）為總樞紐，呼吸及動作開合的配合，也要以丹田內轉（小小周天）為原動力，開合的含義應以出勁入勁（膨脹和收縮）為主要依據。不過，讀者要注意，我上述的論點是供練拳有素的同道者參考的。至於對初練太極拳的人來說，還是應該以自然呼吸為主，並且注重呼氣，逐步摸索其呼吸規律，逐步達到全面發揮人體呼吸之功能，逐步使自己的拳術達到上乘功夫。一句話，「打拳每一舉動務從順遂下功夫」，呼吸亦然。

（此文係作者於1988年廣州全國太極拳學術研討會上的發言稿，刊載1989年第6期《武林》）

鬆 活 彈 抖 論

—— 關 於 陳 式 太 極 拳 的 發 勁

　　太極拳的魅力，在於它將中國傳統的健身養生術、技擊護身術和精神修煉術融爲一體，從而受到世人的喜愛。但是，它的本來面目畢竟是一種武術，武術是它的本質，是它的靈魂。

　　所以，要眞正把太極拳練到佳境，打出神韻，打出其「武術風格」，還必須懂得它的勁力特徵。

　　鬆活彈抖，是陳式太極拳的一個主要特徵。這種勁力是在全身放鬆的基礎上，以丹田內轉爲核心，借助腳蹬地的反彈力，在一瞬間發放出來的一種螺旋振蕩式的爆發力。什麼是爆發力？在運動生物力學中把「力×速度」（F·V）叫做爆發力。但是，太極拳的這種鬆活彈抖力的形成，卻是一個非常複雜的運動系統。它體現了人體精氣神的高度凝聚，意念力、呼吸力和運動力的高度統一，它是人體蘊藏的一種非常神奇的高級功能態。一般機械力學、生物力學都很難把它解釋清楚。

　　筆者雖然從事太極拳的鍛鍊和傳授已有三十多年，但對這種勁力的生理機制、形成要素、力學依據的理解，仍未完全弄清楚。現僅把本人在實踐中的一些粗淺體悟和認識加以歸納，作爲一個探索，將太極勁的特徵、鬆活彈抖勁的形象和本質，以及鍛鍊這種勁力的途徑。試作如下闡

述，拋磚引玉，供同道們研究參考，並望給予指正。

一、太極拳勁力的特徵

談到力，搞太極拳的人似乎都忌諱這個字眼。認爲太極拳只能「用意」而「不用力」。可是實踐中又避不開這個「力」，因而又提出只能稱作「勁」，不准叫「力」。

其實「勁」與「力」在漢語中並沒有嚴格的區別。《辭海》把「勁」解釋爲「氣力」，是一個力字；《辭源》把「勁」字也解釋爲「堅強的力」，還是一個力字。大家的用意只不過是爲了說明太極拳強調用「巧勁」，而反對用「拙力」而已。所以，我認爲談到太極拳的勁力時，沒必要如此忌諱這個「力」字。

另外，「用意不用力」這句話也很不準確，因爲意念也是一種力。現在，勿須在「勁」與「力」上兜圈子，重要的是，我們應該認眞探討什麼是太極勁？它的特徵和規律是什麼？

什麼是太極勁？我想用十六個字來概括太極拳的勁力特徵，即：陰陽相濟，螺旋形式，整體作業，鬆活彈抖。

陰陽相濟，是太極拳勁功形成的哲理依據。具體化，太極拳的勁力是剛柔相濟、輕沉兼備、開合相寓、虛實互根、形神合一、快慢相間等一系列的對立統一的力量。它是依靠人體內部陰陽旣對稱又統一的兩種力量來維護自身動態平衡的功能態。太極拳拳架和推手要領中的逢上必下，逢下必上；開中有合，合中有開；虛中有實，實中有虛；左重則左虛，右重則右杳；以及交手之中的以我之陽擊敵之陰，以我之陰化敵之陽，從而避實擊虛，化實擊虛

等等，都是這種陰陽相濟勁的體現。所以王宗岳說：「陰陽相濟，方爲懂勁。」

螺旋形式，是太極勁的運動形式。太極勁的剛柔、虛實、開合、輕沉，都是在忽順忽逆的螺旋形式中表達出來，往復折疊，非圓即弧。就是太極拳固有的沾連粘隨勁，也是靠這種螺旋勁而起作用的。只有在順逆纏繞之中，才能接觸他、粘住他，才能探清敵人的虛實，尋找機勢而發之。

整體作業，是說太極勁的形成和發放，都是靠人體的整體運動。太極拳不論大小動作，都要體現在大腦指揮下（意念力）以丹田內轉（精氣之力源）帶動全身，以腳蹬地，汲取大地的反彈力（反作用力），從而使人體內力與外力合而爲一，也就是把人的精氣神相凝聚，周身勁力相協調而集中起來的整體功能。陳照奎老師論推手說：「誰能合，誰能贏。」合者，雙手配合、手腳配合、全身之力配合之謂也。「夫人不患無力，特患其力不能集中耳」（向愷然）。就是指這種人體整體功能。

鬆活彈抖，是太極勁發放的效果。它是在放鬆的前提下，把人體種種陰陽交濟的勁力集中起來，以螺旋振盪形式發放出來的一種快速、猛烈、動短而力長的爆發力。下面再詳述其表象和本質。

二、鬆活彈抖的表象和本質

什麼是鬆活彈抖勁？一些太極拳名家對這種太極勁有許多生動而形象化的描述。

陳照奎老師對這種鬆活彈抖勁有以下一些比喻。他

說：「這種勁，好像遛牲口時，牲口在土地打完滾之後，站起來猛然一抖，抖掉渾身塵土，那種抖擻勁，陳家溝叫一格靈。」「好像打開消防栓，激流衝激帆布水籠帶，所產生的那種又滾動又膨脹的衝擊力。」又比作：「好像突然失控的鐘錶發條，急速彈開的樣子。」將其速度之快喻作「打閃認針」。

陳鑫公對這種勁的描述是：「突如其來，人莫知其所以然。」

萇乃周形容這種鬆活彈抖勁，也有許多極其生動的描述，例如：「似夢裡著驚，似悟道忽醒，似皮膚不意燃火星，似寒侵膝裡打戰栗，似烏雲深處打電蹤，……想情景，疾快猛，原來真氣洪濃，全神運在中。」「故氣發，如炮之燃火，弩之離弦，陡然而至。」「譬如炮然，捲得愈緊，則響得愈有力。始用功時，先要學聚氣，次學回環（纏絲、螺旋之勁），再次學盡（原註：骨肉往一處束，名之曰盡），功力熟時，三氣合一，方能有用。」

談到鬆活彈抖勁的本質，必須首先弄清鬆、活、彈、抖這四個字的含義。

鬆，是圓活的先決條件。而鬆活，又是彈抖的前提。鬆是在虛領頂勁、下盤穩固的基礎上，精神、肌體、筋骨都要恢復人的自然狀態，即處於不著力的狀態，也是鬆下來準備發勁的狀態。鬆與緊，也是人體一組對立統一的陰陽相濟的功能態。如太極拳講求「邁如貓行」，以形容舉步的鬆柔狀。但這只是指貓邁出去的一條腿，而起支撐作用的那條腿，卻必須緊緊地抓地、踏地，前邁的腿才能輕靈。這是在貓兒身上的輕與沉、鬆與緊的統一。

人，同樣如此。上肢輕柔、下肢必穩固；人體的發力點可以鬆柔，而支撐點則必須穩固；左腿輕靈出步，右腿必要更加吃力；腰要鬆活，上頂之勁與下沉之勁必須相配合。所以，對鬆的理解必須也從陰陽相濟的觀點去分析。陳照奎老師講放鬆，特別強調胸腰的鬆，而胸腰之鬆，又必須做到「四大塊」的鬆沉。即兩肩、兩胯。胯鬆，才可以使腰下塌，丹田轉動才靈活；肩鬆，才能使胸部的開合、背部的開合和上肢運化自如。他強調平時打拳必須注意不斷加大雙肩、雙胯四個重要轉軸的曠量。由此可見，鬆肩、鬆胯是全身放鬆的關鍵部位。

活，即圓活之意。世界上凡是靈活的狀態都與圓有關。圓形的東西最靈活。圓活的關鍵，在於通過周身各個關節和肢體的順逆螺旋的形式的變化，使虛實倒換靈活、順遂。因為一切靈活的圓體，其重心總是偏於一個點上。如果是兩個以上的支撐點，它就沒有圓活可言。所以順逆纏絲和虛實互根，是實現鬆活的條件。

彈，是指一種彈性的力。大家知道，被壓縮的彈簧有張力，被拉長的彈簧有縮力。這兩種彈性變形所產生的反彈力，統稱為彈性力。彈性變形與彈力成正比例。變形限度越大，反彈力也就越大。有些運動項目，是靠器械的彈性力進行鍛鍊的，如射箭，靠弓的彈性力；跳水，靠跳板的彈性力；撐竿跳，靠竿的彈性力等等。而太極拳運動，太極拳的這種彈性勁，卻主要是靠自身肌體內力和外力相結合而鍛鍊、培養出來的。後邊，我還要專講這種彈性勁的鍛鍊途徑。

抖，是上述彈性力發放的形象。它是一種快速的振

蕩、螺旋、波浪、脈衝式的勁。彷彿一下子把全身的力量都抖擻出來似的。所以，陳照奎老師形容這種勁時說，發拳勁時，「如我的拳頭不要了，把它拋出去！」發臂力時，「我的胳膊不要了，把它抖出去」等等。因此，這種抖勁，還包含有全部倒出、全部放出的意思。正如《紅樓夢》二十一回中有云：「這是一輩子的把柄，好便罷，不好咱們就都抖出來。」《拳論》中「周身柔軟似無骨，忽然放開都是手」，也是形容這種抖勁。

總之，這種鬆活彈抖勁，是在人體放鬆的基礎上，精氣神高度凝結，依靠腳蹬大地（彷彿接通了電源）、靠丹田內轉帶動（彷彿電動機、輸變電站），把全身的能量集中於一個發力點上，而以振蕩形式，即左、右、左……，或上、下、上……，或縮、伸、縮……等一波三折的疊宕形式，發放出來的一種強大的爆發力。

這種力的形成過程，如同萇乃周所描述：「蓋神所注，氣即聚焉；氣之所聚，神即凝焉；神之凝聚，象即生焉。」這種人體爆發力，往往能產生人們意想不到的巨大功能。根據最新「生命在於振蕩」（《世界體育》1991第一期）和中醫振動化瘀的理論，它對人體健康也有極大好處。根據中國傳統的技擊原理，這種彈抖技擊力，能傷及敵人之內臟。

三、發放鬆活彈抖勁的機勢

《拳論》有云：「當己勁與敵勁粘住時，即用腰腿勁抖拍之，敵身則必雙腳騰起。」又云：「粘隨抖截。」陳王庭云：「纏繞諸靠我皆依。」都是說明在靠近敵人時，

方可使用此勁。快速、短促、力猛，而勁力深長。由此可見，沾連粘隨，是發放鬆活彈抖勁的前提和準備。也就是說，發放這種勁的機和勢，必須是在沾連粘隨，「不丟不頂中討消息」。

根據太極拳戰略戰術原則，練太極拳的人總是處於應擊者的地位，我不主動去進攻別人，但人若犯我，我必犯人，而且要做到「後發先至」。這個「先至」的途徑，就是先以鬆柔之勢迎之、包之，然後「從不丟不頂中討消息」。討什麼消息？即通過沾連粘隨之術，探其虛實，即「摸情況」。

為此，太極拳的戰術，主張以貼身近戰為主，即一搭手，即沾住他，粘住他，捨己從人，緊緊隨著他的來力，不頂、不抗、不丟、不脫，和他纏繞在一起，盡力逼近他、貼近他的「大本營」，摸清其虛實，化其實，擊其虛，或順其勢，借其力，向其根節、虛處、僵處、或向其重心線實處猛然抖發之，「使其不知所以然」。其中特別強調當貼近他之後要力摧其根，即力達腳跟，下塌外碾，打擊他的下盤根節，以破壞他的平衡，對方失去平衡之時，則是發於這種彈抖勁的最佳時機。

這裡你完全可以得心應手，在敵人失去平衡時發他，打其勁空，打其勁斷，打其勁回（「擊其惰歸」），或拿而後發，往往發放的不只是我的勁，而是發放對方的勁，像放箭一樣，借他自身失控的勁，把他發出去。這種發放勁，就更顯得乾脆、利索、漂亮。

為此，平素練拳、練推手，必須特別強調鍛鍊這種沾連粘隨勁，善於捨己從人，從不丟不頂中去練習聽勁、懂

勁，以尋求發放彈抖勁的機和勢。而且開始要練習能容、能吞、能包，敢於把來力放進來，從而力求貼近他。做到「粘即是走，走即是粘，陰不離陽，陽不離陰」（王宗岳）。當然，在與眞正敵人交手時，則一沾即進，寧進勿退，快速進攻，避實擊虛，化打結合，速戰速決。

四、鬆活彈抖勁的鍛鍊途徑

鬆活彈抖勁，是太極拳的高級功夫。冰凍三尺，非一日之寒，這種勁力的鍛鍊和形成，必須靠長期刻苦鍛鍊，內力與外力相結合，精心培養，並且善於悟，才能逐漸培養出來。我剛開始跟陳照奎老師學拳時，老師總是批評我「胸腰鐵板一塊」，沒有彈抖勁。十年之後，才眞正有所悟。

根據筆者長年堅持鍛鍊的體悟，這種鬆活彈抖勁的形成，必須從以下幾個方面努力。

㈠、長年堅持練低勢拳架。拳走低勢而且還要堅持倒換虛實時襠走下弧。這樣必然迫使你腰胯放鬆。腰胯鬆，是全身放鬆的關鍵部位。而走低架，大大有利於胯關節鬆活，從而對腰肌、腹肌和大腿肌肉、筋骨，以及膝關節等器官伸縮的彈性力會大大增強。這些部位彈性力的增強，是周身彈抖勁的基礎。腰胯筋骨關節鬆開了，其他部位的放鬆就迎刃而解。故常言：「腰襠膝，太極拳的發動機。」

㈡、注重以丹田爲核心的胸腰運化鍛鍊。打拳時要時刻注意以丹田帶動全身，做到「腰不動，手不發；內不動，外不發。」內外協調一致。因爲鬆活彈抖勁的發勁樞

紐是丹田內轉。增強丹田的充氣硬度（內氣和腹肌的增強），這種硬度越大，對方來力按癟的深度越小，而其反彈力會越大。所以，必須注意太極拳內功的鍛鍊。有的拳論云：「莫嘆難，莫嘆難，勸爾從裡往外練，不在外邊在裡邊，內裡通，一身輕，玄妙天機自然生。」為此必須加強腰襠功、丹田功的鍛鍊。

㈢、善於運用「從反面入手」的哲理，借助於體內、大地和敵人這三個方面的反彈力，來增強自身的彈性勁。自身產生反彈力的鍛鍊，主要是按「欲左先右，欲右先左；欲開先合，欲合先開」的拳論，依靠人體內部各個部位的反作用力。如胸腰欲右轉之前，先左轉，向右發放勁力會越大。如「第二金剛搗碓」動一，在向左發勁之前，先有一個右上攦，然後再向左等等。像上緊鐘錶發條、捲緊爆竹一樣，欲放先捲，欲向左發先往右捲，欲向前發先向裡捲（如「裹鞭炮」），向心力與離心力相結合，就是利用這種欲左而先右、一折一回、一捲一放的反彈力而發放之。關於借助大地的反彈力，主要是靠練拳時氣下沉、腳蹬地、五趾抓地，以及二路拳中諸種彈跳動作，都是借助於地面的反彈力。

對待敵人，也是欲左先右，欲上先下……，從反面入手，聲東擊西，我欲向左發他，先向右引，向右加大掤勁，以借助其反彈勁。當你和敵人接觸時，他若有頂抗之勁（反彈力），即借之；若摸不清其勁的動向，即給他加上點勁，聲東擊西，造勢借力而發之；若發現敵勁欲回撤，則速打其回勁而發之；他若不頂不抗，沒有反彈力，即可順勢用長勁發之。

㈣、結合單式鍛鍊，加強意念力的培養。前邊講過，太極拳之勁力是精氣神三寶高度凝聚而產生的。其中，神的作用（意念功能），也就是大腦的指揮功能尤其重要。發勁的速度和能量，很大程度決定於中樞神經的傳導功能及敏捷程度如何。所以，平時練拳要注意加強意念力的培植，即練單式或百把氣功樁時，都要弄清每個動作的技擊含義，意念中要有假設的擊打、發放目標，從中鍛鍊靈敏、速度和力量，特別是驚詐性的爆發力。平時持久地加注意念進行練習。臨戰時必會產生意想不到的巨大能量。

㈤、借助外力鍛鍊內力。例如，通過推手以及練習抖太極大杆、擰太極尺、打沙袋等輔助功力訓練，無疑可以增強內氣的鼓蕩、內勁的充實和腰腿的彈性力。我們的實踐證明，借助器械等外力進行自身鍛鍊，對內的增強確有重要作用。正如《醫道還元》所云：「欲求內果圓成，尤待外功培植。」內外相輔相成，內外兼練，必然會有最佳功效。

上述僅僅是個人一些粗淺體會，至於徹底揭示太極拳勁力發放的奧秘，我們面前還有漫長的路，有待大家努力探索和開拓。

（1992.3.29於常州撰稿。連載於1992年第八期、第九期《武魂》雜誌）

論　放　鬆

關於放鬆，我在拙作《鬆活彈抖論》一文中曾略作闡述。爲了引起廣大陳式太極拳愛好者對這個問題的重視，擬再做進一步論述。根據觀察，當今練楊式、吳式太極拳者，對這個放鬆問題比較重視，強調比較突出，而我們一些練陳式太極拳的人，卻往往由於重視了發勁的鍛鍊，而忽略了對放鬆功夫的認眞修煉。其實，他們沒有充分認識到放鬆才是發放剛柔相濟、鬆活彈抖勁力的基礎條件，因此，我感到有必要加重筆墨，對這個問題再作詳論。

一、放鬆的意義及其內涵

陳式太極拳一代宗師陳照奎先生特別重視放鬆功夫的修煉，1973年夏天先師陳照奎在他家中給我講拳時曾說：「太極拳全過程都要鬆下來，要沉下來，要百分之百地放鬆，同時，周身節節都要鬆下來，要鬆到手指肚，只有在放鬆的情況下，以掤勁爲綱、爲統帥，發勁才能淋漓瀟灑，不發則已，一發則迅雷不及掩耳。」一語道透了放鬆與發勁的關係。

太極拳，是一種順其人體的自然狀態，順其自然規律，而引發其自然之力的一項體育運動，它是通過一種特殊的整體修煉過程，去調整和強化人體本能，開拓人體潛能，而使人的身心兩個方面，都達到高層次的平衡和自

由，因此，太極拳的整個運動過程，必然是在大腦（司令部）的統一指揮下，使全身肌肉、韌帶、骨骼以及各個臟器，都能順從意念的需要，達到既協調又有序，既迅速又靈活，既鬆柔，又有彈力地「屈伸開合任自由」的一種理想境界，也就是說，通過太極拳的鍛鍊，使整個人體在意念導引下，做到「一聲令下，百體皆依」，隨心所欲地發放人體的能量，一句話，也就是使大腦信號與肌體動作同步化。

從技擊角度講，即通過鍛鍊，在應敵時能順從意念的需要，以丹田為核心，迅速調動全身內力，集中到一個施力點上，為此，必須使全身隨時都處於一種處處鬆開，節節鬆開的人體自然狀態，如此才便於周身力量的迅速集中和快速發放，像那鬆軟的鞭子一樣，在未抽打之前，它是那樣的柔軟，一旦抽打出去，挨到何處何處擊得強而有力。

放鬆，以鬆透為準，何謂鬆透？我認為它的內涵至少要包括以下四個方面的要求。

一曰鬆靜。即鍛鍊一種放鬆的心態，這也是放鬆的入手點，所以武禹襄講：「先在心，後在身」。陳鑫也說過：「心要虛，心虛則四體皆虛」。一動無有不動，一靜無有不靜，這一動一靜，首先是指大腦的統一指揮功能，所以，打拳必須先使大腦鬆靜下來。即所謂「洗心滌慮」，排除雜念，使思想純靜地、專一地全心全意集中到拳上來，只有如此入靜，才可以考慮「一羽不能加，蠅蟲不能落」的高度靈敏功能的境界。太極拳強調用意，強調意念力的鍛鍊，首先必須使大腦總是處於鬆靜狀態，然後

才可以言集中和調動意念力的運用。

二曰鬆展。在大腦入靜、意念導引下，要有序地使全身各個臟器、肌肉、韌帶，關節處處鬆開、鬆展、拉長。拳論中講的「筋骨要鬆，皮毛要攻」，「對拉拔長」、「逢上必下」、「腰以上四成上升，腰以下六成下沉」（陳照奎），「左發右塌，右發左塌」、「前去之中必有後撐」等等要領，都是這種對稱張開的要求，特別是初練太極拳者，更要力求開展、力求舒展，進而要求「開展之中有團聚之意」，開中有合，開合相寓。

三曰鬆沉。包括內氣下沉，重心下移和一些重要關節的鬆沉，打拳時，除了頂勁上領以外，其他部位都處於鬆沉的狀態，如上肢的鬆肩、墜肘、坐腕（塌腕）；下肢的鬆胯、屈膝、五趾抓地；中盤的含胸塌腰，都是為了這種周身鬆沉的要求，這種形體上的鬆沉，有利於真氣下沉、重心下移，從而穩固下盤，下盤沉穩，又有利於中盤、上盤的輕靈，從而達到輕沉兼備，形體和內氣的下沉，還可以避免中氣上湧，避免動作上的飄浮之病。

四曰鬆活。鬆活，主要體現在兩個方面，一是各個關節軸的鬆活，一是以丹田為核心帶動肢節順逆纏繞之柔韌性鬆活，關鍵在於通過打拳，特別是通過纏絲勁的鍛鍊，不斷增強關節鬆活、韌帶的柔韌和肌肉的彈性，從而做到「一舉動，周身俱要輕靈」，使周身各個環節都能隨心所欲地達到圓活、靈敏、滑潤，變化輕快，使各個有軸的關節的活動幅度不斷加大，可以向四面八方自由地轉動，以保證發功時節節暢通，極快地把周身之力調整集中到施力點上去。

二、放鬆的關鍵環節

據云，陳家溝太極拳名家陳伯先先生曾請教陳照旭先生（陳小旺之父）：「這拳咋練？」陳照旭簡潔地回答：「四塊放鬆」。四個字道出了放鬆的關鍵部位，在於所謂「四大塊」（兩肩、兩胯），我的老師陳照奎先生講放鬆的關鍵環節時，講得更具體、更生動，他說：「要特別注意胸部的放鬆，只有胸部能放鬆，才有胸中運化，胸部太僵，就會氣貫滿胸，胸貫滿，就不能調整上下關係，胸部不能運化，就要挨打。」又說：「打拳緊要處全在胸腰運化，胸部任何時候都不能領勁，胸部開合都要放鬆，胸部放鬆的關鍵又在於兩肩的放鬆。所以拳論中說：轉關在肩，運化在胸腰，而腰部的鬆活關鍵又在兩胯，胯不鬆，腰也不會活。」他還講：「我們和別人推手，首先要制對方的肩，使對方的肩關節失靈，產生對抗勁，而被我所制。對方制我，亦然。但是，如果我在走架子時，解決了肩的轉關問題，肩部能放鬆，而且肩能向四面八方轉動，那麼，當對方用手拿我的胳膊，企圖控制我肩時，我可以立即隨對方的拿勁進行轉關，使肩沉下來，對方拿勁可立即解脫，我可以馬上反攻。」同時，他又講：「肩的轉關並不能單獨進行，它必須與胸腰折疊運化結合進行才行，它們是一而二，二而一的關係，解決了肩的轉關，並且解決了胸腰運化，才算真正解決了鬆的問題。」他在教推手時又說：「最怕的是，當對方一推你，你肩先扛起來了，胸腰成了木板一塊，這就一切全完了。」「所謂練拳要練到身上，就是要在肩上，胸腰上下功夫。」

從以上兩位陳式太極拳傳人的講述中，我們可以領悟出放鬆的主要環節所在。所以，我們要解決放鬆的問題，首先要在鬆肩、鬆胯和鍛鍊胸腰運化上下功夫。而胸部開合靈活的關鍵又在於鬆肩；腰部折疊運化的關鍵又在於鬆胯。抓住了這個主要矛盾，其它矛盾就可以迎刃而解了。

三、鍛鍊放鬆的途徑

初學太極拳的人，開始一般都有一個僵硬的過程，是正常的現象。因為當你剛剛接觸，還沒有掌握太極拳的運動規律之前，必然是精神緊張、動作生硬，往往是顧此失彼。此時要求你「一動無有不動」，動作協調而鬆柔，那是難以做到的，精神緊張必然帶來動作上的僵硬。因此，應該允許初學者有一個生疏而僵硬的初學階段。這個階段主要是記住動作順序、路線和方位，弄清虛實、順逆和力點。

當學員基本上學會了拳架套路之後，敎練就應該及時地提出放鬆的要求，並且要強調太極拳的這一特殊要領。同時要求從以下幾個環節上鍛鍊，逐步做到周身放鬆的要求：

一是從正中求鬆。放鬆，一定要在身法中正的基礎上尋求。否則容易出現鬆懈、鬆斜。以及跪膝、突臀、幌肩等病。

二是從慢中求鬆。陳式太極拳要求快慢相間，但對初練者來說，特別是在未能放鬆之前，要強調練慢。從慢中才能逐節檢查全身各個部位放鬆的程度，細細品嘗放鬆的味道。

　　三是從纏繞中求鬆。動作必須注意走順逆纏絲的螺旋勁，從纏繞之中求放鬆，因爲太極拳的鬆柔是在螺旋中形成的，所以必須從圓活旋轉中求放鬆。時刻注意四肢的順逆纏絲。直來直去的動作則很難言鬆。

　　四是從關鍵部位入手，尋求節節放鬆。比如把鬆肩與墜肘、塌腕結合起來，做到節節鬆沉、節節貫串。從蠶蛹、毛毛蟲的蛹動狀態中去悟節節鬆動的規律。

　　五是從緊中求鬆，太極拳要求全身各個部位鬆沉，必然加大下盤的支撐負擔。因此，上盤中盤的鬆沉必須是建立在下盤穩固的基礎上。尤其是在鍛鍊低勢拳架時，下盤就更加吃力。實踐證明，拳走低架最有利於增強下盤的穩固，也只有下盤紮實，才更有利於腰以上各個部位的放鬆，同時也有利於虛腿的靈活性。從此處可以理解鬆與緊的辨證關係。爲此，平時就要注意鍛鍊低架，鍛鍊下盤，特別是獨立步的支撐力，而爲周身放鬆創造條件。

　　六是從推手中練「吃虧」入手，借對方之力來練放鬆。推手，主要練借力的技巧；而借力，必捨己從人。順遂對方來力。推手時，往往是越怕輸的人，精神越緊張，也最容易犯僵硬，丟頂、拱架之病。所以，我們主張開始練習推手時，要從練「吃虧」入手。要敢於讓對方進來，練習能吞、能容的本領，練放長，練大幅度的引進，不怕吃虧、不怕輸，而是有意識地借對方的來力鍛鍊自己的鬆活、引化本領。

四、放鬆與功力訓練

　　鬆與緊、柔與剛，鬆柔與掤勁、放鬆與功力訓練的關

係，往往是容易引起人們爭論的問題。太極拳，是根據中國古典哲學中的太極陰陽學說來指導其拳理、拳法的。也就是大家常說的「陰陽相濟」。只強調鬆柔，不要剛柔相濟，則不是太極拳。所以我在前邊講了，放鬆，是太極拳的一項基本功。但它不是全部功夫；放鬆，是太極拳鍛鍊的一個必不可少的手段，是基本功的一部分，但它不是目的，最終目的是通過放鬆及其他多方面的訓練，而鍛鍊出一種剛柔相濟、輕沉兼備、鬆活彈抖的螺旋式的整體勁。這種太極勁的形成，決不是僅僅依靠放鬆就可以形成的。它必須是通過拳架鍛鍊、推手鍛鍊、器械鍛鍊、單式鍛鍊、以及功力訓練等多種鍛鍊方式，經過長期的、艱苦的磨練和體悟而形成的。但是，各種訓練方式與放鬆的要求，不僅沒有任何矛盾，而且均係相輔相成的，有人反對練太極拳的人去搞強力訓練，他們的理由是會影響放鬆，其實，這種擔心是多餘的。

大家知道，楊式太極拳是極重視放鬆的。而楊式太極拳著名傳人之一的董英杰先生（楊澄甫的高足），曾對放鬆與功力訓練的關係講過下邊一段話，很值得我們思考。

「或云練太極拳後，不可舉重物，不可用蠻力，此則未必盡然。未學太極拳，一身笨力，全體緊張；既學太極拳，全身鬆軟，筋暢氣通，務必練去全身緊張，仍須保持原來之笨力。因鬆軟之後，笨力變爲眞勁矣。若人謂笨力稱之曰臂力，其力在肩臂之間也，不能主宰於腰形於手指也。故笨力爲本錢，鬆軟是用法。得其用法，小本錢可做大事業；不得其法，本錢再大，事業無成也。故得太極拳眞理以後，舉重摔跌，拍球賽跑，隨意可也，不必禁

忌。」（董英杰：《太極拳釋義》）

董英杰先生把功力訓練與放鬆的關係比喻於事業的本錢與經營技巧之間的關係，可謂妙極。這裡我再舉個例子說說放鬆與力量的關係。例如，兒童們喜歡玩的蹦蹦床，孩子們跳上跳下，跳勁越大騰空越高，這主要是靠那彈簧床的彈力。如果此種床只有鬆柔而沒有強的彈力，孩子們跳下去則起不來，而且這種彈力小也起不來，床太硬了更起不來，太極勁，就是這種鬆柔與彈性力的統一，即所謂剛柔相濟，也就是拳論講的「引進落空合即出」，「引進落空」即靠鬆柔纏繞之勁，「合即出」，即靠這種在鬆柔基礎上發放出來的彈性力，這種反彈力，沒有柔韌不行，沒有功力基礎也是不行的，所以我主張要鍛鍊出既有肌體的彈性和內氣充沛的功力，又要有放鬆的功夫，把兩者統一起來，而創造出一種剛柔相濟的強大的螺旋式的掤勁，才是太極拳的真功夫。

因此，我認為按陳式太極拳的一些特殊的功力訓練方法，諸如抖大桿子、擰太極尺、旋太極球，練太極纏絲槓，以及在放鬆的條件下，以螺旋彈抖勁，去打沙袋等方式，都是應該允許的。肯定地說，放鬆與功力訓練不僅沒有矛盾，而且可以互為補益，關鍵在於首先強調放鬆訓練，在周身鬆活的基礎上，去進行功力訓練，由此可見，那些擔心進行功力訓練會影響放鬆訓練的人，是沒有什麼根據的。陳式太極拳的功力訓練方法，可以參考拙作《推手及功力訓練方法》一文，在此，不再贅述。

（原載1994年第七期《武林》）

論　用　意

── 關於太極拳的內功之三

　　太極拳，是一種形神兼備、內外兼練的高級修煉功夫。它形之於外的功夫主要是拳架（套路）、單式、器械、推手、散手以及各種輔助功力訓練，又稱作陽性功能，以煉形；它的內功，主要是煉精、煉氣、煉意三層功夫，調動人體潛在的、特別是大腦的功能，又稱作陰性功能，以煉神。當然，從整體觀，從全息統一論來把握，它的內功與外功，形與神，則是可分又不可分的、陰陽互濟的一個整體。分，則爲陰性、陽性功能；合，則爲太極總功能。因爲人的生命是形與神的統一體，所以我們主張形與神的一元論，故此拳稱之謂「太極拳」。

　　但是，太極拳比起其他武術功夫來，它更重視精、氣、神諸內功的鍛鍊。即中國古代道家養生術中所講的「煉精化氣，煉氣化神」的功夫。這一道理是科學的，並不是像某些人講的它如何神秘而玄奧。實質上，它的內涵就是煉精、煉氣、煉意三步功夫。三步功夫中又以煉意（神）爲核心。關於煉精問題，《性命圭旨》一書早已指出：「首關煉精」。關於這個問題拙作《丹田內轉論》（關於太極拳的內功之一）一文對此已作過簡要說明：關於煉氣，拙作《周天開合論》（關於太極拳的內功之二）一文，已作了初步探討（兩文先後均發表在《武林》雜

誌）。現在，我想再著重談談對煉神、煉意、用意的粗淺認識。供同道們參考，並祈予以批評指正。

一、意念活動是一種隱形的力

按太極陰陽學說來剖析，人體運動功能，應該包括陽性功能和陰性功能兩類。人體運動引起的形之於外的功和能，可以稱作陽性功能，例如人們的體力勞動、體育運動、武術搏擊所產生的能量，這方面的功能看得見、摸得到，容易被人理解和掌握；而人體潛在的隱形波性物質運動所激發出來的功和能，即所謂陰性功能，則往往是人們所難以估量和把握的。例如，文學藝術家的靈感、構思和創作；科學家驚人的發明創造；高明醫師神奇的醫療方案，乃至一些有特異功能的人發功致動、致燃等等現象，都是人們意念活動所產生的種種肉眼難以看到的能量。太極拳的用意，即在於調動和激發人體這種潛在的陰性功能。從而使人體潛在的陰性功能和陽性功能一樣都得到全面發揮，而形成一種人體陰陽相濟的、形神合一的「太極總功能」，使人的生命力得到全面發展。這也是中國特有的太極拳整體運動優越性之所在。

意念活動，或叫做意念力，是人腦（中醫謂之曰「元神之府」）所特有的運動形式。人腦，是物質世界演化的最高產物，它的奧秘，至今尚未完全被人類所認識。所以，有人說，大腦是一個奧秘無窮的銀河系。但是，當代許多科學家已經驗證，意念活動是一種力。有人稱它為「人體意念場」。也有人稱它是人體高級物質能量流。它不僅有思維信息功能，而且具有對人體自身或體外事物直

接產生作用的功能。也就是說它能統帥人體的全部功能和能量，既可以調整人體自身的健康平衡，如治療某些疾病；又可以對身外事物發生作用，（如意念致動、致燃等）。這種作用的力學效應，定義爲意念力。因爲這種力出自「元神之府」，故有人又稱它作「神力」。

每個有思維能力的人，都有意念力的表現。人的意念力強度可以增強；不進行訓練，不參加各類體育活動，意念力的強度也可以自然衰退。意念力增長到一定值，就會出現某種特殊能力，即特異功能。

人體科學家，通過一些傳感儀器的技術檢測，已經證明這種特異功能是實實在在存在的物質力量。例如：

當一個人的意念力作用於手掌上時，手掌的彈性、膨脹力量，都會加大。意念導行，可以使手溫上升或下降。最近，上海同濟大學生物醫學研究所的一項實驗證明，意念力可以使手掌溫度上升和下降（1994年第 4 期《中國人體科學》）。

根據原蘇聯科學家關於生物電的研究，證明：只要注意到身體某一部位時，那裡就會發生電流，用精微的電流表可以測量出來。

通過檢測，功能人意念發功時，可產生3067克的機械力學結果。（1993年第 3 期《中國人體科學》）。

還有信息傳感、思維傳感、腦際遙感都已得到驗證（見1992年第 1 期《中國人體科學》）。

另外，高明的中醫診脈，很大程度上是靠意念感知。扁鵲能透視皇帝病入膏肓，以及某些催眠術、咒語，可能都是靠這種意念功能。

某些氣功師所謂發放外氣給人治病，在很大程度上也是靠意念交感活動的作用。

二、意念力的形成

國防科技大學譚署生教授論證，意識不等於意念力。單純的意識活動（意識、意念、思維、想像）絲毫不能對外部世界發生直接作用。平時人們說的「想入非非」，想像的東西，並不是現實。但是，有些有特異功能的人，就可以「心想事成」。包括特異感知、特異認字、特異遙視，思維傳感、遺留信息辨認，以及上述的特異致動、致燃等等現象。這些人的意念活動，又說明意念又可以變成一種物質力量，作用於客觀世界。

兩者之間的差異說明，普通人的意識不等於意念力。意念力的產生，除個別人是先天性的或大腦遇到特種刺激之後而產生的之外，多數有這種功能的人，大都是在誘導、訓練下與體力活動相結合、與精氣功能相凝聚而培養起來的。許多特異功能人的發功實踐已經證明，這種意念力的形成，是在一個人的精力、氣力緊密結合之下而產生的。他們每次發功之後，都感到身體疲乏、勞累，甚至有時自身出現昏倒的現象。

例如張寶勝、黃紅武反應做 PK 後常常感到十分疲勞。地質大學特異功能人孫儲琳做功後反應說：「精氣神消耗很大，有時給別人發功治病後，自己昏倒了。做完一些高難度的實驗後，心腎部位感到非常不適」（1993年第四期《中國人體科學》）。所以，這種意念力的形成，必定是以人體內的物質系統為基礎，離開人體肌體物質系統

的純意念致動，是不科學的。意念必須依靠物質媒介，依靠生物能量場，才能發揮其影響外界事物的作用。否則，都是假的、偽的。也就是說，意念活動，必須首先作用於其它物質（包括自身肢體和內部生理過程，也包括體外背景場的形態和運動），與其它物質相匯合，才能產生一種作用於外部物質世界的功能。

所以，《黃帝內經》對人體的健康，即主張「形神合一」、「形與神俱」。而我們的太極拳正是這種形神兼練、形意兼練的優秀拳種。

從許多有特異功能人的培養及發功過程來看，也是這樣，他們必須先經過入靜、放鬆、集中三個階段，才能誘導與調動出這種潛在的功能。其中的集中（凝神）階段，正是意念活動與肌體的其它物質相結合而發生作用的過程。

而這種入靜、放鬆、意念集中的過程，也正是太極拳鍛鍊過程的特徵。基於上述科學依據，我們可以肯定內外兼修、形神俱練的太極拳運動，正是培養這種意念力的高級功法之一。

三、太極拳煉意的途徑

歷來太極拳家都強調打拳必須用意。例如：

「勢勢存心揆用意」

「意氣君來骨肉臣」

「先在心，後在身」（武禹襄）

「始而意動，繼而勁動」

「凡此皆是意，不在外面」

「刻刻留心，挨何處，心要用在何處。」（李亦畬）

「氣未到，而意已呑」（李亦畬）

「走架打手著著留心」……

上述若干有關用意的拳論，說明太極拳，是非常重視用意的拳。一些著名太極拳家發人很輕鬆，我分析：一是肯定他有一個好的體力基礎；二是他的力量技巧（如借力之術）；三則是他平素練拳中注重意、氣、力相結合的訓練的結果。所以有人稱太極拳爲一種「意氣運動」。但這句話並不全面，要全面一點，則應該是：「意、氣、力相凝聚、相統一的整體運動」。因爲這種意氣運動是以人體肌體素質爲基礎的。講「用意不用力」，用詞不準確，因爲意念也是一種力。有人說可以叫勁，不許叫力。其實，勁即力。王薌齋先生講得卻很明確、淸楚，他說：「意即力也」。「用意即用力」。這比某些太極拳「名家」講得還明白、透徹、乾脆。

太極拳講求用意。但如何進行意念力的鍛鍊，則是值得人們研究的課題。雖然，太極拳不主張去追求什麼特異功能。但，它鍛鍊用意的途徑與某些特異功能的培養方法是否有相同或相近的地方，則是應該予以重視的。、

從個人幾十年鍛鍊陳式太極拳的實踐中體悟到煉意的主要方法，就是鍛鍊自我意念力的控制。其途徑不外在結合拳架行功過程之中，注意入靜、放鬆、集中三個環節。

入靜、放鬆是調動意念力的前提。練太極拳的人容易理解，不過理解歸理解，卻不容易做到。有人說，能達到放鬆和入靜，即太極拳功夫已完成百分之九十。所以，練太極拳的人非從放鬆、入靜上下功夫不可。這方面的道理

及鍛鍊方法拙作《論放鬆》一文已作闡述，不再重複。現在，著重談談意念集中的體會。

集中，以及集中的目標（目的地），則包含三個方面：

一是從養生健身角度出發，把意念集中到自身內部，用意念導引，進行自我調整、自我輸通、自我修復，以達到祛邪扶正、輸通氣血、調整神經、強身健腦、益壽延年的目的。例如，美國用意念療法治療喉癌的例子（《中國人體科學》1993年第三期）。我們許多人通過練太極拳治療各種奇症怪病的事例，多得很，難計其數。在練習拳架過程中如果能把意念集中到每個動作的運力、運氣和提神過程中，通過幾百個繁難的連接動作的抑制作用，就可以把植物神經系統的惡性興奮灶導引到一種良性興奮灶，這種良性興奮灶（太極拳的特有意境）對人體內部調整肯定是起積極作用的。因為人體是一個可塑性很強的統一體。通過練拳，通過自我意念訓練，大腦與動作、動作與肌體、肌體與環境，就會成為一個高度協調、自我調節的統一體。這又叫「自我意念控制原理」。

二是從自我保護功能，即從技擊功力訓練角度出發，把意念集中到應敵策略及技巧上，集中到自身發力部位上，集中到假設敵人的某個部位上。包括從施力點、力的運行路線、樞紐運化，以及最後達到的發力點上，也就是說，在掤、攦、擠、按、採、挒、肘、靠等諸勁過程中，都要貫注以意念力。從中不僅可鍛鍊到一些應敵的本領，還可以增強自己的膽量。

三是從陶冶情操的角度出發，在一定時期練拳時要把

意念集中在一個思想情操、品格、氣質、精神境界方面的
修煉上。

當然，剛剛開始學拳的人，首先要把意念集中到動作
的規範化和連貫性上。把每個動作都打得規規矩矩，連綿
不斷，這是一切用意的起點。

其實意念集中的過程，也就是培養和調動意念力的過
程。這種集中過程，說簡單也簡單，說複雜它複雜到人們
難以理解。例如有特異功能的小孩子，她要用意念力催花
朵開放，她就強烈地想花開，硬是想花在開，硬要它開
……而最後終於開了。這種「強烈地想」就是一種意念力
的集中過程。她強烈的意念活動，終於會發出一股力去辦
事，可是事先她並未考慮、也不懂其中的什麼「科學理
論」、更不知道意念力形成的規律，由此可知，有這種功
能的人，用不著什麼複雜理論知識和特殊訓練。但是，沒
有這種特異功能的人，去理解這種功能、調動與發揮這種
能量，則是非常困難的。

因此，我們這些普通人，要想增強這種意念的能量，
則必須在日常鍛鍊中逐步培養。即在平素練拳過程中，注
意意念力的滲入。其中包括理性知識的充實和刻苦實踐中
的潛悟。我想這種意念力的培養必須是在拳架練得精熟之
後才可以著重練習。同時，還必須學習一些有關人體生
理、心理、解剖等學科的知識，懂一點中醫學、人體力學
等方面的基本知識。從而使意念導引（用意）有一個科學
的依據和指針，我認為這方面起碼要掌握以下幾個方面的
理性認識，使意念力有個導向目標。

【全息意識】。根據《宇宙全息統一論》、《全息生

物學》和《全息醫學》的理論，人與自然的能量是交替互補的。因此，在練拳的過程中，要善於用意識導引，把自身與大自然融爲一體，不斷攝取大自然給予自身的信息及各種營養物質。不斷吸取大氣中的氧以及各種人體所需要的物質精微，使天地之氣與自身的內氣不斷進行交換、相互補充、實現自身與宇宙同呼吸，體現「天人合一」全息律。同時，還要懂得人體自身與精神物質的全息律，懂得人體各個部位、各個臟腑結締組織之間的全息律。懂得太極拳「一動無有不動」整體鍛鍊的全息律（又稱一元論）。

【經絡意識】。練太極拳的人，首先要對人體結構，特別是對自身氣血的通道——經絡，有一個概括的了解。懂得自身體內眞氣運行的大小通道，懂得元氣、營氣、衛氣的分布，懂得出勁、入勁與運氣的規律。拳架每個動作運行的全過程，都要用意念導引把內氣運到經脈的梢端。即先師陳照奎常講的三個到位：動作到位、內勁到位、眼神到位。他常講要鬆到中指肚，送到中指肚。以促進周身氣血充盈和循環。拳論中講的「筋骨要鬆，皮毛要攻」，即體現了通過放鬆、順逆纏絲勁的運行而調動內氣由裡及表的發揮過程。也只有這樣，才能增強自身靈敏度，在推手、乃至應敵時才能達到「聽勁」、「懂勁」、「發勁」的規律。

【聚精會神意識】。萇乃周的《聚精會神氣力淵源論》一文已講透了這個問題（見《陳式太極拳函授通訊》第一期）。習拳過程中，必須刻刻注意開合，特別是注意吸氣、合力時「聚精會神」的核心及要領。注意精氣的凝

聚點。也就是說在練拳時，要注意以意念為引導，重視煉精之法，「還精補腦」之術。此種意念活動與運動系統結合的過程，也正是使人體精氣神相凝聚的過程，是太極拳運動精髓之所在。正是在這裡它使人體的陰性功能與陽性功能相結合、相統一，而形成人體太極總功能。這是其他一般功法所不能比擬的。

【應敵意識】。太極拳本身是一種武術，雖然練太極拳的人不會主動去進攻他人，但防人應敵之心、護身之術不可無。所以練此拳者還應修煉護身、應敵之意念力。其中包括以下幾種意念活動：

(1) 打拳（特別是青壯年）要經常有意識地樹立假設敵。樹立「我守我疆，不卑不亢」、「人不犯我，我不犯人；人若犯我，我能以其人之力還治其人之身」的戰略思想和應敵意識。並且對自身的力量有充分的估量，要充分自信自身的力量超過一切敵人，戰略上藐視敵人。從思想上壓倒一切敵人。一接觸其皮毛，我意念中之力即已入彼骨髓。所謂「氣未到，而意已吞。」平時人們講的「信心是成功的一半」，其中就包含了這種意念力的作用。

(2)對每個拳勢、每個動作的技擊含義要一清二楚，每個動作中力度的變化，運力的起點、運力路線，運力樞紐、落點（發力點），都要清清楚楚、明明白白。即所謂「勢勢存心揆用意」要刻刻注意使意念力準確而順遂地達到發力點上。每個動作的技擊技巧特徵，發力點是在手指、還是在掌根？是在大魚際，還是在小魚際？是力出拇指、還是中指？是抓筋拿脈式的入勁，還是攦按拋擲式的放勁？我是運用順勢借力？還是造勢借力的技巧？等等，

都要明白清楚。尤其是在練習單式發勁時，更要如此，並且做到發力時意到、氣到、力到，三者同步到位。有的拳種把這種運力意念叫做「試力」。做到「打拳無人似有人」。而且招招之中都要體現太極拳的「因敵變化示神奇」的特殊的應敵技巧。

如果我們天天、遍遍練拳時，都能把這種意念力貫注於兩套拳架的一百五十四個拳式、六百多個動作之中，貫徹到108個單式之中，貫徹到各種功力訓練之中，日久天長，必將會鍛鍊出一種獨特而強大的太極功夫。從而使自身形成一個精、氣、神（意、氣、力）高度統一的、充滿活力、彈性極強、旋轉自如、出神入化、圓融精妙的太極勁。從而使自身如同漩渦、旋風似的，能應付四面八方的來力，做到「挨到何處何處擊」「他從哪兒來，讓他從哪兒去」。無疑這是太極拳修煉的一個重要方面。

【養性意識】。人們常講打太極拳的人，既要練拳，又要練人，這裡講的練人的主要內涵是通過練拳，有意識地注意人格、品德、情操的修煉。用意，除了用於健身和護身兩個方面之外，還要用於養性。養性，實質上是健腦，是精神修煉，是心理健康之路，通過練拳能使自己的精神境界上升到一個新的高度。太極拳的整體鍛鍊、內外兼修、陰陽交感、剛柔相濟、開合相寓、輕沉兼備、隨屈就伸等等，特有的太極思維規律，總是引導練拳的人們要順乎自然，要放鬆、要入靜、要集中、要沉著、精神泰然，從容不迫，能屈能伸，能吞能吐，逢上必下，逢左必右，上下左右都要保持平衡。遇事不慌，「每臨大事必有靜氣」，大將風度，能「因敵變化示神奇」，能適變應

變，善於應付自然和社會的一切變化，練太極拳的人，打起拳來不僅要做到造型美，而且要體現出氣質美。使人的精神境界達到豁達而脫俗，嚴謹而寬厚，莊重而熱誠，豪爽而含蓄，端莊而隨和，沉著而瀟灑，使自己的心理環境步入一種「無礙妙境」，什麼事都看得開，想得通，真乃是「胸如宇宙，思通千古」，能夠非常自如地走過人生歷程。正如《易》學思想引導人們所追求的那種卓越的人生哲理：天人關係，能做到識天、順天、樂天；處理人際關係，能做到守正、中孚（誠、信）、尚和；處理一切事務，能做到審慎、果決、適變（見《周易研究》1994年第三期）。打太極拳的人，如果在演練拳架過程中能貫注上述這些高尚的思想意識，以這種意識為導引，久而久之，必然會養成一種良好的氣質，修煉出一個健康、聰明而樂觀的大腦，也就是孟子講的那種「浩然正氣」。

這種精神境界中的意念力，形之於外，則能顯示出練太極拳的人所應有的氣勢和神韻。所以，我說這種養性意識的修煉也是太極拳用意的一個重要組成部分。

總之，太極拳是我們中國人奉獻給人類世界的一種既用力、又用意；既健體、又健腦；既能強身，又能護身；既能調動人的體力功能，又能調動人的心理功能；既能給人以健美的體魄，又能給人以高尚的氣質的高級修煉功夫。太極拳這門既古老、又新鮮的人體科學，必將成為人們在創造幸福生活的歷程中必不可少的一個內容。

圓——太極拳的態和勢

——給江西杜鵬程的一封信

鵬程：你好！12月15日來信收悉。信中所表達的長沙之行個人的收穫、心得體會，以及闡述的一些觀點，我認為都是正確的。說明你在鑽研太極拳這門科學的征途中，認識上又有了一個新的飛躍，望你把它付諸實踐之中，但願下次會晤時你的拳藝出現一個嶄新的面貌，跨入一個更高的境界！

你信中說，我在長沙強調了一個「圓」字。其實，你仔細回憶一下，我不只強調了圓（掤圓），我還強調了一個「聚」字，還著重講了運勁之中「點與線」的問題。你在來信中不是希望我多談些「家常」嘛，好，現在我跟你隨便再談談個人以下幾點認識，供你參考。

一、「學無止境」

你跟我學拳、改拳，從共青城——南昌——石家莊——長沙，前後已達六次之多。而且多次都是脫產半月左右專心致志地聽講和苦練，並且不斷虛心地改。你說「每次都有新收穫」。我認為這不僅僅表明你的虛心好學精神，而且也說明我同你一樣，也在不斷進取、不斷探索。「學無止境」，尤其像太極拳這種博大精深的學問，我更感到鑽研起來沒完沒了。我常講「在博大精深的太極拳這

門學問面前我永遠是一名小學生」。今年我七十歲了，還是小學生。我認為這決不是故弄謙虛，而是實話。

　　我離休十年來，可以說比上班還要忙。十年的經歷是一邊練、一邊鑽、一邊傳、一邊悟。這「四個一」都有具體內容和嚴格的自我約束。一年365天，每天早上必須去公園打拳，有時領練，有時跟在學生後邊練；白天有人來則講拳，沒有干擾就學習先輩著作，看他人錄影、翻原來老師講拳時自己的筆記和卡片，參閱有關人體科學、易學、醫學、兵學、美學以及他種拳術著作；晚上一是給各地學生復信，解答問題，二是作筆記、寫體會；早上四、五點鐘醒來，往往像過去寫詩一樣，常常有靈感出現，新的領悟在腦子裡閃光，我迅速記下來，我稱之為「黎明悟」。這種所謂「黎明悟」和學習筆記，積累已達十六冊之多。

　　另外，我還積累了許多參考資料和有關圖書。有朋友或學生走進我的寒舍時，看到我的滿壁櫥的存書時，驚嘆地說，你看這麼多書！我說書雖然不少，但我的焦點只有一個，那就是太極拳。

　　為了鑽研太極拳與經絡學的關係，我還去中醫專修班，做學生，聽醫學院劉亞嫻教授講中醫課。我還有一個習慣，就是在給學生改拳時，往往自己也要作筆記，從正面、反面體悟拳理拳法之精微。我的文章往往就是在這種不斷實踐、不斷學習、不斷積累、不斷鑽研、不斷體悟、不斷構思之中提煉出來的。所以新疆航空管理局的一位武術家李國樑先生來信說：「我讀了你的《鬆活彈抖論》，感到你字字句句都是用血寫成的。」這話雖有些過譽，但

我確實是在用心鑽研，用心血總結自己的體驗。

一些國內外武術刊物上發表的我的拙作，都是經過反覆推敲和錘練之後，才出手的。我認爲這是一個做學問的人應有的起碼的治學態度。

「學無止境」、「藝無止境」。如果把太極拳做爲一門學問來鑽研，我們必須懂得這兩句話的分量。我常講，旣要當老師，又要當學生。當敎練（老師）是暫時的，而當學生則是永久的。只有這樣才有進步，才可以不斷攀登、不斷進步。有些人學了一點太極拳的基礎課（或說剛會練拳架了），就急急忙忙去敎別人，一敎別人，即端起了敎師爺的架勢，再也不想去當學生了。這種人也只好停滯不前了。其素質再也難提高。

你千萬不可學這種「淺嘗輒止」的人，在太極拳這門科學殿堂面前，要積極進取，不斷向高峰攀登，以畢生心血，爲弘揚中國的傳統文化做出自己應有的貢獻！

二、圓——太極拳的態和勢

來信中提到我在長沙傳拳時強調了一個氣勢、一個圓字。對，我是有意識地突出了我近幾年在這方面的一些體會。因爲沒有圓，沒有掤勁，拳也就沒有氣勢。

太極拳，乃性命之學，兼備文武之道。而道體從來貴圓、貴通。圓，則無偏缺；通，則無障礙。故惟有能頓悟圓通者，方可登堂入室，步入無礙之妙境。所以，練太極拳的人，必須懂得一點中國傳統文化的「圓道觀」。

首先，我想比較系統地列舉一些歷代先賢有關中國古典哲學中的圓道論的論述，陳述如下，僅供參考。中國傳

統文化中重視圓，是從《周易》開端。如「乾為天，為圓。」（《說卦》「蓍之德，圓而神。」（《繫辭》）。《周易》把天道人事運行的周期循環往復規律視為「天地之心」，它講「無往不復」，一切事物都表現為周而復始，首尾相連，循環不息的和諧的圓圈。太極、八卦、五行圖，都是此類環形結構。其實，宋代以前的許多人繪製的太極圖，就是一個空心圓。宋朝人林至在《太極圖》註文中認為，太極是「萬化之本」。這個「萬化之本」是渾淪一團，渾淪一團的東西，要用圖來表示，它只能是個圓。因此，圓，即一切事物變化之本。

所以，在傳統的中國文化中，很久以來就存在對「圓」的尊崇意識。不僅在審美的心理上存在這種意識，而是觀察分析事理時，也往往把「圓」看作一種理想的境界。不論儒、道、釋各家都把圓看作是通達事理的一個標誌。他們在許多經典著作中都講「圓通」、「圓融」等詞語。上述之「蓍之德，圓而神。」即認為圓是一種運轉無窮、變化無窮的神奇象徵。

「若頓悟圓通，則直達彼岸」。（《楞嚴經》卷二十二）。認為圓者，無偏缺；通者，無障礙。「弘景為人，圓通謙謹」（《梁書・陶弘景傳》）。此處「圓通」的含義即：通達事理，處事靈活隨和，不固執拘泥。從中可以看出古人是把「圓通」看作一種很高的品格和思想境界。

「圓融」，也是圓滿融通、非常和諧的意思。《楞嚴經》卷十七有云：「如來觀地、水、火、風，本性圓融，周遍法界，湛然常住。」所以，我們也常說太極拳最高的境界為「圓融精妙」。

《孫子兵法》·「形篇」和「勢篇」，講用兵之勢，其中他也是突出了一個圓字。請你看下邊三段話：

「紛紛紜紜，斗亂不可亂也，渾渾沌沌，形圓而不可敗也。」

「故善戰者，求於勢，不責於人，故能擇人而任勢。任勢後，其戰人也，如轉木石。木石之性，安則靜，危則動，方則止，圓則行。故善戰人之勢，如轉圓石於千仞之山者，勢也。」

「激水之疾，至於漂石者，勢也。」

從孫子以上這些論述可以看出，用兵造勢也離不開一個圓字。形成氣勢的最重要的因素莫過於一個圓字。「方則止，圓則行」。圓，是表示高超的戰略戰術的一種標誌。

從人體力學角度研究。所有體育運動的各個項目都離不了一個圓字，都是在轉動中完成。不只是一些轉動形的運動項目，就是表面上看起來是走直線的運動項目，也離不開圓形運動。例如跑步，似乎是在直線上運動，但在跑步過程中，四肢也是在不停地圍繞關節進行轉動。即使就是在一條直線上走或跑，往返時也必走一個回轉圈。不可能直線去而直線回。體育運動中的各種動作，都離不開人體肌肉曳引骨骼繞關節的轉動。

從這個意義上講，沒有圓形轉動，也就沒有運動。甚至可以說沒有圓，就沒有生命。即使是日常生活勞動中，也離不開各種圓形動作。開車方向盤非順即逆，開動各種機器、掄起工具，改變產品形態，乃至生活中刷盆刷碗，都離不開非順即逆的弧形動作。就是用筷子吃飯，從出手

夾菜再放入口內，往復一圈，也離不了一逆一順的圓形動作。

再從美學角度觀察，在審美活動中，人們更重視這個「圓」字。這裡有曾與梅蘭芳先生合作多年的京昆藝術大師俞振飛先生的一段回憶錄：

「記得有一位喜歡攝影的朋友問我，梅蘭芳先生的劇照，不管從那個角度，都是一幅美的塑像，這是什麼道理？當時我沒有回答出來，經過長期和梅先生同台，我逐漸理解到，這恐怕離不開一個『圓』字，他的唱腔和他的身段，都是『圓』的。不僅靜止的亮相是『圓』的，他在動作的進行、組合過程中，各部位，都是『圓』的。這也就是他的功力所在。」（《周易研究》96第一期，趙建永《周易與京劇藝術》）。

現代哲學家李洲先生所著《物質零態存在與環形運動》一書中認為：整個物質世界處於零態存在，其運動形式則是循環往復的圓周運動。與中國古代的圓道觀，有衆多相似之處。

太極拳是中國傳統文化的一個組成部分。肯定它的拳架、拳理、拳法，同樣也離不開這個圓道觀。從歷代太極拳名家的《拳論》中可以看出，處處都講這個「圓」字。

「立如平准，活似車輪。」（王宗岳）

「虛籠詐誘，只爲一轉。」（陳鑫）

「意氣換得靈，乃有圓活之妙。」（武禹襄）

「觸之則旋轉自如，無不得力。」（李亦畬）

「至疾至迅，纏綿回旋。離形得似，何非月圓，精練已極，極小亦圈。」（陳鑫）

「足隨手運，圓轉如神。」（陳鑫）

「分淸虛實，圓轉如意。」（佚名）

「勁之動作，俱作圓形。一圈之中，即含有無數走粘。」（《太極拳表解》）

「全身動作，時時以圓圈爲主。」（郝月如）

「（發勁時）周身以圓動力打去。」（郝月如）

「軟非用拙力，掤臂要圓撐；攄進圓活力，摧堅戳敵鋒。……」（《五字經訣》）

「至於手足運動，不外一圈，絕無直來直去。」「所畫之圈，有正有斜，無非一圈一太極。」（陳鑫）

「圈是周身轉，不但手足，而手足在外易見，故以手轉言之。」（陳鑫）又講：「陰陽無始又無終，往來屈伸寓化工，此中消息眞滲透。圓轉隨意運鴻濛。」「手足運動，劃圓旋轉，不准有抽扯之形。」（陳鑫）

「掤手兩臂要圓撐，動靜虛實任意攻。」（楊班侯秘傳《九訣》）「攄進圓活力」（同上。其原註云：力以圓活爲主。圓活力者，即橫豎上下左右各方都有含蓄力。此力如環無端，圓整靈活。）

「姿勢要中正圓滿，沉著鬆靜，動作要輕靈圓轉。」（楊澄甫）要求「無凹凸，無缺陷，無斷續。」

「（太極拳）動作均要成環形，不走直線。」（吳圖南《國術概論》）

楊班侯傳《太極拳五個要領》之一《六合勁》之中，也強調走「螺旋勁」。

當代楊式太極拳傳人傅鐘文先生在其所著《楊式太極拳》一書中，也詳細地介紹了原來楊式拳所堅持的「內

旋」（逆纏）「外旋」（順纏）之纏絲勁。

在趙堡傳的和式太極拳抄本中，尙有陳淸平的《太極拳練架六要》，其三，即要求「練功要圓轉」。（《武當》總第22期）

推手技巧，更離不了這個圓字。所以有人把太極推手稱爲「有趣的圓運動」。因爲根據力學分析，人體的離心力、向心力以及運用於推手的引化、發放，都離不了走圓弧。只有弧形動作才是化解來力和發放內力的最佳形式。也就是說遇到外力進攻時，我不是直線硬頂，而是靠我周身各個部位的自旋力，靠我的球切速度（或用彼此合力），移動來力方向，從而使來力偏離我的軸心線而落空。這就必須調動我周身各個部位的螺旋勁，仍離不了一個「圓」字。

我的老師陳照奎先生，在傳拳中更是突出強調這個圓字。他常講「非圓即弧，處處掤圓，運勁絕無直來直去，皆走圓弧」。

陳照奎老師是如此講的，他打拳也是如此演示的。陳立淸老師對陳照奎老師演練太極拳時的一段描寫非常逼眞：「記得1974年春節，我回故鄉河南溫縣陳家溝探親，看他練拳時，他架子低，立身中正，舒展又緊湊，瀟灑而明快，陰陽互配巧妙，……輕如行雲流水，穩如泰山，往返如魚在水中追逐，整個套路演練得螺旋纏繞，渾圓一體，神氣鼓蕩，眞像在地上滾動著一個絢麗的彩球，又如滾滾奔騰的龍蟒之形。我看得眼花撩亂，情不自禁地拍手叫道：好，眞是妙極了！」

經過多年來的潛心鑽硏和實踐，加上不斷回憶老師演

拳教拳時在我腦海中留下的深刻印象，我終於悟出了「圓道觀」在太極拳中的重要地位。太極拳的態和勢，都離不了一個「圓」字，離不開千變萬化的種種圓轉運動。概括言之，就是：「**一切圓中求，處處掤不丟**」。打拳沒有圓，就沒有氣勢；推手不走圓，就會頂牛。可以說，沒有圓就沒有太極拳。

當然，要達到圓融精妙的境界，離不開立身中正、全身放鬆，尤其是鬆肩、鬆胯，胸腰運化等等基本要領。但其中需要特別注意的，我的體會有以下兩個基本觀點：

㈠ 造型態勢要掤圓，不要楞角，氣勢圓滿；

㈡ 行功勁路要走圓，不要抽扯，運轉螺旋。

爲此，首先要注意在每個拳式定勢、每個動作造型，都要注意盡力磨掉楞角，周身掤圓。要用意，依靠意念力，使周身凡是可以撐圓的部位，都要撐圓。

襠要撐圓，臂要撐圓，兩胳膊合成一個半圓圈。兩腿胯部鬆開，膝部裡合，形成兩腿的拱型圓。不論馬步、弓步、蓋步、背步，襠都要撐圓。手，勞宮穴要空，手指合攏，大小魚際要合，拇指與小指要合，手心形成圓形，虎口形成圓型。腳，湧泉穴虛，五趾抓地，又是一個根節之圓。在意念引導下，眞正做到「八面支撐」。

手臂向前發勁時，一定想到背後撐，呼氣小腹前突時，想到命門後撐；向左發勁時，想到右胯下沉和肩背的右襯勁，從而做到左右、前後、上下、內外均向四周膨脹而飽滿。從內部，則要求丹田、命門與會陰三點之間形成一個圓形的軸心，而且是一個向外膨脹的圓心，感到既有丹田內轉，內氣圓形運轉鼓蕩之勢；同時，又感到「丹田

外轉」，內氣與宇宙大氣相接，而做到外形飽滿、膨脹。即拳論中講的「筋骨要鬆，皮毛要攻」。

例如單鞭一式。定勢時，兩臂既要撐開，又要開中有合，先師常講：「舒展之中有團聚之意」，「兩臂伸展至七、八分」。雙臂要形成一個半圓，同時，肘要下墜，大小臂又要外撐，背部後撐。臂要撐，腕要合，雙手虎口「說上話」。下部襠要圓，右腿蹬，既不可直，又不可跪膝，而是要求右腿既要蹬上勁，膝部裡捲，大小腿形成逆纏外撐的弧型勁。這樣腳蹬地的反彈力才能勁達腰脊。

同時呼氣，腰胯螺旋下沉，頂勁卻要虛虛上領。做到八面撐圓。其他如白鶴亮翅、前蹚、斜行等式定勢，都要體現這種要求。

其間，還要注意一個折腕角度問題。例如單鞭定勢，右腕裡下折腕勾手，彎度只能形成一個半圓形的弧度，從而加大掤勁。而不許像某式太極拳把腕折成90度角。其他如跌岔、雀地龍、護心拳、煞腰壓肘拳、海底翻花等式的定勢，雙拳折腕兩臂外撐都要求掤成半圓型，雙腕背半圓型，看起來既有十足的掤勁，又有外形飽滿之勢。

另外，凡是雙腕、雙臂交叉的動作，也要注意加大掤勁，使交叉的雙臂裡側撐圓，做到「緊湊之中有開展之功」，防止直線交叉，防止夾成死角，防止形癟。做到開也圓，合也圓。開合相寓，寓於內外掤圓之中。

「拳法之妙，在於運勁。」太極拳在行功、運勁過程中，也要堅持圓道觀，「手足運動，不外一圈。」「往復有折疊，決無抽扯之形」（陳鑫語）何謂「抽扯之形」，即直來直去、直出直入、硬拉硬扯，或上身扭曲之狀。例

如，掩手肱拳發完勁接大六封四閉時，如果發出的拳直線
收回來，即為抽扯。如果右拳發完勁，先逆纏腕外掤，走
一個上弧線，再走下弧順纏收回，即為弧線折疊勁，不算
抽扯之形。又如金剛搗碓，動作五，左手向前上撩擊時，
如直去直回即為抽扯。如果走的勁路是逆一順一逆，走一
個立圈，再收回，就不算抽扯，而是圓弧運動。

不論勁線、勁點，在運勁過程中都要走圓，「非順即
逆，不外一圈。」再如懶扎衣定勢接六封四閉，右掌收回
時，要走一個逆纏外掤的弧形勁，再向左裡下引化來力
（也可以是蓄勁）時，則順纏走下弧線，力點由右腕背、
右小臂橈骨一側轉至小魚際、小臂裡側即尺骨一側。

然後，右臂再走右上掤（擠）時，右手臂又變為逆纏
外掤勁，力點又由裡側移至外側。這樣，勁路走弧線，勁
點也在自身順逆旋轉中變化勁力。

又如白蛇吐信一式，出右掌時力點在指尖，和小臂裡
側，而雙逆纏捯開時，右手力點又變到大魚際（掌根）和
右臂外側。但不論力點力線如何變，都是在非順即逆的螺
旋圈中變化，而絕無直來直去。

其他諸如：翻花舞袖、指襠捶（動二）、當頭炮（動
一）等式，雙臂（拳）都必須掄圓。前掃、後掃、收腿、
出腿，也皆要腳走圓弧。

青龍出水、奪二肱、撇身捶、劈架子、裏鞭炮等式，
不僅開要圓，合時也要圓，開合相寓，掤勁不丟，不是走
圈，就是弧線。甚至連呼吸、表情、眼神，也要體現圓的
精神和味道。

以上是從四肢或局部運動中「處處掄圓」的要求。從

整體看，則必須注意以丹田爲軸心、帶動胸腰折疊，以及倒換重心時的襠走下弧等要領，更是不可忽視的。

綜上所述，我認爲平時練拳時，就要注意周身處處掤圓，動作皆走弧線，要做到進也圓，退也圓，蓄也圓，發也圓，開也圓，合也圓，升也圓，沉也圓、化也圓，打也圓。腹內丹田好像轉動的軸心，外形周身像一個飛轉的球體或輪子，像漩渦，像龍捲風……。一句話，凡動皆圓。使整個套路的行功過程，形成一系列的圓形運動、環形運動、立體螺旋運動。

在意念中，時刻想到：從圓中求平衡，從圓中求重心穩定，從圓中求周身和諧，從圓中求勁力順遂，從圓中求技巧以應敵，從圓中求造型美、求瀟灑、求氣勢，從圓中養浩然之氣。從而做到「頓悟圓通」，打起拳來，眞是內氣鼓蕩、外形飽滿，氣勢磅礡，如環之無端，團之無緒，猶如龍蟒奔騰於雲霧之中，一派渾圓之神韻。我想，拳到此種境界，方可謂「圓融精妙」者也！

當然，太極拳，也並非只講求圓，不講方。方圓也是陰陽對立統一的兩個方面，方圓兼備。「不以規矩，不能成方圓。」（《孟子》）；「旣有太極，便有上下，之有上下，便有左右前後；有前後左右四方，便有四維，皆自然之理也。」（羅欽順《困知記》）；又有云「地上之數，爲人之用，方圖是也；用於九環中，則依天而行，圓圖是也。」（袁桷《清容居士集》）；還有諸如「天圓地方」、「方爲數之始，圓爲數之終」等等諸論。

說明任何事物在空間所處的位置旣有方位之數，又有圓周之度。我所強調的太極拳之「非圓即弧」，主要是從

其運動規律而言，從太極拳的動態（形）和氣勢而言。但其拳路運行之中，不論身法、步法、手法，乃至每個動作所處位置的方向、角度，尤其是步型，都必須嚴格按照拳譜規矩要求而動，方圓互濟，四維兼顧。

以上我談的一些認識，僅屬於個人學習筆記而已，只供你參考。並且希望你在此基礎上進一步鑽研發揮。

關於太極拳的「聚」，凝聚與耗散的關係，涉及此拳的內功，下次再談。順祝德藝並進！

師字1997.1.28夜

附：江西宜春杜鵬程來信（節錄）

師父：您好！長沙一別，不覺近兩個月了。因年底公事特忙，至今才給您寫信，請諒。

此次長沙跟您學拳、改拳，已是第六次了。每次跟您學拳都是我最愉悅的時刻。無任何思想負擔，一心一意，而且每次都有新鮮的收穫，都有一種新的境界。……此次，在長沙學習班上，我感受最深的是，我認爲這次您特別強調的是氣勢，是圓！

處處掤圓，觸處成圓。每個動作都要走清楚，都要掤圓。即「勢勢揆用意」，「非圓即弧」，加大周身的掤勁，從中追求太極拳螺旋式的彈性力量和應有的氣勢！——您輸送給我的是更深一層次的要求了。我現在即按您給改的拳慢慢修正，以期下回再接受您的檢驗。

長沙雖說有半個月的時間，但覺得聆聽您教誨的時間太少。很想聽聽您談天說地，談您學拳的過去等軼事，那很是一種樂趣。「是眞傳只說家常」，是否即指此？

……（略）

愚徒　鵬程拜上
1996.12.15

（1997年第7期《陳式太極拳函授通訊》，1998年第117期台灣《太極拳》雜誌轉載）

練拳諸病五十例

——跟陳照奎老師學拳札記

「治病，必求於本。」（《內經》）病的本就在於陰陽的虛實，不是陰陽失衡，就是臟腑失序。打拳也是如此，不是動作失序，就是陰陽不能互濟。讀者應從此處入手，辨症而施治。

1. 僵

【病症】有剛無柔，筋骨未能鬆開，或因精神緊張，周身或局部僵硬，動作不協調，初學者之通病。

【防治】全身放鬆，從精神到肌體都要鬆下來，恢復人體的自然狀態。特別是兩肩、兩胯首先要鬆開，然後力求肘、腕、膝各個關節和肌肉都鬆沉。同時，又要做到鬆而掤勁不丟。

2. 飄

【病症】有輕無沉，有上無下，飄浮，或叫拔根。尤其是在做提腿和跳躍動作時，更易犯此病。

【防治】輕沉兼備，逢上必下，周身有上升的部位必有下沉的部位。腰以上螺旋上升，腰以上螺旋下沉。上有虛領頂勁，下有氣沉丹田、五趾抓地。對拉拔長，八面支撐，開合相寓，發勁氣貫四梢，蓄勁氣聚丹田。打拳，多練低式，加強椿功鍛練，穩固下盤。特別是在做上升或移動重心時，堅持襠走下弧，重心下移，襠部走「鍋底

型」。逐步做到上肢如風吹楊柳，下盤穩如泰山。打起拳來瀟灑而凝重。另外，手的運行過程中，順變逆，逆變順，必須先塌腕（坐腕），否則也屬梢節之飄浮。

3. 散

【病症】有開有合，鬆懈，或四肢開展過大，兩臂開展之中沒有相吸相繫之感，肩、胯、肘、膝、手、足之間失掉「六合」規矩，以及敞胸、敞襠，都係開展有餘，緊湊不夠。單鞭、懶扎衣等式不知扣腳，也是下盤散的狀態。有人手型散，也是病。

【防治】四肢總保持半圓型，掤勁不失，處處做到開中有合，合中有開，開合相寓，要做到「舒展之中，有團聚之意」。下盤兩膝、兩足「常常裡合」。

4. 拘謹

【病症】動作放不開，不到位，不舒展，為初學者易犯病症之一。

【防治】處理好開合關係，合中有開，「緊湊之中有開展之功」。根據拳式規矩做到動作到位，動作力求舒展。

5. 直

【病症】直來直去，失纏絲之勁。

【防治】動作螺旋，「手足之運，不外一圈，絕無直來直去。」「觸處成圓」。注意周身各個關節的鬆沉（除了頂勁上領以外），處處求一個圓字，動則求一個旋字。非圓即弧，非順即逆。一切動作，都在纏繞中運行。

6. 丟

【病症】丟勁、失去掤勁或丟掉小動作。

【防治】掤勁（彈簧勁）不失，動作不缺，過渡路線不含糊。

7. **扁**

【病症】也是失去掤勁，走圈（弧）不圓也曰扁。

【防治】掤勁不失。做到周身如同一個充足了氣的球體，上下左右四面八方，都有向外膨脹的感覺，「外形飽滿，內氣鼓蕩」。「筋骨要鬆，皮毛要攻。」從動作外形到內勁，周身都有向外撐的一種彈性勁。

8. **貪**

【病症】上身前傾，有前無後。

【防治】注意左發右塌，右發左塌，前發後塌，上身中正，前去之中必有後撐。特別是發勁時，尤要注意上身中正，身不前貪，手不出方圓。即一般手不要超過腳膝的位置，上下相合。

9. **拱（扛）肩**

【病症】肩上挺，上拱、上拔（大病）。

【防治】時時注意沉肩墜肘。可以常用手摸摸自己的鎖骨有無上拱之感，如上拱，即扛肩。要做到手上抬，而肩不拱為宜。打拳時，刻刻注意掌根下塌，肘下墜，肩也自然下沉。另外，拱肩與胸腰能否開合、腰能否下塌也有關係。拳論云：「緊要處全在胸腰運行。」

10. **晃肩**

【病症】肩左右搖擺，左右傾斜。初練拳者往往因腰勁抖不出來，而肩膀左右扭擺。往往釀成大病，而非常難改。患此病者往往是以肩帶腰，而不是以腰帶肩。自以為得意，自以為靈活。久病而不自覺。

【防治】上身周正，鬆肩塌腰，以腰脊帶肩。腰勁未練出來之前，上身不要強行扭晃。打拳要老老實實，要嚴格從練拳架中一個動作一個動作地做檢查，照鏡子練，或讓他人監督，或許能改過來，不然會成為不治之症。

11. 探肩

【病症】兩肩過分前捲。有人是由於曾練其他拳強調「含胸拔背」而釀成此病。

【防治】含胸塌腰，肩可以微微前捲，但不可過。做到胸背有開有合。胸開背合，背開胸含，兩肩鬆沉。

12. 架肘

【病症】肘易上架，也是通病大病。

【防治】沉肩墜肘，肘不離肋，肘也不貼肋。在推手時細細體會，只要肘上架，對方就容易反拿你肘關節。為此，要時刻保持肘下墜。特別是走倒捲肱、高探馬、前蹚、單鞭時，一定要刻刻注意肘下墜的姿勢。

13. 挺胸

【病症】開胸過分。胸有開有合，但突胸則為病。

【防治】含胸塌腰，胸虛腹實；胸有開合，開胸是胸肌橫向拉開，不是往前外突，而是要在螺旋中運化。

14. 凹胸

【病症】含胸過分，只有合沒有開。

【防治】無過不及，應該有開有合。要保持在上身中正的前提下，胸部在螺旋中忽開忽合。合也不可過。

15. 弓背

【病症】與上述11、14項病症有關。

【防治】時時保持上身中正，胸背皆有開合，但不可

弓背。陳式太極拳不講「拔背」。上有虛領頂勁，下有氣沉丹田，五趾抓地，上下對稱，胸背中正爲要。「一身備五弓」的說法不確切。

16. **彎腰**

【病症】彎腰突臀都是病。往往開始練拳下盤支撐力不足，而出現此病。

【防治】尾閭中正，含胸塌腰。加強椿功鍛鍊，可以站站椿，從側面檢查腰背是否正直。丹田氣不足，也易犯此病。打拳更注意氣沉丹田，使丹田部位眞氣充足，對防治此病有效。打拳時，要使丹田與命門前後皆有鼓蕩之感。

17. **突臀**

【病症】腰勁不足、腿力不足的表現。

【防治】臀可以左右上下立體螺旋翻動，切不可後突。可以沉左臀翻右臀，沉右臀翻左臀，立體螺旋，而不是像某些人講的平面「翻臀、泛臀」等等。也不要像某些拳種要求的只講「斂臀」。襠部應有開有合，肛門有提有鬆，臀部有沉有翻，有開有合，而不能統稱「斂臀」。

18. **跪膝**

【病症】馬步弓蹬步時膝過分前跪，超過腳尖。係小腿和膝關節缺乏支撐力的象徵。或由於追求低架，功力不足而造成。

【防治】練椿功。走拳架時強調後坐腰（像坐小板凳上一樣），而不許向前跪。逐步糾正。加強下肢功力鍛鍊。

19. 水蛇腰

【病症】河南話「扭屁股吊腰」，腰活軟得過分，左右扭擺。

【防治】「腰勁貴下去，貴堅實。」腰不可軟，不可硬，折其中而已。

20. 腰死

【病症】「腰如鐵板一塊」，不懂「緊要處都在胸腰運化」之理。

【防治】鬆腰、塌腰、活腰、轉腰，腰為一身之主宰。「腰為車軸，氣為輪」。在練拳時，不論身軀左旋右轉，都要先走腰，由丹田帶動，以腰為樞紐，腰先動，四肢再動。結合練推手迫使腰部運化靈活。同時，要注意鬆胯，胯不鬆，腰也活不起來。

21. 繃胯

【病症】胯鬆不下來也是大病。即大腿根處凹不進去，總是向前繃、挺。這樣，腰勁就難以靈活運化。

【防治】鬆胯的要領，在於腰塌，而塌腰又必須鬆胯，二者互為影響。平時打拳要向後坐。轉腰時，要讓大腿根處凹進去，鬆下來，不可繃直。生理解剖上分析，即是要使大腿股骨頭與髖骨臼之間，加大曠量、加大靈活性，如萬向軸。有人講，要練到小腹肌與大腿根的肌肉接近。特別是轉換重心，左右旋轉時，尤其需要鬆胯。

22. 蕩襠

【病症】襠太低了。馬步、弓蹬步，襠低均不能過膝。

【防治】襠要虛、要撐圓，低不過膝。除仆步外，大

小腿彎處夾角不能小於90度。

23. 夾（尖）襠

【病症】襠不虛圓。

【防治】會陰穴放鬆，兩膝裡合，兩大腿內側肌有向後外翻之意。襠都要如同橋拱，總是半圓型。而不能成為「人」字形。如此兩腿支撐力才會加大。

24. 敞襠

【病症】襠開，膝不合。

【防治】大腿根處微微撐開，兩膝向裡合住。並要注意步型。做到「兩膝常常裡合，兩腳常常裡扣」。而襠部（會陰穴處）一定撐圓。

25. 拔根

【病症】腳跟離地，氣易上浮。

【防治】時時注意：氣沉丹田、五趾抓地，湧泉穴虛。「如樹紮根，如山在地」。「足穩則身不可搖」。特別要注意：向左發勁時，右腳易拔根，向右發勁時，左腳易拔根。堅持左發右塌，右發左塌之原則。瞻前顧後。

26. 「喝風」

【病症】腳掌外緣離地。

【防治】時刻注意：五趾抓地，湧泉穴虛。其病因與防治方法參考25條。

27. 擰鑽子

【病症】腳亂動，抓不住地。根基不牢。有云：「擰鑽子拔根，傳授不真。」

【防治】時刻注意：氣沉丹田、五趾抓地，湧泉穴虛。根治方法見第25條。

28. 低頭

【病症】不懂「虛領頂勁」乃是太極拳之綱。「低頭彎腰，傳授不高」。開始練拳老師要求不嚴格，自己對自身動作又不放心，總是向下邊看看，而養成此毛病。楊澄甫云：「丟掉頂頭懸，白練三十年。」一針見血。

【防治】虛領頂勁，下頦裡收，眼平視，頭部端正。「頭勁領不起則易倒塌」。「打拳全是頂勁，頂勁領好，全身精神爲之一振。」根治此病的一個好辦法，就是照著鏡子打拳，目光注意鏡子中自己動作之正誤，則可避免低頭、歪頭、晃腦等病。

29. 仰頦

【病症】也是由於不懂「虛領頂勁」是太極拳之綱。

【防治】虛領頂勁，百會穴上領。下頦裡收，眼平視。見上條。

30. 晃腦、歪脖

【病症】也是由於不懂「虛領頂勁」是太極拳之綱，或由於頸部過活或過僵。

【防治】見28條。

31. 眼呆

【病症】不知目之所向。

【防治】眼看對方，顧視左右。「心一動眸子傳之」。「眼不旁視，足證心不二用。」百拳之法，眼爲先鋒。意念一動，眼神先去。要在練好拳架的基礎上，學習太極拳一招一式的用法（技擊法）懂得此式敵人在何方位，我如何接應，如何發放，眼神則知所向。

32. 努目

【病症】精神緊張之病。

【防治】精神放鬆，神態端莊而自然，從容不迫，外示安逸。陳老師講：打拳要像諸葛亮一樣，不要像張飛那樣。要有大將風度，遇事不慌，泰然自若，「靜運莫慌」。

33. 張口

【病症】也是精神緊張之病。

【防治】（見第32條）。

34. 吐舌

【病症】也是精神緊張之病。

【防治】（見第32條）。

35. 繃嘴

【病症】也是精神緊張之病。

【防治】（見第32條）。

36. 努嘴

【病症】也是精神緊張之病。

【防治】（見第32條）。

37. 皺眉

【病症】也是精神緊張之病。

【防治】（見第32條）。

38. 胸悶

【病症】憋氣、氣悶、呼吸不順遂，氣上浮，或閉口運氣發勁，皆因不懂真氣運行之法。

【防治】呼吸順其自然，採腹式呼吸，注重呼氣，氣沉丹田。「胸要含蓄，氣降丹田，無留橫氣於上。」「胸

間鬆開，胸一鬆，全體舒暢。」

39. 手顫

【病症】或是由於緊張；或是由於腰勁出不來而故意追求梢節彈抖勁。

【防治】放鬆，掤勁不丟，注意勁起腳跟，行之於腿，主宰於腰，最後形之於手，節節貫串，從根節到梢節，貫通一氣。不可只注意手上的氣力。氣既要灌到指梢，又要根梢統一，不可兩橛，做到節節都從腰中發，周身一家。

40. 單擺浮擱

【病症】局部肢體動作，上下左右內外，互不協調，互不相隨，不以腰為主宰，帶動全身，而是手動腰不動，或腿動手不動，不是周身一家。

【防治】腰不動，手不發；內不動，外不發。做到周身一家。丹田帶動，腰為主宰，施力點、支撐點、樞紐和發力點，形成一個螺旋式的整體。即使某個梢節一動，也要走胸腰。真正做到「一動無有不動」，體現太極拳動作的整體性。

41. 前俯後仰

【病症】身法不正。

【防治】頂勁領起，以腰脊為中軸，做到中正而安舒。

42. 左右歪斜

【病症】身法不正。

【防治】尾閭中正。前去之中必有後撐，右發左塌，左發右塌，身法中正，八面支撐。

43. 忽高忽低

【病症】忽而立起來，忽而特別低。尤其是提腿、動步動作時身軀忽高上縱，沉合之動作又忽而過於低下。起伏過大。

【防治】陳式太極拳本來允許升沉，波浪式運行。但不能忽而過高，忽而過低，尤其倒捲肱、運手、斜行等式，更要注意避免忽高忽低，而升中有沉（重心、襠部）、沉中有升（頂勁不丟，或左升右沉，右升左沉，如金雞獨立等式）。

44. 雙重

【病症】分不清虛實。

【防治】左右虛實互換，左重則左虛，右沉則右虛。凡手下採、下按的一側，其下方的腿必虛，但是左手向前上發勁，左足（前足）可以是實。這與那種機械虛實論不同。陳式拳左右腿腳之虛實一般以四、六分之。

45. 斷續

【病症】動作不連貫，勁斷、意斷、動作斷。中間停頓，不能一氣呵成。

【防治】連綿不斷，勁斷意不斷，著著貫串，勢勢相承，絕無間斷。「拳之一道，進退不已，神氣貫串，絕不間斷」。「每勢將成，跡似停，氣卻不停，必待內勁徐徐運到十分充足，下勢之機躍躍欲動，方能上勢與下勢打通，中無隔閡，一氣流行。」另外，發勁之後一定要注意有個接勁，否則也是斷勁。

46. 凹凸

【病症】圈弧不圓，氣勢不飽滿，為凹。動作越出方

圓爲凸。

【防治】觸處成圓，內氣鼓蕩，外形飽滿。

47. 缺陷

【病症】動作丟缺，纏絲勁丟缺，內勁丟缺，皆爲缺陷。

【防治】要做到快而不丟，不丟動作，不丟纏絲勁，不丟折疊勁。特別是二路拳速度快，更要注意做到快而不丟。另外，還有些人打拳不知道扣腳，也是一種缺陷。

48. 不到位

【病症】拳式運行中，往往有三個不到位之病。即：動作不到位，內勁不到位，眼神不到位，就慌忙於做下個動作。

【防治】每個動作都要嚴格認眞，做到三個到位，動作做到家，內勁貫到梢節，眼神知其所向。精、氣、神要隨每個動作到位。

49. 扛重心

【病症】倒換重心時，不懂襠走下弧，而是把重心直線扛過來。

【防治】重心虛實變換襠走下弧，也就是讓倒換重心時，先鬆胯，襠部走「鍋底型」，以便動中求定，動中求穩，做到隨遇平衡、動態平衡。

50. 神弛（心散）

【病症】精神不集中，心靜不下來，或神態鋒芒外露，或打拳中思想開小差，邊打邊說話，皆不合此拳之要旨。心散也是打拳之大病。

【防治】「心中一物無所著，一念無所思」，洗心滌

慮，壹志凝神，專注於拳，以意運氣，以氣催形，動中寓靜，動靜結合。打拳時只有專心致志才能使大腦得到調整，此乃太極拳最可貴之處。

（此文原載1983年《陳式太極拳研究》第二期，1993年3月25日改寫於蕭山。）

五道關口，三層境界

——1998年5月8日在成都·陳式太極拳第七期
全國培訓班上的講話（根據錄音記錄）

一、太極拳與聯想

　　我們已舉辦了好多次這樣的面授班和講座，所以沒有
更新的東西給大家講，只把最近這個階段，我個人的一些
粗淺的、比較新的學習心得給大家隨便談一談。講課前，
我徵求大家提了一些問題，以便有的放矢。恰好，大家提
的這些問題也正是我想要給大家講的。但是有一個問題我
沒有想到，就是廣東彭漢強、陝西盧衛軍提出的一個問
題：「聽說您原來是寫詩的，寫詩與太極拳有什麼關
係？」文化大革命之前，我是我們那裡市文聯詩歌組的組
長，你們四川有位詩人也曾是我的學生。我是學中文的，
年輕時特別喜歡詩歌，以前寫過不少詩，在一些文學刊
物、報紙上發表了一百多首詩作及其一些有關的理論文
章，但是文化大革命以後，我就專心研究太極拳了，不再
埋首於那些形象思維的東西了。

　　但他二人提的這個問題很好，回憶起來這兩者之間也
有一定的聯繫。我上大學時，教我寫詩的老師是大家都知
道的、中國當代最著名的詩人艾青先生，他教我們寫詩的
時候，強調詩的兩大要素：第一，是寫詩必須富於感情；

第二，寫詩必須富於聯想。他說情感和聯想是詩歌的兩個翅膀，沒有感情的人寫不好詩，沒有聯想的詩不是好詩。這兩句話我覺得今天還有用。

從寫詩的兩大要素（情感和聯想），我聯想到打拳的兩大要素：第一是懂勁；第二是用意。這也可能是練好太極拳兩個翅膀。因為太極拳的本質是武術，武術的核心問題是運勁，運勁的靈魂是用意。而用意，實際上也是運勁中的種種「聯想」。打拳的時候，也離不開某些積極的形象化的聯想。比如預備式一站，從虛領頂勁，就聯想面前的大樹的梢節，節節上升；從五趾抓地，又聯想到樹根下紮，深深地下紮，上下對拉拔長。懶扎衣定勢，動作螺旋鬆柔下沉，內氣下沉，又可以聯想到沉魚落雁之姿，那大雁從高空盤旋而落的形態。當然，修煉技擊功夫，還可以聯想到如何以大將風度、從容不迫、有膽有識有法有力，化打結合，運勁自如地應付面前的敵人。

陳照奎老師教拳時，常常運用形象而生動的比喻。比喻即產生於聯想。例如：他講開合相寓的拳理時，當講到白鶴亮翅時，說開中寓合，張開的雙臂兩手的虎口要互相「說上話」。講節節貫串之勁時，他說要像那蠶蛹的蛹動勁，像毛毛蟲的爬行勁。他講欲左先右的拳理時，聯繫用鞭子時，一定要先後揚再前打。講掩手肱拳最後發勁時，好像不要自己的拳頭了，不要它了，把它扔出去，拋出去一樣。從而體現鬆活彈抖之勁。

他教推手時，也常用比喻。借力，要像盪秋千時，當對方之勁回盪時，你給他加一把勁就是了。在探聽對方勁力虛實時，要像拍皮球一樣，拍一拍，試試他的勁向何處

反彈，再隨勢借其力。等等。這樣就容易理解。由此可見太極拳與聯想也有關係。

這次來成都以前，我們先去西安，西安的古跡很多，恐怕是我國古跡最多的地方。在西安住了幾天，參觀了一些歷史文化遺跡。在參觀兵馬俑時，我就聯想到太極拳：中國傳統文化古跡文物豐富多彩，但是大部分都有欣賞價值，而少有實用價值。而太極拳這個寶貝比兵馬俑更多一層，就是它不僅具有文化欣賞價值，更重要的是它還具有時代性的實用價值，它是中國傳統文化中的一件活的瑰寶，這已被世界所公認。有人講中國除了四大發明以外，第五大發明就是太極拳。現在世界各國對太極拳越來越喜歡，在國內已被越來越多的人所認識，並在人們中逐漸普及開來，聯想到這些問題，就今天來講，我認為太極拳的時代價值，具有五大優勢：

第一、它是一種終身體育運動，是男女老幼皆宜的運動。它可以從小練到老。在我們這個學習班中，有七十四歲的老者，也有十八、九歲的年輕人。在全國的學員中也是這樣，湖南有兩個八十多歲的，羅老今年八十三歲，常德的曹德鵬今年八十五歲，練起拳來很起勁，能打低架子，還能跌岔。在上海我的幾位師兄萬文德、馮逸民、吳本宏，南京的師兄凌志安等，都是八十多歲了，都還在練拳教拳。同樣，我們那裡既有七、八十歲的人在練，也有七、八歲的孩子跟我們練拳，你們這裡可能也有。總之，這套拳可以從小打到老，不像有的運動到四、五十歲就不能練，或者老者能練的，而年輕者不喜歡練。或者是集體不能練，沒有場地設備不能練。太極拳就沒有這些問題，

它適應性很強，所以我說它是終身體育運動。

第二、它是整體健康術。它既練體，又練心（練腦）；既練體魄，又練性格，即所謂性命雙修的運動。練完這套拳後，大家一致反應不僅感到身體舒服，而且感到頭腦清晰，記憶力增強。去年我在無錫班上講了，陳式太極拳對人體八大系統都有調節作用。關於這一點，大家體會很多，例子也不少。

第三、它有防身價值。我們這個拳有鮮明的技擊性，具有很強的防身價值。大家知道陳家歷代出了眾多武將和鏢師。

第四、它是一種非常符合中國傳統醫學經絡學說的螺旋運動。從它的養生、醫學和技擊多方面來看，這種螺旋運動有其獨特的養生價值，它所有的動作都是非圓即弧的螺旋運動。大家都知道唯物辯證法的主要特徵就是：「矛盾引起發展，發展的螺旋形式。」太極拳很符合這一哲理。

第五、它具有鮮明的時代價值。可以說它是時代病的剋星。太極拳雖然是一種古老的拳種，但它特別適合當代人們生活方式的需要。隨著科學進步，尤其是信息學的快速發展，電腦在人們的生活中越來越普及，不論是工作還是休閒，人們坐著動腦筋的時間越來越多，而身體運動的時間卻越來越少，再加上人們的生活越來越好，營養過剩，大人小孩身體都變得越來越胖，很容易產生上盛下虛的「時代病」。人的心臟就跟你的拳頭一般大，全身的血液靠它供應，你身體胖了，心臟負擔必然加重，供血相應不足，隨之而來的就是各種各樣的疾病。太極拳特別注意

人體下盤的運動，這對身體各個系統都有很好的調節作用。關於這一點我已在很多論述中都講過了。

從以上這幾個方面來看，太極拳的發展前途肯定非常廣闊，喜歡它的人勢必越來越多。不但在國內是這樣，國外也是如此。廣西伍群英的兒子陳天宇多年跟我學拳，最近他到了德國，人家說他帶來了中國的國寶，並懇請他教拳、舉辦講座。

我所走過的幾個國家也是這樣，特別喜歡太極拳。上次在義大利，我的學生夫拉維佑是太極迷，在高速公路上他一手握方向盤開車，另一隻手還在練順逆纏絲，嚇得坐在他旁邊的翻譯卡琳直叫「可怕！可怕！」臨別時，加尼兩口子擁抱我，失聲痛哭，一邊哭一邊說：「沒見過您這樣好的老師，教了我們這樣的好拳！」說明他們一方面是喜歡這個拳，另一方面是感情作用。我所走過的這五個國家都是這樣，離開馬來西亞的時候，幾十人到機場來送我，其場面令人感動。

從兵馬俑聯想到太極拳，大家一定要珍惜這個國寶，它不僅是我國古老的傳統文化，而且有現代的實用價值。基於以上這些，我奉勸大家三句話：第一，認準了的東西，就要堅持到底；第二，不論幹什麼，只要幹就把它幹好，現在你們練太極拳，就必須把它練好；第三，要想練好，必須專一持恆，要有毅力，不怕吃苦。

中國的健身術、養生法多種多樣，百花齊放，只氣功在《道藏》裡面就有兩千多種。你的生命就是這麼幾十年，你的精力就是這麼多，你能都練嗎？有些人今天學太極拳，明天又練什麼功，後天又喜歡什麼功，這樣你最後

一事無成。所以我奉勸大家，認準了的東西，就要專一持恆幹到底，不要見異思遷，朝秦暮楚。

1917年蔡元培給上海的著名畫家劉海粟的題詞是「宏約深美」四個字，希望大家把這四個字記下來，認眞思考。宏，就是說你的學問要廣、要博；約，是等你鑽研到一定程度以後，在博的基礎上再求專於一精於一。只有這樣才能達到旣深又美的高級境界。

太極拳也是各種各樣，五大派以外還有好多種。陳式太極拳又有好多種，所以你找我學拳之前要多方面看一看，廣泛地接觸接觸，比較比較，在這基礎上求約，求專一精一，認準了哪種，就堅持練到底、鑽研到底，不要今天搞這個，明天搞那個。在此我還聯想到在馬來西亞的精武體育館講學時，一進門大廳有一巨幅對聯是霍元甲的兩句話：「惟精惟一，乃武乃文」。這幅楹聯給我印象很深，不論學文還是學武，他都強調精一專一，這是一代武術家的卓識遠見。

我前面講的意思就是要大家專一持恆，認準了的東西，就要堅持到底。「信之誠，行之篤」，太極拳博大精深，夠你實踐和鑽研一輩子的了。

二、練好太極拳的「五道關」

陳照奎老師傳的這兩套拳是太極拳中的精品，理精法密。去年旅居紐西蘭期間，空閒時間較多，我對二十二本太極拳著作做了認眞地閱讀、分析、比較，認爲在我所接觸到的太極拳中，我們學的這兩套拳內涵是最豐富的。根據我個人幾十年的體驗，要練好這套拳，涉及到多方面的

修養，比如外形的模仿，內勁的知識，鬆柔的風格，功力的紮實，內功的修煉，以及節奏、氣勢、神韻等方面的把握，都要步步體現到兩套拳中來。但其中最根本的問題是四個字：明理知法。要做到這一點必須要「過五關」。

第一、明理關

有些人打了一輩子糊塗拳，人家怎麼教，他就怎麼練，為什麼這麼練也不知道，道理搞不清。我們不能打糊塗拳，我們要打明白拳、清楚拳。我為什麼喜歡這個拳？它的哲理是什麼？它的拳理是什麼？拳為什麼要這樣打？勁為什麼要那樣走？每個式子、每個動作是否符合太極陰陽學說，是否合乎生理學、心理學和人體力學？還有一些人重力輕理。認為練拳有勁就行，「拳不在好，有力則靈」。似乎有了力量一切都沒問題了。這也是偏見。

明朝馮夢龍講過一句話，很好，他說：「一時之強弱在力，千古之勝負在理。」還有一個外國人叫培根的，他三百年前也講過一句話，很好，他說：「隨之我們就看到：智慧和學問之碑，是怎樣遠比權力和武力之碑，更加長垂不朽！」（《學術的進展》）所以，我主張大家既要練力、練膽，更要明理。

拳理方面的內涵也是多方面的。但首要的是需弄懂它的哲理。因為哲理是統帥一切學問的。所以，今天我想著重講一下關於太極拳的哲理問題。即它根據易學而來的指導思想──陰陽學說。

掌握陰陽學說的關鍵問題是：把握陰陽搭配的合理性。

大家都知道太極拳離不了陰陽，陰陽合就是太極，太

極分就是陰陽。太極拳離不了太極的整體觀，離不了陰陽
的分合律。大家提到太極拳和《易經》的關係，《易經》
八八六十四卦，不論是母卦與子卦，內卦與外卦之間，六
爻之間，凡是吉卦都是陰陽交感比較好的，凡是陰陽離
決，陰陽不相配合的卦，大部分是凶卦。

　　我們要想把太極拳打好，就必須把陰陽這兩種對立的
力量搭配好，這裡面有一些規律性的東西。陰陽搭配得好
的事物，就可以使人感到順眼、順心，感到自然。就這個
問題，我聯想到東漢時期蔡邕（蔡文姬的父親）在《九
勢》中的五句話：「秉於自然，自然既立，陰陽出焉；陰
陽既生，形勢出矣。」這是對書法藝術的論述。要想把字
寫好，就要秉於自然，自然是書法的最高境界。打拳也是
這樣，把拳打得自然瀟灑就好看；彆彆扭扭、慌慌張張肯
定就不好看。拳同書法，它最根本的要求就是自然，自然
做到了，陰陽必然就有了，因為大自然是陰陽最好的統
一，它就是太極。所以，達到了自然的境界，陰陽也就懂
了。如果陰陽的道理懂了，你的拳也就「形勢出矣」，這
樣拳架也就好看了，形態也有氣勢了，神韻也有了。書法
強調一個自然，一個陰陽；太極拳同樣也離不了自然和
「陰陽」二字。

　　所以，我們要把太極拳學好，就必須掌握好太極拳的
指導思想——「陰陽氤氳」。就是把屬於正反兩個方面的
陰陽關係搭配好、搭配合理。「萬物正反相生」。要想練
好這套拳，就要多動陰陽的腦筋，在陰陽二字上下功夫，
把拳中的陰陽搭配、陰陽相濟等問題處理好。關於這一問
題，我的體驗要把握好以下五個規律性的問題：

㈠ **陰陽的對應性**。關於這一點，我建議大家記一下，這有利於你練好這套拳。陰陽對應性就是說拳裡面處處包含著陰陽對稱、陰陽相應的問題。左發右塌，右發左塌是左右的陰陽搭配；前發後塌，前去之中必有後撐是前後的陰陽搭配；逢上必下，對拉拔長是上下的陰陽搭配；內不動，外不動；腰不動，手不發是內外的陰陽搭配。中醫學講表裡，太極拳講內外。以上這些都屬於陰陽對稱、陰陽相應的關係。

拳中的這種陰陽搭配，不純是爲了外形上的對稱，還是爲了使自己保持一種動態平衡，同時也是技擊上的要求。例如。這邊一手向上托，另一邊身體往下沉，這樣上下對稱、上下相隨，既能使外形美觀又能使身體沉穩，立地生根；如果手和身體一塊往上去，對方會乘勢借力將你托出。不論上下、左右、前後還是內外，總起來一句話：打拳要八面支撐。往前推的時候要想著後面，往上舉的時候要想著下面⋯⋯，總之四面八方都要照顧到，即所謂：意領形，腰走勁，周身一家。

日常生活中，人們常說：請多多關照。我們練拳也是一樣，請你多關照一下自己，用意關照一下你的手、你的腳、你周身各個部位。掌打出去了，力點是在大魚際還是在小魚際？是在指尖還是腕背？還是在肘上，是裡合肘還是外掤肘？腳蹬出去了，勁在腳根還是腳掌？腳尖該扣的地方扣了沒有？五趾抓地了沒有？⋯⋯這些地方都要清清楚楚關照到，要用意念照顧周身各個部位。我推左掌時，考慮我的右鈎手有沒有問題？腕背掤起來了沒有？有好多人打拳的時候往往考慮了這個手，那個手就不管了；顧了

這邊,那邊又不管了,顧此失彼。我們打拳不能不對應,不能不對稱,不能不相合。就是我的老師常講的:左右手說上話,上下說上話,斜向說上話,兩臂相吸相繫等等。所以,我第一條強調陰陽對應,用意念照顧到周身,要八面支撐,我再加一句:八面牽扯,八面照應,八面相稱。你往這邊抖勁時要想著另一邊扯著點;往前打的時候,後面要扯著點;往右打的時候,左邊要扯著點;左手往上推時,右胯要往下沉著點。即要八面支撐、八面牽扯。這樣打拳就可以做到身法中正,氣勢飽滿,各個方面都有掤勁,周身又鬆又掤,鬆透掤圓。

《陳氏太極拳圖說》中說:「筋骨要鬆,皮毛要攻。」就是說凡是有皮毛的地方都要有向外撐的勁,周身都有彈性,都有掤勁,才能氣勢飽滿,所以,我們打拳一定不要著急,要注意鬆與掤的關係。要在「鬆透掤圓」四個字上作文章。總之,打拳要八面支撐、八面牽扯、八面照應,意念把身體各個方面都要照顧到。這就是我講的陰陽對應性。

㈡ 陰陽互包性。什麼是陰陽互包(互根)?陰陽互包用辯證法的觀點看就是矛盾雙方的對立統一。我們拳中講剛柔相濟,輕沉兼備,開合相寓,虛實互根,在技擊方面就是化打結合。陰陽雙方誰也離不開誰,就是剛中有柔,柔中有剛;輕中有沉,沉中有輕;開中有合,合中寓開;打中有化,化中有打;虛是實的根,實也是虛的根,沉是輕的根。這些用陰陽的觀點看就是陰中有陽,陽中有陰,就是陰陽互包。同樣蓄發互孕,蓄勁和發勁,放鬆和掤勁也是這種陰陽互包的關係。

　　練拳要時時處處注意以上這些問題。開的動作裡要想到有合，例如，兩手開的時候，虎口合不合？掌根合不合？肘合不合？有些動作從表面上看是分的，但實質上某個部位卻是合的。同樣合的時候，也要有開的部位。完全開沒有合，形態就散了；完全合沒有分，形態就癟了。如初收一式，雙手合的時候，兩肘要掤開，這樣外形才好看，否則外形就癟；同樣，雙手向上掤開的時候，兩肘要合一點，否則外形就散了，自然也就不好看了。

　　剛柔的問題也是這樣，陳式太極拳講的是鬆活彈抖，在整體鬆柔的前提下發彈抖勁；同樣，剛勁裡面也要有鬆柔。有很多人學發彈抖勁，胳膊抖得很厲害，但其它地方一點也不動，這也不行！你發剛勁的時候要多想想全身鬆柔不鬆柔，只是一個地方鬆活彈抖不行啊！開合也好，剛柔也罷，它們必須互相包容，即開中有合，合中有開；剛中有柔，柔中有剛。虛實的問題也是同樣的道理。虛並非一點力量也沒有，實也並非站煞；虛時刻準備變實，實時刻準備變虛；虛不完全是虛，實也並非完全是實。他們是互包、互根、互孕的關係。

　　總的來講，陰陽之間，兩者互爲依托，互包互孕。陰陽相濟、剛柔相濟，這裡的「濟」字就是互根、互用、互相包容、互相補充的意思。

　　練拳要細細品味每一動作。開的時候，想一想有沒有合的部位，合的時候想一想有沒有開的部位，發的時候想一想有沒有鬆柔的內涵，運動鬆柔的時候也想一想有沒有沉勁、有沒有凝聚勁，如單鞭中的穿掌坐腕，也叫舒指坐腕，手指很輕柔，但坐腕又顯得很沉穩。所以，我常講手

指放鬆，掌根要往下沉一點；小臂放鬆，肘要沉一點；大臂放鬆，肩要沉一點；上肢輕靈，腰要沉一點，不要連腰一塊拔起來，跟跳舞一樣是不行的。

總之，輕沉兼備，剛柔相濟，虛實互根，化打結合，蓄發互孕這些要領都是我們今天講的陰陽互包性，或叫陰陽互根性。

⇔ **陰陽的全息性**。現代醫學裡有《全息醫學》，信息學裡面有《宇宙全息統一論》，人體按摩腳底某個穴位就能治療某個臟腑的毛病，扎耳針就能治某個臟腑的病症……，這說明人體是一個完整的體系，各個部位相互影響、相互作用、相互聯繫，就是說牽一髮而動全身。人在社會上也是這樣，他必然要與周圍的社會環境、自然環境發生這樣或那樣的聯繫。練太極拳也講陰陽的全息性，或者叫整體性、協調性、圓通性。

中國的傳統文化、傳統哲學都強調陰陽對立面的協調統一的關係，這是中國傳統文化的一個特點。《易經》及歷代的一些諸子百家都強調陰陽合一。道家養生學中的「貴圓貴通」之說，它也是強調人體本身，人與自然，人與社會，都是一個相通的整體。人體各個部位都有關係，並且氣血暢通無滯。我們練拳也同樣遵循這個原則：一動無有不動，內不動外不發，腰不動手不發，周身一家。

「一動無有不動」這句話強調的是腰帶動整體。在腰的帶動下，全身自然合拍，一氣貫通。打拳的時候，要時刻想到局部與全身其他部位的關係。我們常說上下相隨、左右相隨，那麼你手動的時候，腳配合了沒有？左手動的時候，右手配合了沒有？我們說周身一家，那麼胸開的時

候，背又是一種什麼狀態？如果你胸也開背也挺，那還談什麼輕沉兼備?!……這些問題都要清清楚楚。我經常強調扣腳這個問題，腳的方位如同航船的舵，它關係整體的動向，「兩腳定乾坤」。打單鞭時，右腳尖不扣，右腿上的勁能傳到左臂左手上去嗎？做懶扎衣時，左腳尖不扣，左腿上的勁也不能傳到右手上去。像擺腳、扣腳這樣細微的動作和整體都有關係，都有個全息性的問題。所以，每做一個動作，都要想一想它和全身各個部位的關係。我們練拳要研究每個動作與整體的關係，做到周身協調。

眼神也是這樣，要與整體動作很好地配合起來。例如六封四閉一式，不論雙手向左捋，還是雙手翻掌挑肘，眼神總要向右側看，不然敵人從右邊打過來你還不知道。

總之，手、眼、身、法、步及意、氣、力都要達到完美的統一，即周身全息性。常言道「從一粒砂裡看世界」，這句話很有哲理味道。我們練拳要從細小的動作裡面看拳理拳法。一舉手，一抬足都要看它合不合拳理拳法，對每個動作都要嚴格要求，這樣堅持從難從嚴過細地練拳，你的拳肯定能達到高的境界。

㈣ **陰陽轉化的有序性**。陳鑫拳理講：「往復有折疊」，《易經》裡面說：「無往不復。」老子《道德經》就更明確：「反者，道之動。」這就是一切事物的動態有序性，是事物發展的一般規律，通俗一點講，就是事物的變化都是從反面入手。不論任何事物都是這個道理。要往前跑必先往後蹬，否則跑不起來；往前打拳必先把拳收回，否則打出沒勁。太極拳要求欲前先後，欲開先合，欲縱先橫，欲放先捲，欲發先蓄，欲快先慢都是同樣的道

理。這就是我要講的陰陽轉化的有序性。

　　事物發展的次序總是一陰一陽，一陽一陰。兩者一先一後。要掌握這種規律，用它來指導練拳。太極拳中的各個動作都是有順序的，它的順序就是從其反面開始。準備往左發，先往右捋一下，然後再向左打，這樣發出去才有勁；準備發縱勁，先橫向加一掤勁，再縱向穿出，這樣才有力量。剛才我們講了陰陽對稱的關係，陰陽互包的關係，這裡還有一個陰陽先後順序的關係，你一定要先掌握這種「萬物正反相生」的規律，道家運動思維的一個重要特徵之一，就是我剛才講的老子的那句話：「反者，道之動。」

　　㈤　陰陽轉化的漸變性。這是太極拳的又一大特點。在很多太極拳理論著作中，都提到了陰陽轉化的問題。事物總是走向其反面。這是任何事物都遵循的法則，但是這個轉化過程是一個由開始慢慢的漸變到最後突變的過程，是一個由量變到質變的過程。就像我們這個學習班，由開始通知大家，到大家陸續到達，然後一天天練拳，最後學習班還要結束，由合而散。任何事物都離不了這個轉化。就人生來講，從十月懷胎、到降臨人間，然後逐漸成長，再老化，到最後還要發生突變——死亡。這是任何人無法改變，無法抗拒的自然規律。但是，習練太極拳要追求使漸變時間長一點，衰老得慢一點，傅大慶先生74歲了，還和小伙子一樣，從北京跑到成都研究太極拳，尋求人生的樂趣。

　　我們學習太極拳，就是為了調節身心的健康。不像拳擊、散打那樣緊張而激烈。現在拳擊在奧運會中有不少爭

論。英國有一部分人專門反對拳擊，專拍拳擊的一些慘狀鏡頭，放這樣一些錄影——這個在賽壇上受了重傷；那個被擊重傷，沒搶救過來死在醫院裡；還有的被當場打死……。這項運動「突變」來得太快。真正的散打也是這樣。我從美國帶回一盤錄影帶，你們有的人可能看過，他們有一種無規則、無量級的散打，沒有任何保護措施，也沒有任何規則。比賽相當殘忍。

體育活動的宗旨本來是提高人們的身體素質，促進團結友誼。練拳的目的主要是健身、養生和結交朋友，但是，遇到壞人我也要有點本事對付他，三兩個徒手歹徒你不要怕他們。所以，我們打太極一招一式都要做到位，都要清楚它的技擊用法。而且要進行必要的功力訓練，抗擊打訓練，練單式等等的散打功夫。但不一定去參加比武。總的講太極拳是一種有氧運動。有氧運動是長壽之道。所以，太極拳這種運動好就好在這個地方，它強調漸變，打拳要「靜運無慌」。

然而從技擊上來講，適當地發勁也是非常必要的。如果你一點勁也不發，那麼你怎麼練勁？你從來沒有發過勁，遇到壞人你能防身嗎？所以，在「靜運無慌」的基礎上也要練一點發勁，進行一些必要的功力訓練。

陳式太極拳有蓄有發，快慢相間，所以，我一再強調打拳要慢一點、要靜、要沉、要穩，不要著急，不要著慌，把動作裡面的陰陽變化過程及其技擊含義搞得清清楚楚。有的人打拳很潦草，就像寫草書一樣，不是輕描淡寫，潦潦草草，就是連著發勁，這樣不行，應該是有蓄有發。例如：掩手肱錘中的衝拳動作，在合之前先向外掤一

下，然後再收腹、吸氣、鬆胯、提肛，把勁蓄足了，最後發勁。這樣發得既透又不累，還很舒服。如果你沒有這個蓄勁而是連著發，這樣發勁既費勁又不討好。所以，我們打拳要從靜運中去體會這個拳——集中的過程是耗散的準備，鬆沉的過程是剛發的準備，蓄勁的過程是發勁的準備，順纏的過程又是逆纏發彈抖勁的準備，這就是說打拳要有節奏，而一路拳的節奏又是慢多於快，蓄多於發，化多於打。這就是我所講的多一些漸變，少一些突變。連著突發很容易造成胸悶憋氣。陳照奎老師講練這個拳有的人練得吐血，是什麼原因？就是蓄發節奏沒掌握好，呼吸問題沒解決好。關於呼吸問題等會我再單獨講。

以上這五點就我今天給大家講的過明理關的首關——有關太極拳與《易》理之間的關係問題。總之，打拳要把握陰陽搭配的合理化，並且能從「靜運無慌」中仔細品味，這樣就可以使你的拳越練越有哲理性、越練味道越濃。

第二、放鬆關

也叫鬆柔關。在咱們這個班中可以看出有些人練了好多年拳了，但還沒有完全理解「放鬆」的含義。今天早晨有人問了個問題：練拳時感到憋氣老鬆不下來是怎麼回事？其原因就是沒過放鬆關。我專門寫了一篇文章《論放鬆》，不知道你們看了沒有？理解了沒有？不論哪一種太極拳都強調鬆柔，陳式太極拳講的是鬆活彈抖，其首先是一個「鬆」字，有鬆才能活，有鬆活才有彈抖。當然有的拳不發彈抖勁，只講鬆柔，人家有人家自己的風格。而我們這個拳不但講鬆柔，還講發勁。發勁是在鬆的基礎上

發，不是發硬勁，而是發彈性的勁，這種彈性勁必然是在筋骨、肌肉、關節、神態完全放鬆的前提下才能發得出來。這就是我說的第二道關：放鬆關，或叫鬆柔關。這個關沒有過好的人要下番功夫，找找原因，緊在什麼地方？硬在什麼地方？僵在什麼地方？這方面的問題在拙作《論放鬆》一文中講得比較詳細，這裡不再重複。

第三、懂勁關

什麼是太極勁？它與其它拳的勁有什麼不同？它與舉重、打籃球及平常推車拉車的勁有什麼不同？我們要研究這種拳的運勁特點，關於這一點我曾寫了《拳法之妙，在於運動》一文，大家可以參考。懂勁的確是很重要的一關。練拳總打空架子不行啊！開始學拳，老師教你首先學規矩，每個動作都要做準確、到位，這是拳架子，學會拳架以後要不斷充實它的內涵。首要一個內涵就是弄清每個動作的勁點的所在及其變化。

太極拳有個「用意不用力」之說，我認爲這句話不全面，強調用意是對的，因爲太極拳強調的是內勁，內勁實際上就是意、氣、力三者相結合的內在的勁力，強調用意是對的，而說不用力不對，或者說不準確。太極拳強調在全身放鬆的前提下，用意念導引使意、氣、力三者相結合。即內氣和肌體在放鬆的前提下結合起來，從丹田發出一種螺旋式的彈性力。也就是我常講的「意領形，腰走勁」。這就是太極拳的勁。也是它的勁力特點。

太極拳的每個式子每個動作都有用勁的內涵，但是用的是什麼勁？是蓄勁還是發勁？勁又從何來？又欲何往？勁路怎麼走？這是你必須要弄清楚的問題，也是我常講的

身體的支撐點、施力點（力源）、發力點以及樞紐所在等問題。我常打比方，接通電源的插銷好像是施力點，它把電源接過來，電路和傳送帶如同勁路，轉動的電機就是樞紐。腳蹬地，大地肯定給你反彈力，這就是施力點。你腳跟裡側蹬地，那麼反彈力從小腿裡側纏上來，這是一個力的巡迴，走了一個圈。從經絡上講就是陰脈和陽脈的關係，由足三陽經返回走足三陰經，這也是一個巡迴。從力學上來講，腳蹬地，大地給你反彈力，這個力量回到你的腰，丹田爲樞紐，就像轉動的電機通過傳送帶將能量送到用力的地方一樣，丹田內轉帶動腰的旋轉，然後通過脊背將力送到你發力的地方：手用力，就送到手上；肘用力，就送到肘上；腕背用力就送到腕背上……勁運到哪裡，那裡就是力點，其他地方都要放鬆，爲了讓力量順逐地通過。如掩手肱錘一式，右拳打出去，這力量是哪裡來的？支點在什麼地方？爲什麼左肘要往後稱？這些問題都要清楚。肘往後稱的目的就是隨著腰的轉動，把整體的力量通過脊背一起都送到拳上，所以左肘一定要往後稱。當然這是發一個拳時的情形，同時發兩個拳又是另一回事。

　　總之，要把每個式子每個動作的起點和落點以及勁力運行的路線都搞得十分清楚，只有這樣才可以逐漸使周身勁力順逐、協調，而形成一股整體勁。

　　以上我講了有關勁路問題，這並不是說你知道了用力的路線後就強拼硬發，還要注意他的運勁特點，還要強調有蓄有發。陳鑫在拳論中有句話：「沿路纏綿，靜運無慌。」希望大家好好地揣摩這句話的涵義。就是說整個的**運勁過程都是螺旋的，並且動作纏綿不斷。纏是螺旋，綿**

是連續不斷，沿路指的就是勁路──所走的勁路都在纏，都在連綿不斷。「靜運無慌」是要慢慢地用意念引導──什麼時候在肩，什麼時候走肘，什麼時候到手，三節勁在腦子裡要清清楚楚。打拳一定不要著慌、不要緊張，一定要把內勁運足。而且要全身放鬆，精神也放鬆，要有臨危不懼，從容不迫的大將臨陣胸中自有定數，泰山崩於前而我不慌。這是太極拳的又一特點。

第四、呼吸關

或者叫內功關，丹功關都可以。

太極拳內功，包括某些氣功之所謂煉丹，都很注重內呼吸。在這方面好多人都把肺呼吸撇開，專講求所謂「內氣」，這是不科學的。實際上內功、丹功、丹田內轉等功法，都是講腹式逆呼吸與胸式呼吸相配合。有些人打拳為什麼憋氣，靜不下來，鬆不下來，沉不下來？這與呼吸有關。其原因就是沒有解決好胸部肺部呼吸，與小腹丹田呼吸的關係。內呼吸與外呼吸這個問題解決不好，這個拳也打不好。現在，我再把這個問題講一下。

這個問題的關鍵，是如何解決好胸式呼吸與腹式呼吸的關係。具體講，首先要解決好以下幾個認識問題。

㈠ 充分認識肺呼吸在太極拳中的重要性

現在有些只練氣功的人似乎有點輕視胸呼吸。他們強調腹式呼吸，輕視胸呼吸、肺呼吸，這是個錯誤。原來我也學過氣功，現在我體會到輕視肺呼吸是不對的，胸呼吸、肺呼吸是人體最重要的呼吸部分。

大家知道人體缺氧不行，那麼人體中氧氣是怎麼來的？這就是肺的功能，靠肺來吸收氧氣。所以說人體健康

狀況的總標誌是肺功能，當然人是一個整體，腦功能、心功能、腎功能……也非常重要，然而肺功能是最重要的，我們練拳要充分認識到這一點。有些人把胸呼吸拋開，只講腹式呼吸，把所謂的內氣搞得很神秘。我們要用科學的態度，來對待太極拳內功的修煉。

人體衰老，有的人說是從腳開始，有的人說是從腦開始，還有的人說是從性功能開始，這些說法或都有其道理，但更重要的一點是肺功能的衰退，人死亡的標誌就是斷氣。呼吸停止才算是死了。所以，肺功能的好壞是人體健康水平的一個重要標誌，我們的拳不能拋開這個問題不談。有人講肺功能是人體生命力的一個精確量度，肺活量的大小關係到生命的衰退和健康。太極拳被稱做「有氧代謝運動」，其關鍵也是在於肺活量。

(二) 腹式呼吸可增大肺活量，改善肺功能

昨天我問從事醫務工作的學員：「人的肺活量的正常值是多少？」結果他沒能答上來。肺活量就是盡力吸氣後能夠盡力呼出的氣量，它是反應肺功能的一個重要指標。根據一些科學家在三十年時間裡對五千人的跟蹤調查，通常男性肺活量為3500～4000ml，女性為2500ml～3000ml，經常堅持體育鍛鍊的人肺活量可達5000ml。隨著年齡的增長，到一定的年齡之後，肺功能就開始不斷地衰退，肺活量也不斷地減少。十年之內減少9％～27％，這是一般人的正常情況，有的人多一點，有的人少一點，六十歲以後肺活量減少得特別快。但是，有些堅持運動的老年人，他們的肺活量卻能夠保持在一般成年人的正常水平。

這是運動的結果，所以說運動很重要。但是，運動也有個是否得法的問題。如果你撇開肺呼吸不管，只強調腹式內呼吸，這樣也不可能保持正常的肺活量。這裡就涉及到太極拳的呼吸問題，即所謂丹田呼吸（丹田內轉）和肺呼吸（胸呼吸）的關係問題。

人的肺有億萬個肺泡，其總面積一般可達$50 \sim 100$ m^2。在正常情況下，肺部所利用到的面積一般只占總面積的70％左右，肺活量小的人佔的還要少一點，就是說有1/3左右的肺泡用不著，一般有2/3就夠了，少的甚至一半就夠了，用不著的肺泡就逐漸衰退，甚至滋長某些疾病，從而使肺的功能降低。面對這種情況怎麼辦？

太極拳要求腹式逆呼吸與胸呼吸相結合，這種呼吸方法會充分調動更多的肺泡參入呼吸運動，所以它能很好地提高肺功能，增大肺活量。

小腹的呼吸是指丹田這個部位伴有收縮和膨脹動作的「呼吸」，也叫胎息。大家知道小孩在出生以前或剛出生沒能下床以前，主要是靠這種呼吸。因為他靠肚臍吸收母親的氣血和精液，所以他習慣這種呼吸方式，後來下地走路了，逐漸轉為以肺呼吸為主。現在有些運動只強調肺呼吸，不注意腹式呼吸，而太極拳強調的是腹式呼吸與肺呼吸相結合，這樣對身體大有好處。

打拳的時候要時刻注意蓄勁、發勁的時候都要與丹田呼吸相配合。蓄勁時吸氣，這時候小腹放鬆，丹田部位略收縮，命門放鬆，同時襠部會陰穴、肛門一塊往上提，這時橫膈肌下沉；發勁時呼氣，這時候丹田突出、命門後撐，同時襠部會陰穴下沉，這時橫膈肌上升。吸氣的時

候，由於橫膈肌下沉，胸腔和肺的容積擴大，肺容量增加；呼氣的時候，丹田向周圍膨脹，橫膈肌上升，胸腔和肺的容積縮小，這樣又促使肺腑把濁氣盡可能地呼出。

這樣肺呼吸與腹式呼吸相配合，肺活量肯定增大，肺活量加大，吸氧增多，肺泡活動面積擴大，肺功能自然也就加強了。

㈢ 掌握好運勁與呼吸的配合

太極拳要求在腰的帶動下全身協調，而腰的運動又是由丹田部位的鼓蕩和螺旋運動而動起來的，丹田部位的鼓蕩又需要逆腹式呼吸的配合。那麼，什麼是逆腹式呼吸？它又是如何推動丹田的運轉？

腹式逆呼吸與腹式順呼吸正好相反：吸氣時，小腹收縮，腹壁回收：呼氣時，小腹膨脹，腹壁向外凸出。橫膈肌總是伴隨著小腹的收縮與膨脹而上下運動，這樣腹式逆呼吸和肺部呼吸有意識地結合起來，從而使小腹的交替起伏鼓蕩著丹田的運轉。

關於丹田運轉的問題，我已經講過了，丹田運轉就是襠部走一個橫 8 字。實際上就是整個丹田——肚臍之下，命門之前、會陰之上這個區域，走了一個一上一下、一前一後或斜向運轉的立體螺旋圓圈。從一邊沉下去，再從另一邊捲上來，這時候胯部往後鬆，同時吸氣；捲上來以後，再向另一邊旋轉下沉，這時呼氣，同時將勁發出。

整個過程中臀部左翻右沉，右翻左沉，襠部正好走了一個橫 8 字。這樣小腹部的收縮、膨脹推動著丹田部位的運轉，從而帶動腰部的運化，腰間好像有兩條陰陽魚，一個推著往這邊來，另一個推著往那邊去。當然不一定是前

面陰後面陽，它們兩個是對立中的統一，互為陰陽。一陰一陽，就像橫著的兩條陰陽魚相互推動，形成一個圓圈，這個圈是立圈而不是平圈。這一點大家要慢慢地去體會。其實這圈是意念，實質上是一種蠕動。

拳論講；張為蓄，弛為用。吸氣的時候蓄勁，這就是張，就是指這時胸腔容積擴大，肺容量增多。呼氣時發勁，是弛，這時丹田突出，命門後撐，會陰穴下沉、橫膈肌上升，腹部的容積加大，同時肺部鬆弛，濁氣盡可能地發放出去，這時全身都要有膨脹的感覺。丹田膨脹了，氣也沉下去了，力也發出去了。

氧氣是大自然給的，我們打拳離不了它。你發力的時候除了筋骨肌肉以外，還離不了內在氧氣的作用。往外發時呼氣發力；同樣吸氣也可以發力，收腹、吸氣是蓄勁的過程，也是入勁的過程，但你收的時候也可以用力，例如：有些擒拿正是吸氣，也是發勁。吸氣、呼氣在技擊上都可以用勁，只是出勁、入勁之分。收腹、吸氣、鬆胯、提肛——丹田的向心力；呼氣、突腹、排濁氣、發勁——丹田的離心力。打拳要把這兩者很好地結合起來。兩者相互依賴、相互促進、相互配合。

我順便再講一下氣沉丹田、腹式呼吸、丹田內轉與鬆胯走低架的關係。咱們這個拳強調襠部、腹部的運動，強調走低架，重視下盤運動。中國道家認為人的生命力主要在下盤，還有這麼一句話：「神仙留下健身方，開襠下胯最為良」。我覺得這句話跟我們這個拳很相符合，神仙留下最好的健身方法就是開襠下胯。我們這個拳強調丹田運動、襠胯運動；強調鬆胯和腰的旋轉，並且要求腰帶動一

切；強調架子放低，加強大小腿的支撐力。

中醫講膝蓋是筋之府，我現在打低架子膝蓋不痛，而你們有的人練了幾天膝蓋就開始痛了，這是堅持時間短的關係，我剛開始練拳的時候也是這樣。在鄭州學拳的時候，晚上從七點學到晚上十點，然後我們就到碧沙崗旁的文化宮游泳池邊練到十二點，等趕回去洗完腳上床，腿痛得都抬不起來，有時上汽車都非常困難。說來很怪，打拳的時候不覺痛，等歇下來以後再一走路，這腿痛得十分厲害……。可是現在不痛了，這些年我一直打低架子，腿一點也不痛了。走低架子，就更需要氣沉丹田了，氣沉丹田了，才可以促使丹田內轉。從而發揮丹田內轉的威力。

第五、持恆關

或叫毅力關。很多人半途而廢。有的人非拜師不可，又磕頭，又寫帖子，有的還送禮，不知決心有多麼大。後來，一戀愛，一結婚就不練了。有的則是興趣轉移，生活環境變化，就中斷了。他白費勁，我也白費勁，所以說這也是道關。我們在座的一些年齡較大的同志一直堅持下來了，周臻今年69歲，每天打十遍拳，並且堅持了這麼些年，其關鍵是毅力，沒有毅力不行。我的體驗是自己跟自己較勁，自己給自己定任務。

我要每天打拳，大年初一也不例外，首先是練拳，然後才是拜年吃餃子。當然你一天不打也不會出什麼問題，但對自己一定嚴格要求。我常跟我的學生講，打拳就像吃飯，一天三頓飯要改成四頓，並且這頓飯不能少，走到哪裡就打到哪裡。很多人強調客觀理由，不是今天工作忙，就是明天要出差沒時間。你工作再忙每天還抽不出半個小

時來？出差不就是帶雙運動鞋嗎？！花費半小時打拳，終生受益，打完以後，你的工作效率可以提高三小時、四小時。許多人都有這樣體驗。其關鍵是毅力。

我認為要練好這套拳，並持久地發揮作用，必須闖過這五道關口。總之，要從難、從嚴、過細地要求自己把拳練好，並堅持到底。所謂「到底」，就是到生命的最後一站。

三、太極拳的三層境界

剛才講了練好太極拳必須通過的五道關口，下邊我再講一講修煉太極拳的三層境界。

因為時間的關係，只能簡單講個題目，拋磚引玉，請大家去思考和發揮。

多年來個人的體會，要把太極拳的修煉功夫逐步提高和昇華，必須經歷這三層境界：第一是內外合一，第二是形神合一，第三是天人合一。

什麼是內外合一？這就是我剛才講的由丹田帶動周身、一動無有不動、周身一家，陰陽協調，使內勁和外勁合一，內功和外功合一。它是整體運動，能使周身得到鍛鍊，使周身各個系統都得到調整。打拳一定要克服「單擺浮擱」之病。做到手足相隨，上下相隨，左右相隨，內外相隨，全身各個部位都非常協調，這樣你的拳自然就好看了，因為協調就是一種美。總之，我們練太極拳要內外合一，周身一家。「緊要處全在胸腰運化」，關鍵是腰（丹田）能動起來，而且由它帶動周身。由它來帶動四肢，使上下、左右、內外各方面動作都協調一致。

　　這方面我的體會是，打拳要爭取做到：以意領形，處處相隨；以腰走勁，節節貫串。這是第一層境界：內外合一。從而體現太極拳的整體性。

　　形神合一是指你練拳能夠達到身心相隨，形神兼練，做到既健腦又健體的要求，肌體和大腦同時得到調整，也就是道家講的性命雙修。通過練拳使你的精神和體格都得到很好的鍛鍊，意氣力、精氣神完美統一，最後鍛鍊的結果就是大腦健康了、清醒了，記憶力增強了，眼神也好了，思維也增強了，性格也變高尚了，同時肌體也得到了全面的發展、全面的健康。這是我講的第二層境界：形神合一，身心合一。從而體現太極拳形神兼練、身心平衡、整體健康的特徵。

　　最高的境界是天人合一。這就是我常講的進入一種「無礙妙境」，就是你人生在世與大自然能夠非常協調，人際關係非常和諧，處事左右逢源，運用自如。適應能力非常好。天氣冷點熱點都不怕。

　　我們要通過練習太極拳逐漸適應自然環境，與大自然協調起來——冷點熱點沒關係，一年四季，南方北方，氣候都能適應，到外國去也沒關係。我這些年來不論走到哪裡都能適應周圍的環境。是什麼原因？答案就是堅持打太極拳。它能使我們身心都得到全面的修煉，進而達到思通千古，胸懷宇宙的思想境界。與各種不同性格的人都處得來過得去，對任何事物都能想得通，看得開。

　　前幾天在西南民族學院爲習拳場地發生了點令人不快的事，事後楊曉鋒對我說：「您修養好，那個人他那麼著急發脾氣，不講理，而您沒有發火」。他（鬧事者）無理

發火，只說明他不懂人事，修養太差，素質太低。不要拿他當回事，況且聽說他曾喝過硫酸，神經不正常。所以遇事不要著急，不要生氣。

那天跟楊小林講過「貴圓貴通」，就是不論遇到什麼事情都能想得通，處事圓融得當。世界處處是陰陽，充滿了矛盾，問題是你協調陰陽和解決矛盾的智慧和功力如何。既能順其自然，又能積極進取，從而達到所謂無礙妙境。這是太極拳的最高境界。

從以上幾個方面的論述，我們可以看出，太極拳不是一般的體育運動。它既練體又練腦，既練性情又練人格，還練思維能力。我們通過修煉太極拳要達到「五有」：第一是健身有方，我有一套健身法寶；第二是演練有神，而且拳打得很規矩，很有氣勢，很有神采，又很瀟灑，自己舒服，別人愛看；第三是防身有術；第四是傳人有道，就是說你教拳要有點辦法，給人家講出點道理來，把拳理拳法給人家講清楚，讓人家學套明白拳；第五是做人有德，做人要頂天立地，道德標準要高，在金錢時刻衝擊著人們靈魂的今天，這一點顯得尤其重要，我們必須堅持以德爲先、以義爲重，「德成藝乃立」。不論我拳打得好壞，我們首先強調這一條：有德，一個中國人應有的人格。今天就隨便講這些，有不對的地方，請大家批評指正。耽擱了大家許多時間，謝謝大家。（熱烈鼓掌）

（山東學員　郭開甲　根據錄音記錄整理）

3

技　擊　篇

技擊，是太極拳的靈魂

　　技擊，是武術的靈魂。傳統的陳式太極拳也不例外。雖然太極拳的內涵極其豐富，有它獨特的養生價值，但其精髓仍然在於它那陰陽相濟的技擊功能。太極拳，如果抽掉了它的技擊含義，則失去了它的真。所以不講技擊的太極拳套路，不是完整的套路；不講實戰用法的太極拳傳人，不是合格的傳人。

　　有些練拳或傳拳數十年，而不清楚其技擊含義，眼神不知所向，力點不知所在，那麼，他的拳永遠難以打出太極拳應有的氣勢和神韻。同時，根據現實生活的需要，唯有那些養生價值與護身價值兼備的拳種，才是人們最歡迎的。所以，繼承、研究和掌握太極拳的技擊法，是有一定現實意義的。

　　陳氏十八世、太極拳第十代傑出的傳人陳照奎先生，所傳的陳長興家傳的老架、低架、大架太極拳，融健身性、技擊性和藝術性於一爐，是當代最受人們喜愛的太極拳傳統套路。他所傳的陳式太極拳第一路、第二路（炮捶），兩套拳 154 個拳式、602 個動作，都有其鮮明的技擊含義。一旦把拳拆開來，一個個單式，都是鏗鏘有力的散打技法；串起來，則如滔滔大河，是一套非常精美的套路。特別是他在教拳時，善於把中國古代傳統哲學中的陰陽學說、《孫子兵法》等古代傳統軍事學中的作戰原理，

以及當代科學中人體力學的規律，融會於太極拳技擊法則之中。而且把拳理、拳架、拳法三者的關係講得非常辨證合理。

他常說：「你只有懂得了這套拳每個動作的用法，才能使你的拳架更加規範。因為套路中的一個個拳式，都是從實戰經驗中提煉出來，而編排成套路的」。所以，只有你掌握了它的技擊內涵之後，才能越練興趣越濃，越練功夫越深，越練道理越明，越練境界越高。

陳照奎老師教學，總是把拆拳講用法放在整個教學過程的最後階段。而且珍秘不輕易示人，他從未公開教過此拳之用法。他幽默地說：「這些東西不能公開教，否則警察要來抓我了，因為我是在教人打架。」同時，他又嚴肅地講：「用法是太極拳的精髓，不懂用法，架子也是空的；當然，你沒有紮實的拳架基礎功夫，招法也用不上。」因此，他對傳授用法既嚴肅又執重。總是強調學生要嚴格要紮實地練好拳架，每個動作都規範化之後才可言拆拳。而拆拳，又是擇人而傳。

十年動亂患難期間，老師失業，我遭迫害，「靠邊站」十年無工作，不幸中之幸者，我有緣跟隨老師學習此技，並承蒙先師不棄，在反覆嚴格學練拳架的基礎上，又詳細地口傳身授了一路、二路（炮捶）各個拳式的用法。同時，在拆拳過程中我也親身嘗受了此技巧妙而厲害的滋味。可惜，我係「半路出家」，功底淺薄，未能將先師所授精華全部繼承到手。惟可幸者，當時發揮了我筆墨專長，做了詳細的文字記錄。《陳式太極拳技擊法》，就是根據當年的記錄整理而成。

在繼承、鑽研和實踐陳式太極拳技擊法的過程中，我還想提出幾點建議，供讀者參考。

第一，仍要以《陳式太極拳體用全書》為學習基礎教材。因為它是陳照奎老師親自傳授的拳譜。《陳式太極拳技擊法》這本書僅僅是它的補充。

第二，研究技擊術，不能脫離拳架，更不能根據用法的靈活性而任意改變拳架的規範性和傳統性，否則將捨本求末，失掉珍貴的傳統套路及深邃的內涵。

第三，研究技擊法，不可違背太極拳的原理。要特別注意太極拳的技擊術與其他武術的區別。比如一般武術是把攻與防分別來講，攻則踢、打、摔、拿；防則格擋、躲閃等等。而太極拳則往往是把攻與防、化與打、引與進包含在一個螺旋式的動作之中，從而化打結合，化中有打，打中有化，攻中有防，防中有攻，對立統一，陰陽相濟。還有太極拳技法的順勢借力、造勢借力，從反面入手，勁走三節，打空打回，特別是它那順逆纏絲、螺旋進擊、鬆活彈抖等等，都是該拳固有的獨具特色的技擊法，是我們應該認真繼承的。當然，合理的借鑒吸收，取長補短，以不斷充實與發展自己的戰術，也是必要的。但必須以太極陰陽學說為其戰略戰術的理論基礎，否則將會喪失此拳具有的獨特風格。

第四，學習技擊法，還必須與功力訓練相結合。意念力的鍛鍊，應該重視，但是沒有厚實的功力做基礎，意念和技巧也是用不上的。

第五，我還想講一個與上述內容對立而又統一、陰陽交濟的觀點。即鑽研技擊法的人不可忽視精神修煉的問

題。太極拳不僅僅是健身術，不僅僅是技擊術，它還是一種精神修煉術，它是一種文化。這是太極拳與某些武技的重大區別所在。它不僅僅可以用來鍛鍊人的體魄，而且鍛鍊人的心靈；它不僅僅給人以護身的本領，而且它還能鍛鍊人的情操，完善人們的精神世界。所以，那些有文化素養的人，注重道德修養的人，善於從練拳過程中去領悟做人的道理。

法國一個來中國學太極拳的人就說：「我們學太極拳是從中學習人生哲理」。

企業家莫性才先生的《太極拳與企業管理》論文之所以博得好評，就是由於他不僅僅是練拳健身，而且把拳理與事業結合起來。還有一些人從練習太極拳中去探討人體科學、醫學、美學、軍事學等等。

所以，我說太極拳不僅是一種體育方式、搏擊方式，而且它是一種思維方式。它不僅可以改善人的體質，而且可以改變人的精神面貌。從而使自己的身心能更好地適應世界上的自然環境和人際環境，使自己鍛鍊成一個高尚而完美的人。

某些人，也許是由於文化素質低的原因，總是把武術、太極拳僅僅著眼於它的技擊功能，或以表演、推手、散打的比賽名次為其追求的唯一目標；或以為學了技擊就可以盛氣凌人，逞能鬥狠，狂言狂手，甚至有人問他何謂武術，何謂太極拳？他即揮舞起拳頭：「就是這個！」儼然一幅「赳赳武夫」的神態。這顯然有些不足了。

中國傳統文化中，自古以來都是文武一道，提倡文武兼備。歷數歷史上的著名武將、軍事家，大都是文化素質

很高的人，道德修養很高的人。如孫子、岳飛、戚繼光等等。古人云：「有文事者必有武備」，「有武事者必有文備」。正如陳鑫所言：「事雖屬武，必學文人風雅。不然輕於外，而失於中」。因此，我奉勸親愛的讀者在刻苦鑽研並努力實踐太極拳的技擊術的同時，萬萬不可忽視文化和武德的修養，重視自己的精神修煉。做到身心雙修，文武兼粹，德藝並進，才是我們所追求的崇高目標。

（此文原係《陳式太極拳技擊法》一書的《代前言》）

陳式太極拳的技擊訓練及技巧

——根據陳照奎先師函授遺稿整理

太極拳與其它拳術一樣，都屬於民族形式的競技性體育項目，它以增強體質和掌握搏鬥防身技巧爲主要目的。它能夠培養堅強、勇敢、果斷、機智等優良精神品質，它的動作和諧優美富於變化，使人有濃厚的藝術興趣，容易引人入勝；它有良好的醫療效果，於身心都有很大的益處，正是因爲它有多方面的功能，所以久爲廣大人民群衆所歡迎。我在本文中想重點談談陳式太極拳的技擊特點，技擊基本功的鍛鍊方法步驟，以及在對敵搏鬥中如何發揮太極拳的優勢。

一、技擊基本功的訓練

首先，我想根據自己近二十年來的體會，談談技擊基本功的鍛鍊步驟及主要內容。

在新式武器（槍炮）出現以前，尤其在古代社會裡，因當時生產競爭（如打獵）和社會競爭（戰爭）的需要，各種武器的用法和徒手搏鬥的技巧並行發展著，有的逐漸分化成爲專門的競技。如拳擊、角力、摔跤、擊劍等，有的卻綜合成爲包括各種器械和徒手搏鬥的完整的技擊方法，如中國的各門武術。由於各種器械不過是手足的延長以加強致害效果，其動作仍以肢體爲主，所以各門武術在

鍛鍊方式中又都以拳術為基礎、為中心。徒手鍛鍊所占比重最大而且最主要。

本文範圍也就以此為限。在鍛鍊過程中，為了既要保證效果能夠掌握技巧，又要保證安全不致受到傷害，就應該採取以下幾個鍛鍊步驟：

㈠、**拳式套路的鍛鍊**。這是最重要的基本功，首先是各個拳式的練習，因為各個拳式都是搏鬥實踐中有效動作的總結。各種拳術最初大多是單獨的招式，以後發展成為連貫一起的成套拳路。通過拳式和套路的鍛鍊，可以初步使自己的動作符合搏鬥的要求，手足合於部位，求得勁整靈活，周身一家，用勁正確，重心能保持穩定等。

㈡、**推手鍛鍊**。在初步掌握拳架基本動作以後，還不能馬上就直接對敵應用，中間還需要一個鍛鍊的過渡階段，這就是推手（搌手）。通過這個階段由局部到全部逐漸掌握搏鬥技巧。陳氏推手的方法有單推手、雙推手、進一退一大搌、連續進退、進三退三、進五退五以及左右旋轉的圓形推手，這是有走向的。

還有不定向的推手，其難度更大，要求在不定向中雙方緊緊銜接。各種推手的方法，大都有固定的招術、方法、勁別，可以按照勁別招術練習。

㈢、**單式練習**。在已經熟練掌握拳式動作和推手技巧以後，就可以進一步練習散打，這就是去掉任何規則限定進行搏鬥練習，也就是接近於實際運用的練習。實際上這是以前學過的技巧全面的、綜合的運用，本身沒有另外的招術手法，但為了用勁完整，提高效果，還有一些輔助性的練習，就是單式練習。這種單式數量很多，主要是從套

路中擇出的最有效的若干發勁動作，練習目的是在運用時更準確、迅速、合乎搏鬥要求的有效練習。此外，如擰棒子、抖桿子、打沙袋等等，也都是提高發勁爆發的有效練習方法，可以適當配合。

根據以上步驟，在練習時配合上是相輔相成的。練習拳式套路要求招式的準確完美和全身動作的協調相隨，這是基本功；推手是兩人對練以求掌握基本的搏鬥技巧，是初步的應敵實踐，其難度可以依次銜接由淺入深、由有定向漸至不定向。二者在鍛鍊過程中是相互配合的。拳式是基礎，先練可使基本動作正確，再練推手可加深對招式實際運用的領會，並能檢驗拳式的正確程度。如果只練拳式不練推手，就缺乏對敵的直接實踐，僅僅起健身作用，而不能掌握防身禦敵的技巧；如果只練推手不練拳式，雖然能掌握一定的應敵技巧，但無法全部正確地掌握基本動作，容易養成一些不正確的動作習慣，在技巧上達到一定水平之後，就很難得到更大進步。只有將幾個步驟適當的配合，才能收到最大的效果。

在上述三個步驟鍛鍊之中，還必須注意太極拳的獨特要領的體現，把要領落實到每個步驟之中。特別是要注意以下幾個要領的認眞鑽研和實踐：

㈠ 重視纏絲勁的鍛鍊。纏絲勁，根據動作方位變化分作裡外、上下、進退、左右、大小等纏繞方式。但總的以順纏、逆纏為最基本的纏法。手順纏勁：手往外旋轉，以小指為主，大指合，餘指依次跟上，為順纏。手逆纏絲：手由外向裡旋轉，以大指為主，餘指依次跟上，小指合，掌心虛，為逆纏。腿順纏絲：內勁由腰隙經大腿根，

向上而外，經環跳穴再往內下斜纏至足根，分注足五趾肚。以膝頭向襠外旋轉為順纏。相反為逆纏。

　　手、腿順逆纏絲，不論順纏、逆纏、或雙順、雙逆等等，變化雖然複雜但都是在開合中變化，或開或合，或開中寓合，合中寓開。都是在螺旋中進行的。所以陳鑫說：「一虛一實、一開一合拳術盡矣。」

　　另外，手在運轉時，中指領住左右四指，如寫毛筆字運用筆尖的中鋒及邊鋒一樣以求筆道圓潤。手的運轉也是中指領（中氣、中正勁）在手臂外旋順纏及手臂內旋逆纏的情況下旋轉運動。在技擊中如果擅於運用這種順逆纏絲勁，就可以在散打中避免硬頂硬抗直出直入以體力取勝的拙力，而便於避實就虛、化去對手來勁，實現化打結合，然後乘機制敵。為此，在陳式太極拳中任何招式、任何部位的動作，一概走纏絲勁，絕無例外。但必須注意全身的動作配合適當，走纏絲勁不一定動作有多麼大，有時走纏絲勁與沒走纏絲勁從外表看差別很小，只要走得適當就行了，多餘的晃動和旋轉反而有害處。

　　為什麼要運勁走纏絲呢？現舉一些簡單的例子說明一下，原來人在日常生活中所自然形成的動作，一般說來都走直線——由起點逕直到終點，因為這樣最節約時間和力量。在平常肢體動作或拿動什麼物件時，不會感到有什麼缺陷或不方便。但在某些情況下，就會發現有問題。例如：向前用力推擠什麼東西，突然推空了（用力過大被推物體或外力很快移開）就會全身一下子失去平衡。較輕的可以依靠前庭分析器的無條件反射的調整而不致被摔倒（平衡的機能可能經過訓練建立，並加強有關的條件反

射，其基礎則屬於無條件反射），較重的則不免跌一跤。

平時練拳中出現的勁斷、勁散、勁僵都是由於沒有運用纏絲勁的後果。動作不能連貫就叫勁斷，肢體動作不能完整地協調、平衡，不能十分穩定就叫做勁散，用力僵滯不能隨機變化就叫做勁僵。勁斷、勁散、勁僵在推手或搏鬥時就處於劣勢，處於劣勢則背勁。當與對手相持時，在著力點相接觸的部位順其用力方向隨勢移動，而加以側向的力量，則可能使其用力方向改變，而著力點落空失效，甚至全身動作失調，平衡受到破壞（即勁斷、勁散）。如此我方動作必須走曲線，而且對手為了避免勁斷、勁散，也必須轉換原著力點的用勁方向，跟蹤前進，也用曲線求勝。互相化勁發勁，連續進行，互相生剋，經過較長時期發展而形成纏絲勁。通常講的「橫破直」、「直破橫」的法則，也必須走螺旋勁，否則仍容易出現頂抗之勁。

㈡ 始終保持氣沉丹田、尾閭中正，以保持重心穩定和身軀轉動靈活。人的重心約在小腹部位（直立時為準），在轉動身軀時如果不能保持上述要求，則重心必然偏重一方不能靈活轉動，在接受外力或發力制敵時，就不能迅速地變換自己「力點」以躲避對手來勁，也不能迅速跟蹤對手的變化而致勝。因此，在拳式鍛鍊以及推手、散手任何動作中，都必須遵循這一規則。

㈢ 含胸塌腰，沉肩墜肘，肘不貼肋，以保持上肢動作的靈活而處於有利形勢。為了使氣沉丹田，氣不上湧，必須使前胸略含、腰部下塌、腹壓下沉，以配合尾閭中正、穩定重心並保證動作靈活。沉肩墜肘、肘不貼肋是在運動時保持上下（肩、胯、肘、膝、手、腳）相合的條件

下運勁發力，保證動作靈活自如，不致因肩肘被逼被拿而受制於人。

㈣ 扣襠鬆胯，練走低架使下盤堅實穩定。扣襠、鬆胯、雙膝彎曲，則站立穩定而轉動靈活，在接受外力或與對手貼身時易於占取有利形勢，所以任何講求內勁的拳術（如形意、八卦、通背等）都沒有雙腿繃直的姿勢。

㈤ 注意鍛鍊整體勁。勁由足起，勁由脊發，腰腹為動作樞紐，全身用勁合一，化勁與發勁相連接，攻守統一。發勁時一定要做到「周身一家」，練習用丹田帶動發整體勁。

㈥ 苦練與巧練相結合。技擊基本功的鍛鍊，要堅持「苦練不死練，巧練不取巧」。敵我搏鬥，主要靠勇敢，但是光憑勇敢沒有過硬的技術也不行，有了勇敢再加上過硬的技術就如虎添翼。像拳式、單式的基本動作要靈活協調，一定要練得很熟，每一動作運勁發勁要走捷徑，要快、狠、猛、準，精通這麼多複雜的動作，不管遇到什麼敵人都有辦法對付。要練出過硬的技術，不苦練不行。練的時候快、慢、剛、柔、蓄、發、鬆活彈抖都不能忽視。只練慢不練快，進攻速度慢，敵人容易防備；只練柔不練剛，發勁時對人威脅不大；只練快不練慢，對鬆活彈抖勁運行路線體會不深，快是在慢動作逐漸熟練的基礎上，在保證質量情況下的快；剛是在柔的基礎上所練的纏綿彈抖的剛。所以要快慢相間，剛柔相濟，輕沉兼備。快慢、剛柔、輕沉、蓄發，在保質保量的情況下隨意使用，不受任何限制。要練出這些硬功夫，就要靠天長日久地練。苦練要動腦子，不要成了死練，這就是苦練加巧練。練的動作

要做到以上幾個方面，目的非常明確，不能像京劇演員耍的花槍一樣，耍得很活，但在技擊上沒用，力量不夠，中看不中用。所以要苦練不死練，巧練不取巧。

二、搏擊的技巧

㈠、千方百計做到「人背我順」

總起來說，陳式太極拳在技擊方面所求的根本原則就是做到順勁，而使對手背勁。什麼是順勁？什麼是背勁？簡單說來：順勁就是使自己的重心穩定，使自己的動作靈活自如，使自己處於有利形勢；背勁則是平衡遭到破壞，肢體被拿住、被制住，動作不能自如，處於不利形勢。

如何做到處於順勁而不背勁呢？這首先應了解人的肢體形狀和機能，是經過若干萬年的長期發展過程為適應生活環境而形成的，有一定的範圍和極限。例如，人的手足肘膝只能向一定的方向彎曲卻不能反向。再如肌肉的張、弛，神經衝動的傳導速度等，都有一定的絕對限度，這是無法超越的。又如兩臂伸手向前合攏順勁，向背後則背勁，合不過去。又如以手擰對方腕部使之反背，一般都感到順當，不曾發現自己不得勁，但如果肩肘不隨著扭動則發現腕部可能轉動範圍並不大，當轉動到頭時，如果強加外力繼續同向動作，則不僅關節不能轉動，並且有受傷的可能。若各相關部分配合動作，則所走的路線就是各個弧度不同的曲線連接成的近似螺旋的形狀，這就是纏絲勁。

由於人的肢體各個部分在運動時是密切相關的，是統一的，即所謂「牽一髮而動全身」。其關鍵在於腰部的轉動，在於丹田部位（樞紐所在、重心所在）運動的變化。

如果只部分肢體走纏絲勁，其不動部位必然僵滯而使動的部位被限制住。如前例，臂肘隨腕運動但身軀不動也同樣會發現動作的範圍、旋轉的角度、開合伸展彎屈距離都是有限的。所以，一切動作和部位都必須走纏絲勁走曲線。如果全身動作配合得好，就達到了周身相隨、內外結合的地步。這樣就使自己始終保持順勁，身體平衡，處於有利形勢。

㈡、以己之長，擊敵之短

在全面掌握搏鬥技術的基礎上，應根據自己的身材、體力、腦子反應快慢等不同情況，練出一兩手獨到的功夫。例如，個子高的著重練劈斬（採、挒）勁的手法，手法上勢如力劈泰山、沉如千鈞。個子小的特別注意練肩肘腿法，攻擊敵人下盤，動作快速靈活，發勁鬆活彈抖，戰術上多應用閃戰的功夫。拳論：閃戰空費拔山力，意即在此。勁頭大，臂力足的就多練劈、截、斬（採、挒、肘）勁，練到不打則已，一打就打得對手無力還手。

身體靈活的就多練騙打，用多種方法欺騙對方，在運動中擊中敵人。身體不靈活，腦子反應慢的，就多練防禦反攻，求得在敵人打來時防開（封閉）敵人，反擊回去。每個人都練出一兩手過硬的最拿手的技術，搏鬥時就可以充分發揮自己的特點，戰勝敵人。

有了特長還要會運用特長，不然也不能取勝，搏鬥時要善於隱蔽特長，出其不意打擊敵人。有時可以用假動作故意暴露弱點，利用敵人的錯覺進攻。例如：我腿法好，步法靈活，防下能力強，遇上對方個子比我矮，就有意把下部亮出來，這正符合對方口味，只要他向我下部進攻，

就中了我的計，我立刻反攻，殺他個回馬槍，他想躲也來不及了。總之，要真假（虛實）動作配合好，叫對方不知哪一手是真，哪一腿是假，但自己心中要有數。使長處得到很好的發揮。

㈢、抓住弱點，攻其要害

搏鬥中要善於觀察判斷，迅速發現敵人的弱點。抓住敵人的弱點，就會大大助長我打敗他的勇氣，就會想出以己之長擊敵之短的好辦法。相反，抓不住敵人的弱點，勢必會造成自己心情的緊張，會削弱戰勝敵人的信心。發現不了敵人的弱點，就會出現無目的無把握的亂攻亂打，不但打不倒敵人，反而容易在動作中暴露出自己的弱點，帶來很大的麻煩，造成自己的失敗。要想發現和抓住敵人的弱點，和對方一交手就要從敵人的外貌上找其身材、體力、反應等方面的弱點，再用不同的打法去擊敗他。

㈣、力爭主動，力避被動

毛澤東說：「戰爭中消滅敵人是主要的，保存自己是第二位的。只有戰勝敵人，才能有效地保存自己。」散打搏鬥時（包括推手）只防不攻，就體現不出毛澤東這個思想，就達不到戰勝敵人的目的。譬如：在搏鬥時對手個子高、腦子靈活、動作很快，一般人很難對付，如果自己個子比他小，技術不如他，看來自己處於劣勢。如果自己這時再採取防禦的辦法對付他，他的主動權就更大了，他的特長就會得到充分的發揮，而自己必定會失敗。所以，一開始就主動地突然向他進攻，上下、左右、前後連續不斷，動作打法既快又猛，使他防不勝防，不給他喘氣反手的機會，他的特長就發揮不出來；他從主動轉為被動，而

自己就會從被動轉為主動，從而戰勝他。

㈤、聲東擊西、出敵不意

為了在搏鬥時確有把握戰勝敵人，在打法中要注意運用聲東擊西的方法迷惑敵人、調動敵人，造成並利用敵人的錯覺，給予出敵不意的攻擊。這是創造優勢爭取主動的重要方法。聲東是假，擊西是真，聲東是為了擊西。要運用好聲東擊西，就要假中有真，要敵人相信聲東是真的，如果假動作做得不像，就不能造成敵人的錯覺，真的也不行了，假的失敗真的也失敗了。例如：練騙左打右時，就想辦法在騙這一招拳上或掌上，把敵人的注意力吸引到左側來，使他的右側失去防護能力，這時就迅速反手打右，他就防不住了。

為了練好騙打，要想盡辦法練騙打定位，練臉部表情，練手快（路線近、圈小）、準。如果練騙左打右時，雖然拳往左打去了，可是眼睛卻死盯著右邊不放，對方一看就知道你的打法有變化。如果咬牙、眨眼、努嘴、撐眉等，這些小動作就等於給敵人一個信號，你準備好了，我要打了，這當然很難打中，搞不好還會叫敵人鑽了空子，反打一拳。這樣假動作就沒有為真動作服務，所以說臉部表情不自然，很容易暴露自己的意圖。但是，反過來還得學會利用臉部表情迷惑敵人。如上例，練騙左打右，第一次看左是為了打右，當敵人上當以後，第二次可用看右打右，敵人以為右是假，攻左是真，但我這次卻是看右打右，假中有真，出敵不意，攻其不備。

㈥、以少勝多，以多勝少

在對敵搏鬥中，一人對付二人、三人或更多的人，或

我們多人對付一個敵人，或幾個敵人，是常有的事。爲了在這種情況下也有把握取勝，需要常進行一對二、二對一的對打。一個人對付二個人，看來一個人的力量弱，二個人的力量強，但是只要打法對頭，一個人完全可以打敗二個人，或更多的人。例如在搏鬥中，設甲對乙丙二人，可先猛打乙方，在其一方還處於防禦姿態，丙還沒靠近時，甲先把乙方打敗，隨後，甲又迅速打擊丙方，丙方也失敗了。當然，乙丙二人的一方也很容易打敗甲一人一方。

總結許多成功失敗的經驗敎訓，應注意在以少勝多時，要沉著膽大，迅速搶占有利位置，先弱後強，速戰速決（穩、準、狠）。同時，要用一切辦法使對方集中在前後一條線上（使其動作互相影響），不能同時發動進攻，使自己不被包圍。還可利用地形、地物，造成自己的優勢發動進攻。以多勝少時，人人都要積極進攻，不能觀望等待。

當然在進行應敵搏鬥之中，還有許多複雜而多變的情況，這裡不能一一詳述。不過，只要按照上述鍛鍊步驟，勤學苦練，堅持不懈，加上不斷地鑽研和體悟，能善於運用太極拳的拳理拳法，發揮自己的優勢，並能運用「因敵變化示神奇」機動靈活的戰略戰術，經過一定時期的訓練，是可以掌握太極拳的技擊法的。

（此文根據1977年陳照奎先師親筆寫給筆者的函授資料之一整理而成，曾在《武魂》1991年3、4期上發表，以紀念先師逝世十周年。）

推手及功力訓練法

當前，大家正在進行一場推手比賽的大討論。這是件好事，它顯示著我國太極拳事業正在向縱深發展。這裡，我認為首先要弄清推手與推手比賽，不是一回事；今天的推手比賽並不同於當年搨手、打手。搨手、打手允許摔拿擲打，類似今天的散打、散手。而今天的推手本來是在拳架與散手之間的一種以鍛鍊掌上功夫為主的聽勁、化勁、發勁，乃至懂勁的一個鍛鍊過程，或說是一種鍛鍊手段。如果說拳架是太極拳的基礎功夫，那麼推手是檢驗拳架的試金石。當然，它也是一項很好的健身運動。

把這樣一種鍛鍊方法推到賽壇上來，必然面臨許多問題。我認為推手比賽面臨的主要問題有三：一是規則改革；二是提高技巧；三是功力訓練。規則應該適當「開放、靈活」，除了規定不准擊打某些要害部位，不准使用某些擊打方式之外，應該允許使用不致損傷關節的拿法、不用雙手摟抱的摔法和腿部的纏法。「上下相隨人難進」嘛。

其實，只要你的樁功夫和虛實倒換靈敏，周身柔化解脫功夫高超，就不怕摔，不怕拿。關鍵還是運動員技巧和功力素質。關於技巧問題，歷代太極名家和今日參加討論的諸君，對此都有許多灼見和經驗，我不再贅述。只想著重談談個人對功力訓練的一些看法和體會。

　　拳架、推手、單式鍛鍊，無疑都是提高功力的有效方法。而且拳架是太極拳全部功夫的基礎。但是，除了這些之外，練太極拳的人還要不要借助其他器械來強化訓練自己的功力（包括力量、速度、耐力、靈敏以及太極拳的固有的螺旋式的彈性力等等），這一點，大家意見並不一致。有人發表文章說：太極拳除拳架鍛鍊之外，從來不借助其它器械來增長功力。而張卓星先生則認爲練練槓鈴、砂袋之類的器械，或許對增強推手的功力有好處（見《武術健身》92年第二期）。我贊成張卓星先生的意見。

　　歷代太極名家重視功力訓練的大有人在。如武式太極名家李亦畬、郝爲眞，都經常運用80斤重的鐵棍鍛鍊臂力。對內功拳研究有素的章乃器先生談到鍛鍊方法時，也曾提出「砂包等物、也不妨用做補助」（《科學的內功拳》66頁）。我的老師、陳式太極拳一代宗師陳照奎先生，也主張進行強力的功力訓練。

　　陳照奎老師一向是既重視技巧，又重視力量。他的柔化功夫、擒拿功夫、發放功夫，都是很高的。他對於技巧與力量的關係有他獨到的見地。他常說，柔化纏繞、借力打人，乃至四兩撥千斤的功夫，確實是太極拳所特有的技巧；但技巧必須以力量爲依托。他說：「我認爲推手技巧占三分，力量占七分。沒有力量做基礎，技巧也用不上。」也就是說，在體重、技巧相當的條件下，力量則起決定作用。

　　他還講：「太極拳有些實戰技擊法，是不能在人身上實驗的，只靠推手不行，還必須借助器械。」所以，他在認眞詳盡地傳授陳式家傳的太極拳一、二路（炮捶）拳

架、推手、擒拿、單式訓練之外，還向我們傳授了一系列輔助功力訓練方法。諸如抖太極大桿、撐太極尺（棒）、揉太極球、百把氣功樁等等增長功力的方法。他還主張練舉槓鈴、打砂袋。陳老師本人就喜歡舉重。在北京他家中居室的屋門前，就放著一架他自製的木石槓鈴（木槓兩頭穿上兩個石頭輪）。他還敎我們打砂袋的方法（不同於拳擊的打法）。

近年來，經過我和我的學生們的實踐，證明陳照奎老師傳授的輔助功力訓練方法是有效的、是正確的。從1991年度參加全國和地方推手比賽的我的5名學生（其中一人是再傳學生）的成績分析，凡是平時注重輔助功力訓練的，成績都比較好。其中三名獲得冠軍的學生，都是平時堅持艱苦的功力訓練的。比賽中失利的另一名學生，平時推手技巧最好，身體素質也可以，但他不重視進行輔助功力訓練，恰巧他當時遇到的對手，正是一名平時功力訓練有素的運動員，結果敗北了。

由此，使我們堅信，練太極拳的人，特別是一些喜歡研究技擊、勇於參賽的年輕人，加強多種功力訓練，或叫強力訓練，以

圖 1

圖2

增強其「四兩撥千斤」的基礎力量，完全是必要的。但是，這種訓練必須是嚴格遵循太極拳的拳理拳法循序漸進而行，以保持太極拳技擊勁力的獨特風格。

這裡，我順便簡要地介紹一下陳式太極拳的一些輔助功力訓練方法，以供同道研究。關於詳細的練功方法另有錄影資料，可資參考。

㈠ **太極尺（棒）** 用八寸至一尺長、腕臂粗細的硬木棒，採取樁步（最好低樁）姿勢，雙手緊握，順逆纏絞，用以鍛鍊雙手的抓握力、腕力、肘力、臂力，乃至腰襠勁、周身的圓活力。其中分絞截法、採捌法、鼓蕩法等等多種手法，以取多種鍛鍊效果（圖1、2）。

㈡ **太極大桿** 採用一丈二尺多長的大白臘桿子（用

圖3

圖 4

白臘桿而不用鐵棍，以取其彈性）。以挑、蓋、刺、抖、挒、搌等螺旋式的抖練，可以大大增強腰力、臂力、彈抖力，特別是對鍛鍊雙手的抖送發放力，效果非常明顯。（圖3）

㈢ 太極球　採用15至50公斤大小鐵球，或用灌滿鐵砂的籃球、足球。使用者取樁步站立，用一隻手托球，球貼牆壁揉勁，以交替鍛鍊雙手螺旋式的托力、按力、推力及腰力、腕力、臂力，以及下盤的樁功等等。其中以增強手指的抓力和手掌的托舉、揉推力量爲最有效（圖4）。

㈣ 纏絲槓　採用15至50公斤重、1公尺多長的鋼鐵棍（類似小車軸），一手握舉一端，另一端放置另一臂上，逐漸把鐵棍的大部分重量放在臂上，用大小臂順纏、逆纏交替鍛鍊掤勁，臂力增長非常顯著（圖5）。

㈤ 旋大缸（又稱旋太極輪）　取1公尺多高、缸口直徑1公尺左右的大瓦缸（或用鋼管焊接成缸式圓架），下半截裝200公斤左右砂子（或用混凝土鑄成），雙手如同汽車司機握旋方向盤，用順纏法和逆纏法、進旋法和退旋法，往復旋動，以鍛練雙手臂的合力、絞力，乃至以腰

圖5

為主宰的螺旋式的發放力（圖6）。

㈥ **百把氣功椿** 此功法在1988年第9期《武林》雜誌已做過介紹，不再詳叙。此種椿功主要是鍛鍊內勁，練習呼吸與發勁相配合，特別是對鍛鍊意念力，效果最佳（圖7）。

㈦ **舉槓鈴**
（略）

㈧ **打砂袋**
舉槓鈴和打砂袋這兩種鍛鍊方式並非太極拳本身所特有，故不多贅。但是，按陳照奎老師教的打砂袋方法，不同於一般拳擊的打法。他強調用太極勁，在鬆活的基

圖6

礎上，用腰帶動四肢運用
螺旋勁、彈抖勁、對稱
勁、丹田勁擊打。通過擊
打砂袋練習諸種靠法、肘
法、膝法等平時不能在人
體上試驗的擊打方法。

圖 7

　　太極拳功力的增長
，主要靠人體內力的鍛鍊
，但也要靠外力。人體內
部各部分組織之間相互作
用所產生的力叫內力，外
界作用到人體的力量叫外
力。太極拳拳架的鍛鍊無
疑對人體內力（精氣神凝聚成的內勁）起主要作用；而推
手、器具鍛鍊等方法，則是靠外力促進內勁增長的手段
。內力外力相互作用，應該說是一種正確的鍛鍊方法。正
如《醫道還元·卷九》有云：「欲求內果圓成，尤待外功
培植。」所以，我認為這種依靠外力的功力訓練，是有科
學依據的。

　　（原載1992年第 5 期《武術健身》，美國1993年第三期
《陳式太極拳學刊》轉載）

「誰皺合，誰皺贏」

——推手技巧述真

先師陳照奎先生（陳式太極拳一代宗師）1977年在石家莊講推手技巧時曾云：「推手的訣竅，全在一個合字，誰能合，誰能贏。」開始似懂非懂，經過後來多年實踐，才逐漸對這個神秘的合字有所悟。

合者，合陰陽也。合陰陽的涵義有三層：

一是以我之陰合彼之陽（化其實），以我之陽合彼之陰（擊其虛）。

二是合我自身之陰陽，即將我自身各個對稱部位的勁力合而為一（如左手與右手合，上肢與下肢合，丹田與四梢合，乃至一手之拇指與另一手小指合，一隻手的掌根與另一手的五指合等等）。相吸相繫，互相呼應，使陰陽對稱的勁力合於一條打擊線上，或一個打擊點上。

第三層含義則是將我力與彼力粘結一起，合為一體，我力隨彼力而動，我僅僅是在彼力上稍加一點力，使他陰之更陰，陽之更陽，或使他的勁力改變走向（移動其著力點），從而使他失去平衡。所謂「四兩撥千斤」者，乃屬此類上乘功夫。

一搭手，即以我左右手之十六個勁（大小魚際、五指、勞宮穴）輕輕敷於對方身上（主要是肩、臂、肘、胸等部位），我在意念上將對方視若一個球體，上下左中

右，三百六十度，皆團團包納於我雙手心內。聽其勁，觀其形，跟其蹤，我力與彼力融為一體，又不是一體，因為我的力在控制他的力，他的力在我的包圍圈內，一方面我隨其動而動，另一方面我在主觀上在他的勁路中注入了我的意念和我的勁力，悄悄地按照我的意圖迫使對方犯錯誤，一是讓他落空，二是讓他過頭，三是使他迷失方向，從而使他陰陽決離，處於背勢、劣勢、敗勢。

發人手法多種多樣，此謂「兵不厭詐」也。軍事上的三十六計，計計可行。或順水推舟（順勢借力），或聲東擊西（造勢借力），或上屋抽梯，（斷勁落空），或欲擒先縱（化而後拿，化而後發，容而後發），或混水摸魚（亂環之術）等等，皆為隨彼勁力之變化而變換我的手法。「因敵變化示神奇」者也。

只要聽準來力勁路，把握機勢，就可快速而穩準地借其力，打其空，打其回，打其背，打其散，打其僵，打其驚。使對方跟蹌跌出時尚不知其所以然。

但是，不論運用何種手法，不論掤、攦、擠、按、採、挒、肘、靠，不論以什麼部位發勁，皆走螺旋纏繞柔韌之勁（這是陳式太極拳的精華，也是王宗岳《太極拳論》美中不足未能論及者）。切忌以直力、拙力取勝。而是千方百計在非順即逆的螺旋之中，移動對方的著力點，破壞對方的重心線。我雙手如同可以順逆變換的鑽頭，隨對方勁力之動向螺旋進退。左順右逆，右順左逆，雙順雙逆，逆來順應，逆按順搓，逆塌順碾，順托逆採，順引逆發，順逆抖送，順逆連環，順逆交替，順逆合一等等手法，皆可隨機勢而千變萬化。

　　總之，要以鬆活的腰胯爲樞紐，以蹬地之足爲力源，將周身之施力點、支撐點、著力點等諸力匯合於一個對稱又統一的節節貫串、通暢無阻的螺旋力律之中，形成從腳到手的一個螺旋式的整體力。此力運到雙手時，雙手之力合在對方身上，形成一條螺旋對角線，或下塌外碾，或合力外搓，雙手合力像鑽頭，像旋轉的卡盤，像一股旋風，像一個漩渦，不過它又不同於機械力，而是忽順忽逆，忽快忽慢，忽進忽退。

　　以此種神奇的螺旋力，專注一方，奮力發之，無往不利。若將纏腿之法，上下搭配，陰陽交錯（如所謂「小鬼推磨」之類的技法），其效更神。惟自身功力必須純厚，方能成功。

　　　　　　　　　（1992年11月18日完稿於廣州，刊載於
　　　　　　　　　1993年第三期《武術健身》）

圓形推手及其技擊法

　　1974、1975年兩個冬天，陳照奎老師都在鄭州我師弟張志俊家內部傳拳。教拳之餘就教推手。回憶起來，他當時傳授的陳式推手鍛鍊方法非常豐富。大體上有十種之多，如單推手（其中又分三種）、挽花、合步、順步、大攦、進一退一、進三退三、圓形推手、爛踩花、散推等等。其中圓形推手又最令人感興趣。後來，根據北京劉晚蒼先生介紹，知道吳式太極拳也有圓形推手。但將兩者比較起來，其步法、手法、技法都不相同。陳式所傳圓形推手的實戰價值尤為突出。今特將陳照奎先生所傳授的圓形推手及其技擊法，以圖文加以介紹，以饗推手愛好者。

　　這種圓形推手的主要特徵是：步法類似八卦掌的步法，一擺一扣、一順一逆走圓圈。手法仍是太極拳的八門勁法。但不論手法、步法，都走纏絲勁，都走弧線。所有動作，非圓

圖 1

即弧，非順即逆，上下纏繞，環環相扣，沾連粘隨，圓活
有趣，而且隨時可以發放，技擊性很強，富有實戰價值。
具體練法及技擊法（部分）介紹如下：

一、預備式。甲乙搭手。與四正推手（合步）之搭手
方式和步型相同。（如圖1）

二、甲攦乙擠。甲乙均提右腿上右腳，走外擺步（即
順纏步）右腳落在對方右腳外側的圓弧線上。運動過程中
要注意提膝，再出步。順纏步腳掌外緣先著地，逆纏步腳
跟裡側先著地。手法是甲攦乙擠。攦法特別強調下塌外碾
之手法，並注意管對方之肘部。（圖2、3）

三、甲按乙掤。甲轉腰上左步，變按；乙轉腰上左
步，變掤。然後，再變爲預備式之搭手雙掤式。（圖4、
5、1）

四、乙攦甲擠，乙
按甲掤，爲第二個循
環。乙上右步變攦甲之
左臂，甲再變擠，乙再
變按，甲再掤。然後甲
再變攦，周而復始。步
法、手法與二、三皆
同，只是雙方左右變化
相反相同。亦即動步打
輪之法，從第一輪進入
第二輪。與一般動步推
手之不同僅是步法不走
前進後退直線運動，而

圖2

圖 3

圖 4   圖 5

是走圓圈。（圖6、7、8、9）

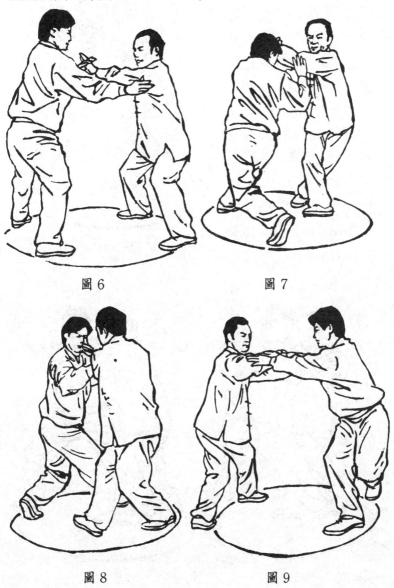

圖6　　　　　　　　　　圖7

圖8　　　　　　　　　　圖9

五、技擊法之一：上按下絆。甲握，乙靠，甲則變按。右腿下絆擊乙之右腿，使乙後跌失勢。注意按時雙方向左前方施按勁，右腿順纏外擺向右前方施絆，皆走弧線。類似一路拳之雙擺蓮動作。俗稱「小鬼推磨法」。（圖10、11、12、13）

圖10

圖11　　　　　　圖12

圖13　　　　　　　　圖14

六、技擊法之二：上掤提膝。甲掤，乙擠，甲腿未跨步之前，突然提膝擊乙之襠部，也是一種上引下擊之法。練習時要注意點到為止。（圖14、15）

七、技擊法之三：先掤後靠。甲掤乙，當乙方失重時，甲可用肩靠、或胸靠，或變按，均可順勢發放。（圖16、17、18、19）

圖15

圖16   圖17

圖18   圖19

八、技擊法之四：
上搌胯打。甲上搌乙右
臂，同時甲右腿、右胯
貼近乙右側，運用上搌
下走胯擊之法。注意必
須在貼近對方時方可運
用此法。（圖20）

九、技擊法之五：
前搌後按。甲搌乙之右
臂，當乙被搌前傾之
時，甲快速走弧線步轉
到乙身後，雙手按其後

圖20

圖21

圖22

圖23   圖24

腰，乙必然失勢。（圖21~24）

此外，技擊法還有多種腿法，暫略。

以上練法、擊法，甲乙左右均可倒換練習。倒換步法，也同八卦掌換步法。一般在一方按一方挪時換步。手法如同打輪時之倒換手法。練習時強調鬆胯塌腰，多練低勢運行，效果更佳。

（1992年12月31日）

百　把　氣　功　椿

　　百把氣功椿，原為攦手、擒拿術之內功功法。先師陳照奎1977年在石家莊我家居住期間，曾將此功法作為太極拳之基本功傳授予我。十年實踐證明，此功法對於健身、養生和推手、擒拿、格鬥等技擊術的訓練，都有極高的價值。這種椿功可以使太極拳的內功和外功、養生和技擊融為一體，使精、氣、神得到全面鍛鍊。尤其是它在鍛鍊丹田內轉、胸腰運化、發勁鬆活彈抖方面的訓練效果，更是異常顯著的。因此，可以說它既是拳術的基本功法之一，又是氣功練精化氣的築基椿功之一種。

　　《武林》雜誌1987年第7期發表拙作《陳氏秘傳太極拳內功——丹田內轉功法》一文之後，先後收到國內許多讀者的來信，要求介紹文內曾提及的「百把氣功椿」。現在，僅將陳照奎先師當年傳授此功法時的記錄加以整理，配圖加以介紹，以饗廣大同道。

　　百把氣功椿，著眼於腰勁（丹田功）、腿勁、臂勁、肘勁、腕勁、乃至指勁的全面鍛鍊，久習此功，氣沉丹田，九節增力，周身鬆活，勁發彈抖。而且可以使四肢三節節能發，發無不應。結合真氣運行法，再進一步鍛鍊，可以練到意注全身，氣貫全身，力透全身，在技擊中可以做到對方挨我何處何處擊。即拳論所云：「周身柔軟似無骨，忽然放出都是手。」至此，拳技自然趨於上乘矣。

　　百把氣功椿，分爲動功、靜功兩部。現在先介紹其動功。練功時間及次數，最好在早晚日起日落打拳之前鍛鍊兩次。第一段，每次運動36把爲止，初練不可過多，多則傷氣。練周月之後，如無不自然、不舒服之感，即可進入第二段，可每天多抓一把。70日後即可連抓百把，做到氣不足，神不散，是謂小成。再繼續練功，氣通周天，使內外純功達到剛柔相濟，是謂大成。

　　具體練法，分節介紹如下：

　　第一式：同陳式太極拳之起勢。開步較肩略寬，兩腳平行，成不丁不八之步。襠部虛圓，兩大腿根內側有向後翻外撐之感，兩膝裡合，鬆胯塌腰，兩臂自然下垂，雙肩、肘微微前捲，周身上下左右前後既要合住，又有向外膨脹之感，感到自己身心如同與宇宙大氣融爲一體一般。全身節節放鬆，又有上下對拉拔長之感，百會空處向上虛領頂勁，氣沉丹田，兩腳向下五趾抓地，湧泉穴要虛，目平視前方，神態自然，精神內斂。（圖1）

　　然後，凝神靜氣片刻，呼氣時，意領眞氣從額前下沉，先沉至心窩部，再至丹田，待丹田部位有熱感之後，再啓動。啓動行功時，兩腿略屈，徐徐下蹲。重心先偏左，再移偏右，胸先略向右，再略向左。同時兩手腕背上提，沉肩墜肘，圓襠，鬆胯，雙

圖1

手徐徐上提，兩腿緩緩屈膝，同時進行。姿勢逐步放低。雙手自右而左，走外上弧，左順纏右逆纏提至胸前，再走裡下弧，變左逆右順，略走上弧向左前略上掤出。左手位在左眼左前方，掌斜立，掌心向前，指尖向右上；右手位於胸前中線，掌心向左上，指尖向前。雙手氣貫中指肚。目視左前，耳聽身後。（圖2、3）

行功要領：全身各部位的運勁，都要以腰爲總樞紐。「刻刻

圖2

留心在腰間」，做到「腰不動、手不發」、「內不動，外不發」。第一式行功過程中，丹田內轉一圈，提腕時吸氣，丹田向後翻騰；雙手掤出時呼氣，丹田氣向前下翻沉，走一斜向二分之一圈。在丹田滾動中，氣經脊背，再將眞氣運至四梢。同時做到大小動作都要走纏絲勁，做到非圓即弧，處處螺旋。雙手上提時，邊提

圖3

（手）邊塌（腰），同時完成。初練時可以不發勁，慢慢運行，意氣力三者緊緊結合，注意將內氣徐徐運至四梢。練過一周月之後，再練發勁為宜。但發勁必須是在全身放鬆的前提下，發鬆活彈抖的螺旋勁。切忌用拙力和直勁。

第二式：承上式，胸略向右再向左轉，重心先偏左再偏右。左掌向左前方逆纏推出，發勁之後，變順纏，坐腕，施指勁，小指領勁裡扣，拇指合勁也向裡扣，其他三指相併也向裡扣，純用指勁，形成抓拿狀，吸氣，再呼氣，九節放鬆，節節貫串，意氣力都貫至指節，且抓且握，最後形成拳虛握，走下弧，徐徐收回左腹前。同時，右掌坐腕變逆纏，走上弧，穿過左小臂上方，向前推出，呼氣，掌斜立，指尖略向左上，掌心向前。以掌根發勁為主。臂伸展七、八分，切不可伸直。（圖4、5）

圖4　　　　　　　　　圖5

　　行功要領：收左掌出右掌時，要做到氣沉丹田與丹田內轉相結合，注意胸腰折疊。即在胸略向右再向左運化一吸一呼之間，腰胯部位是一次「∞」型的立體螺旋滾動，眞氣一升一沉，周身一合一開，重心一虛一實（偏左再偏右），一氣呵成，勁要對稱。先注意左手之抓拿運動，（久練扣拿時節節發響）再注意右掌之出擊運動。雙手開合動作都以腰爲樞紐。抓、放都不可施拙力和直勁。

　　第三式：承上式，左手扣拿收至左腹、右掌向前推出之後，胸略向右轉再略向左轉，含胸塌腰，再開胸，氣沉丹田，五趾抓地，重心由右變偏左。同時，右手先塌腕，旋掌，逆變順纏。旋指變抓拿狀，邊收，邊變虛握之拳，最後收至右腹前。同時，左拳坐腕徐徐變掌，變逆纏穿過右小臂，走上弧，向前推出。（圖6、7）

圖6　　　　　　　　　　圖7

圖 8

行功要領：與第二式姿勢相反，要領相同。

第四式：同第二式，依次類推。最後收勢。（圖 8）一式爲一把。即一扣拿一推擊爲一把。

行功時，每走一把要做到一次胸腰折疊（類似陳式太極拳一路之「三換掌」，二路中的「連珠炮」），做到勁斷意不斷，意斷神不散。式式注意氣沉丹田與丹田內轉相結合，丹田爲運動核心，丹田勁帶動全身，丹田潛轉帶動胸腰運化，鬆活彈抖，節節貫串，如龍似蛇，周身一家，氣勢磅礴。出掌如箭之離弦，回拿如鷹之攫物。每日早晚各行功一次，初練不超過三十六把，漸漸增加，至一次一百把爲度。速度逐漸加快，連環抓拿，連環擊掌，最後做到抓拿推擊如飛，而且神聚不散，汗流不喘，即樁功基礎已定。

（此文原載1988年第九期《武林》雜誌）

單 式 訓 練 方 法

單式訓練，又叫「拆拳」。即把拳架套路中若干具有
實戰價值的動作，從拳架中拆出來，一招一式地單獨進行
強力訓練。實質上，它是一種散打訓練方法。

陳照奎老師所傳的陳式家傳傳統太極拳，特別重視單
式訓練，但又很少外傳，他從未在公開場合傳授過。只做
為對拳架基礎較好的學生內部口傳身授的課程。又叫「單
式訓練108式」。

這種訓練方法，練起來特別艱苦。一個動作（招、
著）往往要你反覆練習幾十次，甚至上百次。練起來，又
單調又艱苦，往往是滿身大汗，苦不堪言。但它的實用價
值卻非常高。所以陳老師常講：「要想出功夫，必須是拳
架、推手、單式訓練三結合。」

具體訓練方法，是把一個個獨立性的動作，從拳架中
抽出來，連接起來反覆發勁練習。有的單式是原地練習發
勁（如金剛搗碓動作五：上中下三盤同時並取）。更多的
是採取活步練習。有的是進步接連反覆發動（如上步攦，
即下盤蹬進，上盤大攦，一步步躍步前進練習發勁）。有
的是退步接連練習（如退步攦、倒捲肱、退步採肘等等練
習方法）。有的是轉體練習等等。豐富多采，變化多樣。

雖然，拆拳練單式大多是練習發勁，但是陳老師一再
強調：練單式不能脫離陳式太極拳的鍛鍊原則、運勁原

則。他要求所有發勁動作都要堅持鬆柔，發勁一定要鬆活彈抖，反對發僵硬勁；一定要以腰為樞紐發整體勁，反對「單擺浮擱」；一定要走纏絲勁，反對直來直去；一定要注意加強意念力，一定要注意陰陽相濟，把握動態平衡。並且心理明白哪一段動作是引化；哪一段動作是進發；哪一段是蓄，哪一段是發；哪個動作是引化和發放相結合，等等一系列太極勁的化打合一和蓄發互變的原則。

　　雖然名曰「108式」，但不必拘泥於此。在鑽透此拳的拳理拳法之後，你完全可以靈活多變地充分發揮。單式數量可多可少，甚至可以著重練習幾種自己最擅長、最熟練的應敵之招術。關鍵是不離太極勁的原則。

　　現在，我僅將當時進行單式訓練時的部分單式名稱的記錄介紹如下，供同道參考。希望它能起到拋磚引玉，舉一反三的作用。

傳統陳式太極拳單式訓練（108式）·（部分）

第一部分：活步訓練

1. 上步攞
2. 退步攞
3. 進步左擠靠
4. 轉身右擠靠
5. 上步左挑右採
6. 轉身右挑左採
7. 左轉翻身劈
8. 右轉翻身劈
9. 上步右臂掤
10. 撤步裡合肘
11. 轉身上步左撇身捶
12. 轉身上步右撇身捶
13. 上步腰攔肘
14. 轉身上步順攔肘
15. 轉身上步穿心肘
16. 翻身煞腰壓肘拳
17. 上引下進（上下）
18. 轉身右引左擊（左右）
19. 上步掩手捶
20. 轉身奪二肱
21. 躍步絞擊法
22. 退步絞擊法
23. 上步合托採按
24. 退步合托採按
25. 躍步護心拳（加膝）
26. 退步護心拳
27. 上步青龍出水（肘拳）
28. 退步青龍出水（撩掌）
29. 上步穿掌
30. 退步捲肱
31. 上步左蹬腳
32. 轉身右蹬腳
33. 小鬼推磨（左裡絆左摔法）
34. 小鬼推磨（右裡絆右摔法）
35. 小鬼推磨（左腳外絆右摔法）
36. 小鬼推磨（右腳外絆左摔法）
37. 左貼地大攞
38. 上步雙推掌
39. 右貼地大攞
40. 上步雙推掌

因敵變化示神奇

——陳式太極拳技擊法的主要特徵

拳法，乃兵法。

太極拳的本質是武術，是技擊法。所以有人說太極拳既是養生術，又是殺人術。只不過有其獨特的應敵之技法而已。太極拳技法的主要特徵之一，是自古以來兵家常說的「因敵變化示神奇」者也。

孫子曰：「兵無常勢，水無常形，能因敵變化而取勝者謂之神。」太極拳，就是追求這個「神勁」。

《投筆膚談》的作者明·何守法云：「虛實之機，其變生於敵，淵微之妙，鬼神莫知，然後能狃敵而成功。」狃者，因襲、依襲也。故太極拳創始人陳王廷曰：「縱放屈伸人莫知，諸靠纏繞我皆依。」這個「依」字就用得非常妙，它也體現了「因敵變化而取勝」之意。上述，均說明了太極拳所遵循的應敵之法的特徵。

其實，傳統的陳式太極拳，不論拳架、推手、散手，都體現了它固有的武術本質。拳架，式式招招都充滿了技擊含義，它是太極拳全部功夫的基礎，它是太極拳功夫的入手點，又是太極拳綜合功能的落腳點。它主要鍛鍊知己功夫；而推手，則是一種鍛鍊知彼功夫的方法，它是鍛鍊聽勁、懂勁、化勁的基本功，也是檢驗拳架各種勁力的試金石；散手（徒手搏擊），則是太極拳功夫的最高表現形

式。散手功夫的提高又必須建立在拳架和推手鍛鍊的基礎之上。要提高散手技能，就必須苦練拳架、練習單式（拆拳）、練習推手、以及內功和力量、速度等方面的訓練。拳架、推手、散手是三位一體的太極系列功夫。

當然，太極拳用於散打，有它自己的技擊特徵。太極拳創編者的戰略思想是「人不犯我，我不犯人」。強調練太極拳的人總是處於應擊者的地位，從來不主張主動去進犯他人。即所謂「我守我疆，不卑不亢」，「彼不動，己不動」。一旦有人與我為敵，向我進犯，無奈我只好依其變，順其勢，借其力，化其力，以陰陽互濟的、螺旋式的、鬆活彈抖的、化打合一的太極拳功夫對付對方的挑戰，爭取以其人之力還治其人之身。即「因敵變化示神奇」之妙技。

因此，練太極拳的人，除了健身目的之外，如果要想全面繼承太極拳的固有功能，還必須下功夫鑽研和鍛鍊太極推手和散打等防身應敵之技擊本領，我們既要練拳架，又要練推手，既要練推手，又要練散打，從而練出一種完整的應敵的高級本領。但不一定把它推向擂台賽。

關於推手的技巧，我在《誰能合，誰能贏》一文中已作過一些介紹，現在，再較系統地將陳照奎老師當年敎推手講技擊的一些手法和個人體悟，加以整理，做如下介紹，以供同道參考。

(一) 彼此接觸點上，都有我的「耳朵」

既是因敵變化而變化，那麼首先要了解敵人的意圖，一句話要了解敵情，正如孫子兵法講的「知己知彼，百戰不殆」。太極拳則特別強調這一點。和對方一接觸，就要

做到「知彼」。所以學習太極拳推手，首要任務是練習「聽勁」。我一隻手上有九個力點（五指、大小魚際、掌心、掌背），雙手十八個力點；對方雙手一旦接觸到我身上，也有十八個接觸點，這些接觸點，加上我的眼睛觀察、加上下肢的接觸，這所有的接觸點上（當然同一個時間不一定點點都接觸），都有我的「耳朵」，都有我的「偵察兵」。鍛鍊推手時，在全身放鬆的前提下，時時刻刻想到這些接觸點，以高度的敏感性，充分發揮這些「偵察兵」的作用，仔細聽真看清對方力量的動向和變化，以便迅速運用相應的戰術以應敵。陳老師常講：「十個手指頭都得幹活，像彈鋼琴一樣，非常靈敏地幹活」。所以說，「聽勁」是太極功夫的第一項基本功。

（二）搭手即掤，八法相生

掤勁，是太極拳各種勁的共性特徵。太極拳用於交手時，它不主張硬衝、硬拼、硬抗、硬頂，也不許丟，不許逃跑，而是先用一種彈性的、能伸又能屈的、柔韌性的、螺旋式的外撐勁，即掤勁，來接應對方的來力。所以，人們把掤勁做為太極功夫的接手法。這種掤勁，不只是表現在手上，而周身處處都有這種掤勁。即陳鑫公說的「無處不彈簧」。周身如同充足了氣的球體和輪胎，處處皆有彈性外掤勁。拳論中的「筋骨要鬆，皮毛要攻」也是這個意思。因此，捋、擠、按、採、挒、肘、靠七種勁，都是掤勁的延伸，或是使用的角度不同，或使用的部位不同而已。這八種勁，相生相剋，都是因敵變化而變化無窮。

例如雙人推手時，對方進攻來力偏高，我即上掤之。如果從接觸點上感到對方力弱，我即將來力向外掤之或隨

勢拿之（如金剛搗碓動作一）；如果來力較猛，而偏右，我即順勢向右攦之；偏左即向左攦之。如來力偏下，我即用下採法；如當我攦或採時，敵人變肘、變擠，我則按之；敵近身，我則走大攦；我攦敵，敵靠我，我則轉腰走按勁。同樣，敵人若採或攦我時，我也可以走肘、走靠諸法。八種方法相生相剋，反覆鍛鍊，以丹田內轉的離心力帶動全身，練得自己感到腳下有根，丹田氣壯，內氣鼓蕩，周身皮毛向外膨脹，感到處處可以引化，處處可以爆發出鬆活彈抖之太極勁。才算初步「勁上身」了。所以掤勁是太極功的基本特徵。

（三）從鍛鍊能容、能吞、能引、能化入手

一般人練推手時，往往是想把對方拒之門外，尤其力氣比較大的人，更是恃力而不願讓對方來力近己圈內，或急於將對方發出。這樣就很難練出太極拳之引化本領。

首先，我們要在精神上樹立敢於讓對方進來的大無畏精神，敢於近身，氣魄要大，胸襟要寬，容量要闊。陳老師經常說：「來多少要多少，要多少給多少；來之歡迎，去之歡送。」「能吞、能吐，肚量大，胸懷要寬」。意思就是能把對方的來力放進來，當對方前傾了，失重了，要往回「撤兵」了，我則順勢發他（其中之要，在於機勢）。即陳老師講的：「來，則順勢攦；去，則順勢發。」都是一個「順」字。做起來，確很難。要做到身前容量大，平時就必須下功夫練引化。這就要求你能含胸塌腰，能鬆胯、屈膝後坐（而不是前跪）勢子能高能低，把胸前的容量盡力加大，不論對方是按、是擠、是掤、是肘、是靠，我都敢放進來。對方兩臂無非是那麼長，不要

怕，即使吃幾次虧，輸幾次，也無所謂。練習能吞能容之後，再練能吐、能放、能發就容易了。他來多少，我要多少，一點也不多要；他要多少，即給他多少，一點也不多給。盡量多練習大攦、大開大合，把身肢放大、放展，練習順勢而引，順勢而發的功能。

(四) 誰先合，誰能贏

跟陳老師學推手札記之一《誰能合，誰能贏》一文中已闡述了合的重要性，此文再作如下補充。陳老師講合，實際上是講拿。「拿」者「合手」也。不一定是靠一隻手去拿住對方，而是從總體上控制對方、包住對方、籠住對方。或用一手、或用雙手、或用雙臂、或用雙肘、或用一手一肘、或用肘彎裡側夾住對方、或上下配合別住對方……總之，凡是使對方處於背勢者，都屬於拿，都屬於合。他還強調一個「先」字，誰能先合，誰能贏。即要主動，首先要從精神上控制他、包圍他、藐視他，使他處於我的包圍圈之內。合住他的目的，是使我雙手、或手肘、或手加腿，把力量合到對方的重心線上（即搶奪「大本營」），或是合在他力量的走向上（力點動向），然後，隨他的動向而合力發之，以破壞他的平衡。他一旦失去平衡再如何收拾他就好辦了。所以，既要順著他，又要控制他。正如《孫子兵法》中所云：「致人而不致於人。」就是說應敵時，千方百計讓他落入我的包圍圈之內，用引誘之法也好，用聲東擊西之法也好，或在同他旋磨打轉過程中也好，趁他尚未知所措之時，盡快控制他，使他不得勁，然後再順勢借他之力將他消化之。陳老師推手時，主張盡量控制對方肩部和大臂（肘關節以上），這樣便於將

合力加到對方的重心線（又稱軸心線）上，便於破壞其平衡。郝月如先生也講過，推手一搭手即要「以手指敵人中心，手不能用，肩肘指之，肩肘不能用，意指之。」總之，意氣力，都要想法合到對方重心線上。當然，如果無預定的死規則，允許用腿，上下合力則更易奏效。如所謂「小鬼推磨」之法。

當然，敵人往往也是千方百計合住你，你就要靠自己的「聽勁」本事，當他欲合未合住之時，迅速用螺旋式的掤勁破之，決不能讓他合住我。為此，平時練拳必須注意聚精會神的合力之法（見《聚精會神氣力淵源論》一文），做到能開又能合

⑸ 化打合一，引進合一，點線合一

太極拳往往講求引化為先，先引化而後發放。其實這是初級功夫。高級功夫應該是化打合一，引進合一，化就是打，打就是化，使引化與進擊同步化，統一行動，方為妙術。第一種功法（或第一種手法）是先引後發。即待對方來勁被我引化落空之後，我再將內勁外力合而為一（意氣力三結合）合力發之，即所謂「引勁落空合即出」者也。例如運行一個圈中，有時半個圈引化，半個圈發勁（如六封四閉動一到動三）。第二種手法，是邊引邊進、或上引下進、左引右進等等。如懶扎衣動作三，既是右（手）引左（手）進（擊），又是上（右手）引下（右腿）進（擊、蹬、套、插）。第三種是化打合一、引進合一。即一個引化動作之中也有進，也有打。打中有化，化中有打，故曰「化打合一」。

例如，金剛搗碓之擺法，其中單式進步擺、退步擺，

都是擴化之中有發放之勁。體現了在我主觀控制下敵我力量合二爲一，致他於敗勢（背勢）。又如抱頭推山動作一，左肘引化對方右手的按勁，同時，借對方之按勁，發我左拳擊敵胸部（頭部）之勁。肘引手發，手引手發，點線變化，化打皆在一隻臂上，這不正是極妙的上層功法嗎？有時在一隻手臂的一個螺旋勁（順逆變化）之中可以發出幾個勁。如披身捶（庇身捶）中之背折靠前的右臂上掤、裡合肘、裡勾拳三個勁的迅速變化，又如白猿獻果一式的反拿、上掤、下引、擊襠、切肘、衝拳等六個勁的變化，都是螺旋式的非常巧妙的點線結合用法。抽出這些單式進行鍛鍊則是提高推手技巧和技擊功力的上乘方法。

㈥ 依靠丹田內轉的離心力，發揮人體立體螺旋之威力

人們常常把太極勁比做漩渦、旋風、鑽頭、龍捲風，所謂發勁，即依靠這種人體立體螺旋力量，把敵人掤出去。這是對的。練太極拳就是要練成周身處處都是球，使來人感到觸處成圓，處處球切線，處處被滑掉，被掤出。同時，我的四肢，乃至我的軀體又像蛇一樣，將來力纏住，處處可以發勁。平時練拳時，即應注意以丹田（包括腰椎）爲樞紐，依靠它的離心旋轉力，帶動周身，帶動四肢，所有運行非圓即弧，所有部位都似球、似蛇、似鑽頭、似導彈。大至周身，小至掌、拳、掌根、手指、手腕，以及大腿、小腿，都走螺旋勁，處處都是順逆滾動的、點線變換的螺旋體，從而在滾動中化掉來力，在纏繞中吃掉來力。使對方感到加到我身上的勁不是被吃掉，就是被甩出去。不論什麼直破橫、橫破直、橫來豎去，在一

個螺旋之中皆可消化之。為此，就要求平時練拳盡量走立體螺旋勁，所有動作，都要在周身協調一體的立體螺旋中完成。順逆纏繞的變化，實質上是螺旋折疊、點線結合勁。所以，馮志強老師說；「推手的訣竅，即在一順一逆之中。」順逆一變，彷彿發出的弧旋球一樣，使對方莫知所措。為此，平時練拳時，即注意大大小小的纏繞勁，一點也不要馬虎，絲絲入扣，纏到筋骨之內。平時練習推手，不論進退、化發，都要鍛鍊走螺旋勁，避免直來直去，並且善於從順逆變化之中。靠沾粘連隨討消息，如李亦畬說：「左重則左虛，而右已去；右重則右杳，而左已去。」腰如門軸，雙手如「轉子門」，充分發揮腰部的離心力，使對方感到處處背勢，非輸不可。但「兵貴神速」，只靠平時打拳時的慢動作是不行的。所以，要練單式發勁，練快速螺旋勁，快到「迅雷不及掩耳」。當然，為了腰活，還必須鍛鍊鬆胯。

（七）下塌外碾，力摧其根

「下塌外碾」是陳老師常說的一句要領，也是他常用的一種手法。在陳老師之前的拳論中還未見到這句話。這句要領，既形象，又實用。他常用的三個字是「合、塌、碾」。即搭手之後，先合好勁，然後塌掌根，力求塌至對方腳根（依靠意念力），同時，要沉肩、墜肘、塌腰、鬆胯、五趾抓地，借地之力，用於我掌根的下塌外碾勁，把對方之力碾出去。其實人們一想到那碾米的碌碡，壓馬路的壓路機，就可以形象地了解到掌根的既沉又向前滾動的一種力量。太極拳，就是靠這種下塌的力量，破壞對方的根基。所謂「貼身近戰，力摧其根」者，就是這個意思。

因為太極拳的戰略戰術，不在乎一手一足的重創，而著眼於破壞其整體的平衡。因此，在推手中，一方面努力鍛鍊自己下盤的穩固，力求接地之力，借地之力，鞏固自己的根節；另一方面，與敵人一搭手，即著眼於他的腳，不論是從上盤、中盤、下盤入手，都要走下塌外碾之勁，力達其根，力摧其根。這是應敵時破壞其平衡的著眼點、著手點，也是落腳點。

(八) 從反面入手，造勢借力

太極拳以順勢借力為其主要技法。但在敵人來力不明時，可以採取「造勢借力」之術。即給對方以假象，而從反面取之。「道者，反之動」（老子）《孫子兵法》謂之「聲東擊西」。我們叫欲左先右，欲右先左（如第二金剛搗碓動作一、二）；欲上先下，欲下先上（如雙震腳、金雞獨立）；欲前先後，欲後先前（如左衝、右衝、退步跨虎）；欲開先合，欲合先開（如初收、披身捶）；欲縱先橫，欲橫先縱（如閃通背動作三、四）；欲順先逆，欲逆先順等等。都是所謂「將欲取之，必先欲之，是意也」。

從反面入手，造勢借力之中，還有一種驚詐之術。「兵不厭詐」，即在交手之中，以神攝人。如驚上取下，驚下取上，驚左取右諸法。有時則採取一斷一送之法。交手中，突然我勁一斷，使對方一怔，或突然失控，當他神怔勁空之時，我迅速接勁擊其虛點。

各種武術中都有這種技法，太極拳也不例外。所不同者太極拳強調走螺旋勁。如陳鑫公所云「虛籠詐誘，只為一轉。」雖然平時練講究「連綿不斷」、「無斷續」等，但在實戰中必須適機應變，沾粘連隨是基本手段，但還要

能粘、能斷，勁斷意不斷，勁斷神不斷，斷是爲新的粘，
一斷一接，斷和接都是爲了制敵取勝。太極拳的上乘功
夫，就在於運用自如。

總之，給敵人以假象而從反面取之，也是一種重要手
法。所謂打空、打直、打回、打怔，都是我先造一個勢，
迷惑他，使他不知所措而失勢、或他勁落空、或回撤、或
發直、發愣時，我即以神速之螺旋進擊，使對方失勢。正
是體現「因敵變化」而示我之「神奇」也。

⑼ 三節相應，節節打人

太極拳所以能以柔取勝，以柔克剛，其關鍵在於全身
筋骨節節放鬆，勁力節節貫串。因敵變化節節交替運用，
節節可化，節節可打，全身所有關節都非常鬆柔、靈活而
有力。小至手指各個關節，大至上中下三盤，以及手、
腕、肘、肩、胸、背、胯、腿、膝、腳，各個部位都可以
打人。所謂「挨到何處何處擊」者也。主要之處在於應敵
時能不能隨機應變，三節互用，三節、及至九節，能靈活
交替運用。即《孫子兵法》中所云：「善用兵者，譬如率
然。率然者，常山之蛇也，擊其首，則尾至；擊其尾則首
至；擊其中，則首尾俱至。」這就必須在平時練拳時，注
意鍛鍊各個部位的勁力變化，節節靈活可以隨機而用，全
身如龍似蛇，變化自如。

打拳時，推手時，要時時意識到雙手、雙臂、雙腿、
雙足，以及手足之間的合勁，相吸相繫，上三節、下三節
交替變化、順逆變化地節節貫串勁。例如：中盤式動作
一，我左手被按，收回來（引進來）同時右手擊出；又如
單鞭動作二，右手被拿，屈肘以採肘解脫，並可以肘反

擊；抱頭推山動作一，左肘被按，肘收回，而以左手（拳）出擊，左手被掤，右拳再出擊。如掩手肱捶動作五，雙手被封住，走肩靠。再如二路拳中的退步護心拳（獸頭勢）雙拳、雙肘，交替邊引化邊出擊，下邊腳可以勾絆、可以進擊，左右配合、上下配合、節節配合，交替引化與進擊。充分體現太極拳之整體勁及其在陰陽變化中之妙用。

(十) 充分調動和發揮意念力

太極拳，是強調用意的武術。用意，是太極拳內功的上乘功夫。具體論述可參考拙作《論用意》一文，此處略。講「用意不用力」不對，「用力不用意」也不對。還是意氣力（精氣神）三結合為宜。

總之，上述種種戰術技巧，必須基於平時刻苦操練和用心體悟。除了堅持練拳架之外，還要練單式，兩人對練，以及功力訓練，內功訓練，不斷增強體能、智能、氣能，以及膽量和勇氣，提高觸覺的靈敏度以及隨機應變之機警能量，及大將應敵之風度神威，從而真正達到「因敵變化示神奇」的階及神明境界。

以上所述的仍側重於推手中的一些技術問題，對於無規則無量級的散打（徒手自由搏擊）中如何充分發揮太極拳的優勢的問題，擬將在另文中論述。

（1995年6月29日於舊金山）

（刊載1997年1月《武林》）

拳法之妙，在於運勁

　　1995年旅居美國舊金山期間，在友人徐紀先生家中做客時，迎面牆上有劉雲樵先生（徐紀八卦掌的老師）題寫的橫幅：「拳法之妙，全在運勁。」這八個字給我印象極深。幾年來，天天練拳時，都想這八個字的深邃含義。

　　同時回憶我的老師陳照奎生前敎拳時，也常講：「太極拳的精髓，在於把每個拳式、每個動作中的勁點、勁路的變化搞淸楚，練拳才會越練越充實。」由此可見，武林界的前輩們都非常重視「運勁」之道。而劉雲樵先生的八個字，確是一個非常精妙的概括。也正是由於各門各派武術在運用勁力的方法上變化多樣，各有其妙，從而形成了各自豐富多彩的不同風格。

　　太極拳，尤其是保持其武術本質的陳發科～陳照奎所傳授的陳式太極拳，更是強調「一式多用，一動多勁」，勁力變化多端，奧妙無窮，越練味道越濃，久練功夫必上身。有些人練太極拳多年，甚至幾十年，總被人說成是「空架子」或「花架子」，其原因，就在於不淸楚太極拳勁力的特徵，不懂拳架子裡豐富內涵，不明拳架中勁點、勁路的變化，以及形成整體力的勁力結構（如力源、勁路、樞紐、施力點、著力點等等）。

　　有甚者，連用勁提都不敢提了。甚至有人拋棄拳架子，只練推手，或只練樁功，而捨本求末。還有糊塗的拳

師只講練身，不准練著，不准練勁。

中國各門各派武術，歷來都離不開四個字，即「膽、力、智（謀）、法（技巧）」。膽和力是一切武功的基礎。有人說太極拳不許提用力。陳照奎老師講得好：「天下有不用力的武術嗎？」當然，有膽有力之士，其功夫高低如何，又決定於他運用勁力的技巧如何。所以運勁和技巧，則往往是決定一個武術家層次高下的關鍵。太極拳同樣如此。

下面，略述筆者幾十年來在練習和傳授陳照奎老師所傳陳式太極拳的過程中，對運勁規律的一些粗淺體悟，供同道參考。

一、太極勁的特徵

太極拳的性質，決定了它應具備的特徵。練太極拳的人，不主張主動進攻別人，而是「我守我疆，不卑不亢」，「人不犯我，我不犯人」，人若犯我，忍無可忍之際，我只好採取避實擊虛、化實擊虛、化打結合之法，盡量借其人之力，以還治其人之身。「因敵變化示神奇。」只此而已。根據這一精神，決定太極勁應具備以下五個特點：

㈠ **鬆柔勁**。太極拳強調以柔克剛、不丟不頂、順勢借力，造勢借力，沾連粘隨、節節貫串、鬆活彈抖。為此，必須放鬆，要百分之百地放鬆。只有周身放鬆，才能靈敏地體察敵情，只有放鬆，才便於重新組合我周身的力量，集中周身的力量，非常順遂地把勁力迅速地從施力點發送到著力點上去。所謂「集中兵力打殲滅戰」者也。周

身有一處肌肉不鬆、一個關節不活，就很難達到力從其心。

㈡ **意念力**。太極拳特別強調用意。因為意念是人體潛在的一種隱形的強大的力。拳論云「勢勢存心揆用意」就是強調在練拳時，每招每式、每個動作運行過程中，都要用意。「意領形，腰走勁」。用意念導引每個動作，而且在每個動作中明白勁點所在、勁路變化。懂每個動作的技擊含義，用意念導引，使全身的意、氣、力，精、氣、神統一起來，結合起來，集中周身精力於一點（勁點）。意念中有假設敵、假設反作用力（阻力）。「運勁」的實質也就是用意。

㈢ **螺旋勁**。順纏、逆纏相互變化的螺旋勁，是陳式太極拳運勁的重要形式。所以陳鑫講「太極拳，纏法也」。「不懂纏絲勁，即不明拳。」根據人體力學原理，運用自身以腰為樞紐的立體螺旋力，忽順忽逆地隨勢變化，以充分發揮以丹田帶動周身的向心力（合）和離心力（開），摧動四肢而發放勁力，是太極拳運勁的主要特徵之一。其實，太極拳的沾連粘隨勁，就是靠這種順逆變化的纏絲勁實現的。

㈣ **整體勁**。太極拳的整體勁，不僅要根據人體力學來調順整合；而且要注意陰陽搭配，以求整體協調、對稱、平衡和統一。如內外、左右、上下、剛柔、開合、輕沉、虛實等諸多對稱力的統一。如左發右塌、右發左塌，欲左先右，欲右先左，從反面入手而形成的「一動無有不動」的整體協調勁。

㈤ **彈性勁**。太極拳運勁，強調不斷加大掤勁，掤勁

就是一種周身處處都向外膨脹、靈敏而柔韌的彈性勁。拳論中「周身無處不彈簧」，「筋骨要鬆，皮毛要攻」，都是這個意思。平時練拳力求做到「鬆透掤圓」，一旦發勁，則可達到「鬆活彈抖」。

二、運勁的樞紐

太極拳運勁的主要方法，依據人體力學原理，主要是採用螺旋形式的力。而形成周身立體螺旋的總機關（樞紐）又在於人體的腰部，亦即丹田部位（骨盆包含的腰椎、腰肌、腹肌以及小腹內的臟腑，和中醫所講的命門、氣海、海底、會陰等穴位）。

拳論一再強調：「腰為主宰」、「刻刻留心在腰間」、「活潑於腰」、「以腰為軸」、「命意源頭在腰隙」、「緊要處全在胸中腰間運化」、「鬆胯塌腰」、「有不得勁處，必從腰腿求之」……，總之一句話，太極拳整個運動的關鍵所在、樞紐所在、核心所在、精髓所在，即在於腰勁。拳論中所云「一動無有不動」，其「一」者，腰也，丹田也。所以，太極拳各種勁力的啓動關鍵在於腰部（丹田）。即首先要把腰勁練出來，再談其他諸勁的運作。

怎樣才能使腰部隨心所欲地動起來？

我的經驗是必須解決以下三個問題

㈠ 鬆胯。有不少文章講鬆胯，各有自己的體會。但如何加大股骨頭與髖骨股骨槽之間的曠量，便兩胯真正鬆下來，並非容易。必須有一個艱苦的鍛鍊過程。這就要求在打拳行功時，像陳發科公要求的那樣：「如同坐在小板

凳上一樣。」（注意，不是高板凳，而是小板凳。），馬步與弓蹬步（前腿）之大腿放平，小腿垂直。使大腿根部與小腹貼近。上身中正，襠部撐圓，既不向前跪膝，又不向後蹶臀，更不得挺胸，做到「筋柔骨正」。久而久之，養成這種走低架（活椿）的習慣，胯部自然會鬆柔靈活。只有胯部鬆開，腰部（丹田）才會旋轉靈活而得力。

　　㈡ **採用逆腹式呼吸，使丹田部位鼓蕩起來**。這是催動腰部有力而靈活旋轉的一項重要措施。只靠運動器官的靈動還不行，還必須使丹田內氣鼓蕩起來，以增強腰部的螺旋力。其實質，就是使丹田呼吸與肺部呼吸結合起來。採取逆式腹呼吸，使橫膈上升下沉幅度加大，有利於肺活量的增大。

　　肺活量越大，吸氧越充分，肯定對腰力的增強大有裨益。吸氣，腹部放鬆微微收縮，橫膈肌下沉，肺部吸氧能量加大；呼氣，腹部膨脹（前丹田，後命門，下會陰，上橫膈，都向外部膨脹），橫膈肌上升，肯定使肺部排氣功能加強，同時，通過腹腔運動，腹肌增強，腰力也必然加大。這種使小腹一膨脹、一收縮，一開一合的運動方法，正是促使丹田內轉，「活潑於腰」的原動力所在。

　　㈢ **丹田內轉**。「主宰於腰」，實質上是在意念導引下主宰於丹田內轉。丹田內轉並非小腹內的臟腑如何轉動，而是依靠意念引導、內氣鼓蕩，而使腹肌、腰肌之內的小腹（包括腰椎及小腹內的臟腑），形成一個萬向軸心，通過它的鼓蕩作用，使人體腰部在左右旋轉、前後（上下）折疊運化時，運動自如而有力。使它起到人體上下左右勁力運行的一個樞紐作用。一句話，使它既有向外

膨脹的八面支撐的力量，又有靈活的旋轉力量。丹田內轉的起點（導引入手處）在海底穴（會陰穴內），它的力源在於腳蹬地時大地的反彈力。「起之於腳，行之於腿，主宰於腰」。它的運轉方法往往是「欲左先右，欲右先左」的從反面入手法。當它轉動時，好像人體胸腹部前後有兩條陰陽魚，相互推動，而形成一種整體的螺旋力（例如「掩手肱捶」動作五發力之動作）。

只有經過長期鍛鍊，有意識地解決上述三個關鍵問題，人體運動的樞紐──腰部的勁力才能充分調動起來。

三、勁別、勁源、勁路、勁點

「由著熟而漸悟懂勁，由懂勁而階及神明」。這是練太極拳的必經過程。何謂懂勁？首先要弄懂太極拳勁力的特徵、勁力的組成、勁力的源泉、太極勁的種類（勁別）、勁力運行的樞紐，以及每個拳式、每個動作中勁點所在及其變化。

打拳行功過程中，最重要的是要弄明白每個動作從起點到落點，勁路和勁點的變化。一句話就是弄清每招每式每個動作中的勁點所在，以及這個勁點在整個動作運行過程中的變化。否則，練一輩子太極拳，仍是空架或半空架子。

陳照奎老師傳授的陳式家傳傳統低架、大架、老架太極拳，每式、每動作，都有鮮明的技擊含義，勁點、勁路都十分清楚。而且，久而久之練習這些勁路、勁點及其變化，完全可以在推手和散打中運用。特別是通過單式訓練和發勁練習，完全可以在健身的同時練出特殊的護身本

領。

例如第一單鞭式，接第二金剛搗碓動作一。本來就是一個圓形動作，但在這一個動作的自左而右上、自右上而右下，再向左前發出勁力的一圈（勁路）之中，僅手上至少有四個力點的變化：即一掤、二擺、三下按、四前發。再加上左肩靠、左肘裡合、左膝扣絆等勁力的配合，至少包括七、八個勁點的變化。如果這樣，弄清每個拳式、每個動作的如此豐富多彩的勁力變化，那麼，你的功夫肯定會步步提高。這就是所謂「一動多勁」。

勁別。即太極拳的掤擺擠按、採擺肘靠八種勁，以及其他撩、戳、切、劈、摔、打、擒拿諸法，加上各種腿法。讀者要明白，通常說的「太極八法」（八門勁別）主要是用於推手鍛鍊的一些手法，散打實戰中的手法、身法、腿法還非常豐富。萬萬不可僅僅侷限於「八法」的鍛鍊。

勁源。勁起於腳，腳蹬地，借助於大地的反彈力，而形成人體力的主要來源。所以打拳要弄清人體勁力的起點（施力點，如同電源）、支撐點、勁力運行的路線，以及樞紐（如同電動機），及至發力點（著力點）。意識上弄清，運動中注意這些勁力運行的路線，才可以逐漸使周身勁力順逆、協調，而形成一股整體勁。

勁路。勁路如同電子器械之電路。即每個動作勁力從起點到落點的運行路線。不論這個動作走上弧、走下弧、走裡弧、走外弧、走順纏、走逆纏，或是走圓圈、走 S 線。力求弄明白每個過節中勁點的變化。節節貫串、節節明白。「線中有點，積點成線。」往往粗看，某一個動

作，只是走了一個上弧線，而不清楚其中豐富多變的技擊（勁點）內含。例如白鶴亮翅一式動作四，當右手向右上方捌開走上弧線時，這一個動作包括：一、右腿提膝插襠、上體加大掤勁，二、走右肩靠勁，三、走右肘擊勁，四、右臂捌勁，五、右胯靠勁，六、最後右手下塌外碾勁（也可發勁）。一個動作至少含六個勁。

勁點。每個動作運行的過程中，往往包括若干個勁點。如果不注意，丟掉一個力點，就空了一個技擊含義。如果要把拳打得異常精到，就必須弄清每個動作中的力點所在，以及力點在路線中的多種變化。這些變化練到身上，一旦同敵人搏擊時，就可以不加思索地得心應手地、淋漓盡致地發揮出來。如最簡單的一例，陳式太極拳的掩手肱捶最後發出那一拳時，決不同於其他武術只是衝出一拳。而是用三節勁節節貫串的由肩而肘，由肘而拳地螺旋著撩出去的，即此一動作之中，就包括力點的三層變化。這是陳式太極拳運勁極妙之處。

又如單鞭一式動作一和動作二，許多人做此動作時勾手一旋即掤出，太簡單了。陳照奎老師教此二動作時，內含豐富多彩。如做動作一，是左手穿掌，右手引化，要求力點灌注左手指尖，強調左手指一定合攏伸展、力灌指梢；當左手被敵人拿住（或掤住），（動作二）我立刻含胸轉腰，右手折腕走肘，用右肘擊敵或解脫我左手。此時，力點又灌注右肘尖。左收右進，左引右擊，化打結合，用勁極妙。

有時，非常簡單的一個動作，而其中力點（勁點）的變化卻很複雜。不用心，往往一滑而過，那個動作永遠是

空的。推手不許丟勁，打拳同樣不可丟勁。例如第一金剛
搗碓動作三，提左膝時，勁點在膝蓋（提膝撞擊對方襠
部），此時，腳腕等其他部位都放鬆；然後左腳向左前蹬
時，膝部又放鬆，而腳腕加大掤勁，腳尖上翹裡合，勁點
移至左腳根（向左前蹬擊對方下盤，或插襠）。又如擊地
錘，擊地錘一式動作四，右拳裡合下插的過程中，決不只
是一個下栽拳，而是含有四個勁點變化：一是右拳裡合，
右肘彎有個拿勁；二是當右拳下插時，不僅有一個下擊拳
勁，而且還有一個右肘外掤（擊）勁；三是還有一個右肩
靠勁；四最後才是右拳下擊勁。從而體現「挨到何處何處
擊」的太極拳的沾粘勁。

　　許多動作，如果你不明白這些內含細微的勁力變化，
往往會大大降低鍛鍊效果。如白猿獻果，最後的上衝拳動
作，許多人往往是一提兜起來即可。其實，嚴格要求，這
一個上兜上穿過程中，拳、小臂、肘、肩，在一個順纏螺
旋中可以發揮抄、衝、擠、碾、靠等多種勁。

　　此外，還有注意在一個動作之中，包括幾個勁點的組
合（當然，勁點有主有賓，但勁點的主次又往往是因敵而
變化）。例如「懶扎衣」動作三，雙手由開變合、相互交
叉時，其中就包含：一、右手引（化），右腳進（擊）；
二、右手向左引，左手向右擊（擊對方頭面部）等等。做
到上下相隨、左右相隨，同步到位，方可奏效。從中還可
以體現出太極拳的整體勁。再如「退步壓肘」一式之定
勢，出左掌、收右掌、頓右腳必須同時完成，實現三個勁
的同步化，同時，眼神一定跟上，方爲正確。

　　從此可見，在行拳過程中，必須細心體察，處處用

意，讓每個拳式、每個動作，乃至每個動作的運行過程
（勁路）中，勁點變化點點清楚、處處明白，你的拳就會
越練越充實，內含越練越豐富，越練實用價值越高，練拳
的興趣也會越來越濃。由於陳照奎老師的拳的動作和技擊
內涵非常協調一致，如能這樣體用兼備地練下去，就會把
拳打得既規矩，又有氣勢。

四、運勁之要，在於陰陽互爲其根

太極拳的原理，是以太極陰陽學說爲依據的，所以運
勁的要旨，就在於把各種功力的陰陽關係處理好。不論練
習拳架，還是練習推手，不論是一個動作的運行過程，還
是定勢之時，都要使陰陽兩種勁搭配好（又叫陰陽氤
氳）。使陰陽兩個勁互爲其根。例如，掩手肱捶右拳向右
前發勁時，左肘必須向左後發襯勁；六封四閉，雙小臂向
右前上發擠勁時，左臀必須向左後下沉；白蛇吐信，向前
穿右掌時，左掌必須向左胯後下沉按，同時右掌上穿與右
腳頓步又是一組上下對稱勁；擊地錘，右拳下擊，左拳必
上提、頂勁必上領，形成上下對稱；白鶴亮翅雙臂掤開
時，雙手虎口要合，形成開合相寓。如此一系列剛柔相
濟、開合相寓、輕沉兼備、左右平衡、虛實互換等等，我
在拙作《陰陽相濟論》一文中已講得比較詳細。

這裡我著重補充一下蓄發互根的問題。有些人打拳沒
有節奏，或爲快而快，爲慢而慢，不明其蓄發關係。陳式
太極拳，不同於其他拳種的一個突出特點，是快慢相間。
而快慢的關係，又主要是蓄勁與發勁的關係。一般蓄勁較
慢，而發勁較快。如野馬分鬃，左手在左膝裡側合時要慢

（蓄），而雙手展開時（發）較快；靑龍出水動作四，雙臂相合慢（蓄），右拳右小臂發勁時較快。十字手，雙臂絞合時（拿）較慢，而向右發肩靠和擒拿時較快；撇身捶，雙臂邊引邊合（蓄）時輕靈較慢，而發放左拳左臂時快（暴發力）。如此打拳，一蓄一發，一吸一呼、一合一開，兩者互爲其根，可以既有節奏感，又不累，眞正做到「汗流而不氣喘」，也正是運勁妙訣之一。

五、關於「三個圈和三個球」

1997年5月在無錫面授班講課時，我在講到推手技巧時，曾提及發人三個圈與三個球的比喻，惹來許多學員的諮詢信件。這裡順便結合運勁技巧問題，做以下補充說明。

何謂三個圈？

㈠ 與對方一搭手，即設法使對方來力與我力合在一個圈上。亦即李亦畬所云：「左重則左虛，而右已去；右重則右杳，而左已去。」只是我強調一下來去都在一個圈上周旋。兩方來去之勁形成一個圓形的螺旋勁。來去，都不要走直線，都要走弧線。在兩個半圓圈的弧線中，順從敵人來力，而形成左引右進，或右引左進。從而使進攻與走化在一個圈中完成。其中關鍵是在時空間（機勢）我都要掌握主動權，在順勢中稍微加上點我的力量，稍微改變一下對方來力的角度，即可成功。

㈡ 我雙手一旦合住對方，雙手由引進到發放的過程（勁路），走一個圈。

即拳論中所云：「化打結合，其勢如環」，「往復有

折疊」「欲上先下，欲左先右」，「欲給先要，欲要先給」等等手法，引發都是要在一個圈中解決問題。如六封四閉式動作一、二、三，就是引化走半個下弧圈（動一），合住之後（動二），向右前發放擠勁又是半個上弧圈（動三）。三個動作連接起來，正是一個整圈。

　　㈢ 上下交錯圈。鍛鍊手與腳同時走兩個相反的交錯圈。又稱「小鬼推磨法」。如拳式中之旋風腳（上邊左手走外捌圈，下邊左腿腳走裡合圈）；雙擺蓮（雙手走左旋圈，右腿腳走右旋圈），平時做爲單式練習，手劃裡圈，腳走外圈；手走外圈，腳走裡圈。交替練習，上下手腳配合一致，用於散打走摔法，非常有效。關鍵在於上下（手腳）動作必須做到上下相隨、手腳同步化。

　　關於三個球，我在《圓──太極拳的態和勢》一文中略有闡述，再解釋如下：

　　㈠ 在意念導引下，我丹田如同一個向外膨脹的球體。依靠它的離心力，帶動四肢乃至周身；同時，它又隨著手腳走勁的角度、方向而旋轉。從而由內而外形成一個立體螺旋勁。

　　㈡ 化解對方來力，又把自身看作一個滾動的球。依靠周身各個圓形關節的旋轉，把各方來力從球切線上滑掉（化掉）。有時，還可以依靠我的雙手在來力上再加上一點我的力量（「一點」者，即所謂「四兩」者也），形成一個合力，稍微改變一點來力的角度，使來力落空。

　　㈢ 在推手時，把對方看作一個球。雙手千方百計合住對方來力，如同抓球、抱球、揉球，最後摸清對方動向，順其勢，雙手走一個圈如同擲球、發球，將對方發放

出去。有時，爲摸清對方勁力的動向，本著「欲要先給」
的原則，先運用「拍球」的方法，先給對方一個勁，拍一
拍、試一試、摸一摸，再借他的反彈力順勢發放之。即所
謂「造勢借力」者也。

六、散打意識

太極拳的本質是武術。練拳架時，必須具備機警的散
打意識。只靠推手鍛鍊不行，推手主要是鍛鍊聽勁的能力
和化勁的技巧。用於應敵，還必須練散打。必須在練拳架
和單式中鍛鍊散打。因爲散打不可能只靠對練。推手、對
練都不能用應敵的實戰手法對待拳友（如擊打要害部位，
而實戰中又特別強調用「重武器」擊打要害部位）。這就
必須在練習套路時加上散打意識。

其實，也只有在練習套路中才能淋漓盡致地發揮各種
搏擊手法、腿法、身法。

陳照奎老師所傳的陳式家傳太極拳，一路83式，二路
71式，共六百多個動作，個個動作都是散打技法。他常
講：打拳不是走路，一提腿就有用。並且強調出手、出腿
都有三節勁。出手，則想到先走肩、肘，再出手；出腿，
也要先想到胯打、膝擊、腳踢、腳蹬、插襠等等。並且把
膝與肘的作用比喻爲「重武器」。

「打拳無人似有人」，他強調練拳架時，時刻注意加
強散打意識，樹立敵情觀念，意念中打拳時有假設敵，明
白敵我所處方位，明白我每個動作（包括其過渡）中包含
幾個勁點，著著有明確的目的（與對方接觸點），手足運
行過程中，不論走到何處、運行到何方，都知道我運用的

是化勁，還是發勁；是蓄勁，還是放勁；是吞，還是吐；是借勁，還是發勁；前手打人，後手肘有無稱勁；前發，有沒有後坐勁；是掤擺勁，還是採捌勁；是擠按勁，還是肘靠勁；是摔法，還是打法，還是拿法等等。還要時刻爲了穩定自己的陣腳，而不斷調整虛實，保持動態平衡。堅持如此鍛鍊，必可達到招熟。在招熟的基礎上，還要在行功中鍛鍊膽和智，鍛鍊速度。因爲應敵是你死我活的事。首先要樹立一種大無畏的神態，去摧毀對方的精神防線。既要有極高的警惕意識，又有臨危不懼、神態自若的大將風度。一旦交手，只有一個念頭，我必勝，你必敗。一出手就能完全徹底地控制住對方，無所畏懼，無所顧忌，平時各種用法技巧都練熟了，屆時即不加思索，此時只想一個打字，「挨到何處何處擊」，能化能打，化打結合，化打合一，視對方如稻草人，任隨我發放。

　　平時行功打拳，時時加入此類散打意識，自然功夫逐日上身。當然，平時還要進行一些必要的功力訓練和抗擊打能力（增強身體素質）。如此堅持鍛鍊，才能全面體會到陳式太極拳獨特的健身與護身體用兼備的價值。

（1997年12月2日於紐西蘭·威靈頓完稿，
刊載於1998年第七期《武林》）

4

養 生 篇

走向二十一世紀的健康之路

——1996·5·19在馬來西亞「陳式太極拳
經驗分享會」上的講話（摘要）

〔《武林》編者按〕1996年5月2日到6月1日作者
應馬來西亞陳式太極拳協會之邀，赴吉隆坡傳拳，受到該
國廣大陳式太極拳愛好者的熱烈歡迎。爲期一個月的陳式
太極拳培訓班學員達92人。傳拳期間，5月19日在雪隆海
南會館禮堂舉辦了一次講座。應主辦人之囑，側重講講陳
式太極拳獨到的健身作用。聽衆500人，座無虛席，興趣
極濃，反應強烈。主辦人黃良友先生說：「在本禮堂舉辦
過多次類似講座，但像這一次效果這樣好、人數這樣多、
秩序之好，中間無一人退席，還是破天荒第一次。」今將
講話摘要刊出，供同道們參考。

太極拳，是一種文化，是一門科學，愛因斯坦說過：
「科學，是一本永遠寫不完的書。」我們也可以說：「太
極拳，是一門永遠鑽研不完的科學。」雖然我學拳、傳拳
有三十五年的經歷，但在太極拳這門博大精深的學問面
前，我永遠是一名小學生。

今天，有緣同馬來西亞的同道們歡聚一起，共同探討
我們所喜好的太極拳，首先要感謝這次「陳式太極拳經驗
分享會」的主辦人——馬來西亞海南會館、馬來西亞陳式

太極拳協會和《星洲日報》社的朋友們。

一、現代化快節奏生活方式，呼喚太極拳

根據近幾年我走過的一些地方，看到中國古老的太極拳，越來越受到當代世界人們的喜愛。它不僅幾百年來經久不衰，而且近些年發展非常快，所到之處都有打太極拳的人群。特別是世界上一些科技先進、經濟發達的國家和地區，都在出現一股「太極熱」。我認爲這決非偶然現象，而是時代的需要、社會的需要。

當今社會，隨著科學的進步、經濟的發展、生活的改善，人們越來越感到健康的重要，認識到健康是今天社會上價值最高的需要。「健康不是一切，但沒有健康，就沒有一切。」這恐怕是衆多人的切身體會。

可是，現代化的生活方式，卻給人們的健康帶來許多困擾。一些威脅人體健康的因素越來越多：

1.現代經濟的發展，事業上的競爭，加快了人們的生活節奏，給人們心理上帶來壓力，造成精神緊張，心態失去平衡。

正如馬來西亞朋友顏永義先生所說：「今天可以拿出多多的錢，買到世界上一張最高級的床，但卻難以買到一個安穩的睡。」

由此可見，人們多麼需要一種可以使精神放鬆、調節身心平衡的運動。

2.現代化科技、先進工業的飛快發展，在許多工作崗位上，按按電鈕、操任一下電腦，或掌握一下方向盤，即可完成工作任務，坐辦公室的人更是往往整天坐在那裡可

以身體不動，從而形成身心不平衡，久而久之，許多人患有上盛下虛之症。

他們非常需要一種加大下盤運動量的運動。俄羅斯《科學與生活》月刊發表一篇《操作電腦，勿忘保健》的文章，文章認為「全世界數十萬人天天在操作電腦」，但是「操作電腦是一項會給身體造成各種不適的工作，這項工作往往使人忘記身體的各種需要。」為此，他們編了一套電腦工作人員的保健操，但比起我們的太極拳來，其保健功能就差多了。

3.西方一些國家老年人跌跤現象，成為威脅生命的第三號殺手。

所以，美國國家衛生研究院撥款65萬美元，支持愛默蕾大學醫學院把關於「太極拳防止老年跌跤的功能」的課題列為科研項目，並要求為期三年，拿出成果。

4.物質生活的不斷改善，帶來生命的凝聚與耗散的失衡（又叫「收支」不平衡）。

許多人營養過剩，而運動量過小。吃得好，運動少，從而出現諸如高血壓、高血脂、肥胖、脂肪肝、冠心病、腦血栓、氣喘、神經衰弱等一系列的所謂「現代生活文明病」、「社會進步併發症」。

一旦出現類以病症，只靠藥物，不適當加大下肢運動量，就很難治癒。正如瑞典哥德堡薩爾格倫斯卡醫院的佩爾·比約恩托普博士所分析的：「由於人們吃得好，吃得多，鍛鍊活動時間減少，看電視的時間增多，目前我們的肥胖人數日益增多。這個問題至少同100年前的結核病一樣嚴重。」

5.某些地區治安狀況不良，造成人們心理上的自危感，和自我保護的需求。

人們渴求一種既能健身又能防身的體育運動。

從上述種種由生活方式不健康、不科學而帶來的疾病，人們稱之為「生活方式疾病」。它已引起世界衛生組織的高度重視。種種事實表明，當今威脅人類健康和生命的多種疾病中，最嚴重的已不是由細菌、病毒等微生物引起的，而是由不健康、不科學的生活方式造成的。為此，世界衛生組織告誡人們：「大約在2015年，發達國家和發展中國家的死亡原因大致相同，生活方式疾病將成為世界頭號殺手。」

據此，當今現實生活中，人們在迫切地尋求一種可以使精神放鬆、心態平衡、身心平衡、凝聚與耗散平衡，特別需要加大下部運動，從而能使生命整體得到調整，以克服上盛下虛弊病，而且有一定護身價值的體育運動項目。

迎合人們的心理，五彩繽紛的種種保健營養品、保健藥物、保健器材、減肥食療法，以及某些可以不費力而得到「健康」的種種功法，都紛紛上市，但經過實驗之後，卻往往令人失望。那些一味強調鬆軟而省勁的運動，人們嘗試之後，往往感到不理想。特別是那些中青年人，對它提不起興趣。

二、你要選擇一種適應現代生活方式需要的太極拳

在五彩繽紛的種種功法紛紛登場上市的情況下，眾多的人還是選擇了中國古老的太極拳，因為它充滿了中華優

秀傳統文化的精髓。它既是武術，又是文化；既是健身術，又是護身術；它既煉內（腦）又煉外（體），精氣神兼練；既有養生健身價值，又有藝術欣賞價值。所以，它越來越受到眾多人的歡迎。同樣，貴國三十年前即有了太極拳組織，十年前又建立了陳式太極拳協會，各地都有成千上萬的人在投入太極拳的健身運動。

但是，中國的太極拳，源遠流長，門派甚多。尤其近幾年來，繁衍種類更多，可謂門中有派，派中有流。而且都標榜其爲正宗，令人無所適從。所以常常遇到學生們詢問：「您說學習哪種太極拳最好？」眞是難以答覆。

正宗的傳統的太極拳，是應該有其標準的。我認爲選擇正宗傳統的太極拳，應該堅持以下幾個標準：

㈠ **要看它的傳遞**。是否是正宗傳人所傳授，有沒有完整的拳譜。

㈡ **要看它的原理**。是否是以易學的太極陰陽學說爲拳理依據。

㈢ **要看它的本質**。是否保持太極拳固有的武術本質和武術風格。每個拳式、動作有沒有鮮明的技擊含義。

㈣ **要看它的功能**。是否具有當代人所需要的多種功能。如健身健腦、養生養性、護身應敵，以及藝術欣賞等多種功能。尤其是針對當今社會生活方式給人們健康帶來的上述若干問題，有沒有獨到的功能。

本人經過35年來的實踐和考察，以及成千上萬名學員的反應，大家一致認爲陳發科、陳照奎父子所傳授的傳統老架、大架、低架陳式太極拳，才是適應時代需要、促進人體健康的最佳選擇。

三、重視人體下部鍛鍊的傳統陳式太極拳，必將受到全世界的歡迎

1991年 4 月 5 日，我曾接待以赤池英至爲團長的一個日本訪華團。他們是專門爲考察中國傳統健身術而來中國訪問的。他們全體團員看了我們所演練的陳照奎老師傳授的傳統陳式太極拳第一路（83 式）。他們對這套拳頗感興趣。觀摩後舉辦了座談會。會上根據他們的要求，我講述了陳老師的這套太極拳的鍛鍊特點及其多種功效。

㈠ 拳走低勢以固根；

㈡ 輕沉兼備以持衡；

㈢ 順逆纏絲以舒經；

㈣ 丹田內轉以煉精；

㈤ 周天開合以煉氣；

㈥ 意念調控以煉神；

㈦ 對拉拔長以壯骨；

㈧ 拳式繁難以健腦；

㈨ 鬆活彈抖以化瘀；

㈩ 汗流不喘以延年。

另外，我還講了它的技擊功能。諸如「化打合一以應敵」等特點。（具體解說從略）同時，我還列舉了我本人及我的許多學生通過練習此拳，所收到的健身效果。比如高血壓、低血壓轉入正常、肥胖者減肥，世界上難以醫治的過敏性哮喘、梅尼爾氏綜合症的痊癒，以及脈管炎、神經衰弱、心血管腦血管疾病的康復。我的學生姚文虎（江西醫科大學副教授）、王文波（廣東汕尾市骨傷科醫師）

以教授陳式太極拳結合治療，分別對治療陽痿和骨傷病患者進行實驗非常有效，並分別寫出了專題學術論文。

現在，針對時代性的病症對人們健康的挑戰，我再就傳統陳式太極拳重視人體下部運動等獨特鍛鍊方法與獨特健身效果。做以下三點補充說明：

㈠ 重視加大人體下部運動量，大大有利於避免上盛下虛的「時代病」。

英國格拉斯哥大學的專家，最近有一份研究報告指出，從下一世紀（二十一世紀）起，人類的生活方式將發生明顯變化的方面之一，即重視健康，注重經過鍛鍊而得到強壯的身體。而健身的方式，無論是年輕人，還是老年人，都將更多重視下肢的運動，如從事步行等等。（摘自1996《周末》·「二十一世紀的人類生活」一文）

由此可見這位聰明的專家已發覺人體下部運動的重要性。可惜他尚未洞曉中國傳統陳式太極拳的時代價值。

陳照奎老師所傳的傳統的低勢陳式太極拳，特別重視人體下部的鍛鍊。

大家都知道，各種太極拳都強調人們放鬆。但許多人，總是鬆不下來。什麼原因？因為你只知道鬆，而不知道鬆與沉的關係，不知道鬆與沉的互為其根的統一關係。不懂輕沉兼備的道理。

易學講求「陰陽互根」。沉為輕之根，為鬆之根。太極拳既不可僵，又不可懈。既要鬆，又要不失掤勁。這就必須做到輕沉兼備。如手指要鬆，必須沉腕（坐腕、塌腕）；小臂鬆，必須墜肘（以肘為軸）；大臂鬆，必須沉

肩；上體鬆，必須塌腰、開胯、氣沉丹田、五趾抓地；出左腿要邁步「如貓行」，則必須右腿下沉（更吃力）。如單鞭，要輕靈地出左腿，必須重心移右，右腿屈膝下沉（更吃力），沉右臀翻左臀；如青龍出水，左臀要發出一種鬆活彈抖向右的撩勁，下部則必須重心向左下沉，否則即犯飄之病，金雞獨立，左手上托，左膝上提，而右腿則必須屈膝下沉，五趾抓地（而湧泉穴又要空，這是實中又有虛）。總之，陳式太極拳一系列的鬆柔、輕靈動作，是建立在剛堅沉穩的基礎之上的。所以，輕沉兼備，是太極拳鍛鍊的重要原則之一。

　　陳照奎老師傳的拳，是在強調輕沉兼備的前提下，重視人體下部根基的鍛鍊。他認為只有下部沉穩，上肢才可以輕靈。他要求在上身中正、意氣力三結合、豎縱橫三維中定的整體運動的前提下，強調練低勢，拳走低勢，還要加上倒換重心時的「襠走下弧」，運動就更吃力。同時還要求在全身放鬆的前提下，以丹田（腰椎、腰肌、小腹、命門相結合）內轉為軸心，帶動整體運動。所以，它的難度比較大，但功能特別好。它的好處主要是：

　　打拳走低勢，有利於穩定重心、穩固根節。尤其倒換重心時襠走下弧，有利於維持動態平衡，避免倒換虛實時身體上浮而被人所制，「不倒翁」為什麼可以不倒，就是因它的重心在底部，而且重心只側重一個點，又是圓型。所以增強腿部的功力，不僅有利於下盤穩固，而且有利於心血循環。

　　長年堅持練傳統陳式拳的人普遍反應大腿肌肉粗壯。體育專家認為，大小腿肌肉群的高功能運動，使人體如同

增添了若干小水泵，幫助心臟工作，既減輕了心臟負擔，又有利於心血管系統的健康。

由於陳式傳統太極拳重視人體下盤功力訓練，有利於氣血下行，調整人體上盛下虛狀態，可防治血壓高、跌跤等病症，有抗衰老的功能。

常言「人老先從腿上老」，中年以上的人往往出現上盛下虛的諸神疾病。美國醫學界，已把老年由於跌跤而死亡現象逐年升級的問題，列為導致死亡的第三大敵人。他們的政府肯撥款，來支持關於太極拳可防止跌跤現象的科研項目。太極拳近兩三年在美國發展特別快，這也是一個重要的原因。這裡，我再從中國傳統醫學角度，來闡述一下關於防止上盛下虛的問題。

「上盛下虛」是中醫術語，指的是中老年人肝腎兩虧、陰虛陽浮而出現的血壓升高、心悸失眠、畏寒怕冷、四肢發涼、陽痿少精、胸悶腹脹、食滯便秘等症候群。患者看上去往往是滿面紅光，並無病容。然而，由於下元虛虧，兩腳發軟，行動不便，走路時間一長足後跟痛，膝關節發硬，腰酸背疼，渾身乏力。

「上盛下虛」者還可見於誤食人參、西洋參補氣，而引血上行，日久上半身氣滯血瘀，下半身精虧陽虛。據醫學界觀察分析，「上盛下虛」者為數不少，這與現代生活節奏加快，精神緊張、肝腎陰耗過多有關，加上某些人補不對路，藥不歸經，易致「上盛下虛」。

中醫認為，人年過四十，肝腎易虧。猶如根枯而葉黃，澆水灌肥應從根部著手，滋肝補腎，乃是養身保健的秘訣。而滋肝補腎，除了必要的有滋補作用的食品和藥物

之外，重要的是加強人體丹田部位和下肢的運動。因爲人
體丹田與命門之間（即小腹部位），正是人體吸收的各種
營養物轉化爲精血（及內分泌）的最關鍵最根本的部位。
所以增強小腹、腰、襠部位及下肢運動正是促進人體消化
吸收和氣血循環運行的最基本的環節。根深則葉茂，下元
充盈，命門氣足，腰脊和腿部增強，自然血脈流暢，精神
旺盛，長久不衰，從而消除或避免「上盛下虛」諸症。

　　陳照奎老師傳的太極拳，其拳理拳法以及諸多要領，
大部分是加大人體下盤運動量的要求，諸如(1)拳勢放低，
(2)丹田內轉，(3)含胸塌腰、鬆胯，(4)腰襠部走∞字型的花
腰勁，(5)命門後撐，(6)倒換虛實時的襠走下弧，(7)凡做
收、捲、合的動作，要求提肛（海底穴上提），提左腿鬆
右胯，提右腿鬆左胯，沉左臀翻右臀，沉右臀翻左臀的
「逢上必下」的立體螺旋勁，(8)要求實腿五趾抓地，湧泉
穴要虛，以及(9)震足發勁的要求，等等。從而使人體下盤
穩如泰山，上肢如風吹楊柳，這都有利於周身氣血平衡，
避免「上盛下虛」之弊。

　　同時，陳式太極拳不僅強調肢體放鬆，而且練拳全過
程都要求精神放鬆，使大腦抑制與興奮相結合，從而它還
有利於心態平衡。所以，我說針對當今生活方式，練陳式
太極拳是一條非常可靠的身心健康之路。只要你天天堅持
練這套拳，它就可以使你持久地保持身心平衡和動態平
衡。

　　當然，練習這種低勢太極拳，肯定要很吃力。要有個
艱苦的歷程。但是，要知道「痛苦往往是幸福的源泉」
（歌德），還要知道「長壽來自流汗」（《羊城晚

報》）。那些企圖舒舒服服、輕輕鬆鬆地運動兩下就可以獲得持久健康的想法，往往只是「天上掉餡餅」一類的幻想。

㈡ 處處體現陰陽互濟的運動韻律，才是實現身心平衡、動態平衡的正路。

拳法之妙，在於運勁。運勁主要則在於陰陽相濟。陳照奎老師所傳傳統太極拳，特別重視陰陽互根、互濟、互孕、互補、陰陽交感、陰陽對稱、陰陽和諧，陰陽平衡等等一系列陰陽學說。這些原理體現在拳中，即在每個動作的運勁過程中，都要做到剛柔相濟，開合相寓、輕沉兼備、虛實互換、蓄發交替、內外兼修、左右平衡、前後互撐、對拉拔長、順逆纏絲、快慢相間等等，一系列陰陽互濟的要求。他不贊成某些太極拳一味講求鬆柔、速度等勻、越慢越好的練法。

陳老師常說：「人們生活本身就是波浪式的。為人處事都要講剛柔相濟，能屈能伸，有開有合，有收有放……打拳更是如此。」所以我打拳時，腦子裡總要裝一張太極圖，不是平面，而是全方位的，處處有陰陽。這裡關鍵在於如何處理好各種陰陽協調互補關係。

上邊講了鬆與沉的關係。首先要搞清放鬆的目的，是為了更好地加大周身的掤勁，放鬆的另一個目的，也是為了重新組合我整體的力量，而不是為鬆而鬆。同樣，開為了合，合為了開，開中要有合，合中要有開。只開無合，即散；只合無開，即癟；只剛無柔則硬、僵；只柔無剛，則軟、懈。只有剛柔互濟，才可發出鬆活彈抖之勁。發勁

只顧前，不顧後，或只顧左不顧右，或只顧上升，沒有下沉，都會失去平衡，失去中定。打拳只有追求慢沒有快，則打不出太極拳應有的節奏和韻味。

這種陰陽關係不僅體現在套路全過程，而且體現在人體各個部位，多個動作之中。體現在打拳人的氣質、氣勢之中。如手型，掌有開有合（拇指與小指合），拳也有開有合（拳頭實，拳心虛），從第一式第一動，到收式，每個動作都要虛實分淸，而且還要做到虛中有實，實中有虛，剛中有柔，柔中有剛。有快有慢，甚至一個圈中有半圈慢，半圈快。打起拳來有起承轉合，有快慢起伏回蕩之感，有奔放與徐緩，有瀟灑與嚴謹，有凝重與舒展，有亢奮與沉穩，忽如脫鈎之鷹，忽如靜嫻之處女；忽如雷霆閃電，忽如行雲流水，神態自若，泰山崩於前而色不變，顯出一種大將風度。

這樣，快慢之間，張弛之間，都充滿了節奏和韻味，從而使打拳的人和看拳的人都可以從中得到有品味、回味、韻味、趣味。從這種太極陰陽的韻律之中，往往可以使練拳的人從中陶冶性格和情操，從中得到心志和精神上的調整，表現出一個人的崇高品格和氣質。這就有利於調整身心平衡。

　　㈢ 保持太極拳固有的武術本質本色，是陳照
　　　　奎老師所傳套路的特點。發揚它，肯定對
　　　　增強體質、增強膽量和技擊本領大有實用
　　　　價值。

　　（當時，我與助手做了若干拳式的技擊用法實驗，受

到熱烈歡迎。具體講解從略。可參考《陳式太極拳技擊法》一書）。

　　當然，保證人體身心健康，還有許多其他方面的因素，諸如充足的睡眠、足夠的營養、愉快的情緒、崇高的人格、生活的規律等等，如果能再加上堅持天天認真打太極拳，我相信維護你的身心健康，延長你生命的健康期，就有了可靠的保障。

　　總之，針對當今社會生活方式的變化，我們可以相信陳照奎老師所傳這套傳統的大架、老架、低架太極拳（一路83式，二路71式）必將日益受到人們的歡迎，由於它能引導人們走上身心整體健康之路，所以本人預見，從二十一世紀開始，它必將在全世界大放異彩。

刊載1997・第 4 期《武林》

傳統低架陳式太極拳健身的奧秘

—— 再論太極拳的內功

（1997年5月15日，在無錫
全國第五期陳式太極拳面授班上的講話）

今天，我講的題目是《再談一談關於太極拳的內功》。本來把太極拳分爲內功和外功就不妥當，因爲太極拳是一種整體運動，它是內外互爲作用的功法，所以，單說內功，單講外功，都講不清楚。

關於這方面的一些看法、觀點，我曾寫過三篇文章，都發表在《武林》雜誌上，1986年，發了一篇《陳式太極拳秘傳內功》、1989年，發了一篇《周天開合論》，1995年又發了一篇《論用意》其中兩篇在台灣的《太極拳》雜誌上轉載，另外，美國《太極拳》雜誌主編馬爾溫（Marvin）還通過對我的採訪發了一篇《馬虹談意氣力三結合》的文章。今天，我就這個題目，再補充談一點新的認識和體會，供大家研究參考。

太極拳乃性命雙修之學，它內外兼練，形神兼備，既練內，又練外，既練性，又練命，所以有人就把太極拳的功夫分爲內功、外功。其實，太極拳的所謂內功、所謂外功是可分又不可分的，它是一個事物的兩個方面。無非就是關於人體內部臟器、經絡、腺體的功能和外形上的運動

功能的分說。或者說是人體的陰性功能和陽性功能。人體就是這兩種功能的一體。陰性功能一般是看不見、摸不著的；陽性功能看得見、摸得著、測得出，比如跳多高，跑步跑多快，打拳打得質量怎麼樣，表面都能看得出來，而人的五臟六腑，內部氣血、神經、經絡等方面的變化，不用尖端儀器就很難看得出來。

我們練拳的人應該大體上懂得其中的運動變化，以及這兩種功能的互為作用就可以了。機械的、孤立的把太極拳的整體功能分為內功外功是片面的。太極拳是根據人體的整體性，以及《易經》學說裡的陰陽分合律而創編的，所以，我們陳式太極拳本身包含了人體的內外兼修的內容。近年來在一股「氣功熱」的影響下，某些人「創造」了什麼「太極內功」、「太極氣功」、「太極養生功」等等，主張把靜功內功和太極拳的動功分開來練，這是跟陳照奎老師當時所傳的要求不一樣的。太極拳是動中求靜，動靜結合的一種運動，特別是傳統的陳式太極拳，其標準的拳架（指比較規矩的，內涵比較充實的拳架），它的練功方法本身就應該包含內功與外功，如果你按它的要領來練功，就不必要再去追求其他的這個內功、那個外功。這是我對內功、外功的看法。

下面我想從四個方面談談傳統低架陳式太極拳對人體各個系統的調節作用，並且從中說明其整體功能。

一、從生命現象談起

為了講清這個問題，我們首先必須弄清人體生命規律。有人講，只有了解生命眞諦的人，才可以使短迫的生

命延長。這句話很有道理。

　　生命是什麼？生命的特徵是什麼？我們練拳的、敎拳的人必須搞淸楚。要懂一點生理學。

　　從哲學角度來講，一切事物都是一種過程，生命也不例外，它也是一個過程。講生命，學過生理學的都知道，生命的過程具有三大特徵：1.新陳代謝；2.興奮性；3.生殖。凡是構成一個生命，都必須具備這三個特徵。

　　新陳代謝，就是不斷地吸收、凝聚，又不斷地耗散。興奮性，就是生命的各種感官對外界任何影響都有反應，不論是積極的、消極的，良性的或惡性的影響，都會作出相應的反應。高興是一種反應，痛苦也是一種反應，這就是興奮性，這是一種生命的特徵，石頭不是生命，當然它就不會有反應，而人是生命它就有反應、有神經、有感官、有各種腺體，這些器官的變化過程，就是一種運動。新陳代謝的過程也是運動，興奮性的過程是運動，生殖也是一種運動，因為生命要延續，要傳宗接代，不延續就構不成生命。所以，生命就意味著它是一個運動過程，而且，這種運動是永恆的，不變的；這種運動，才是生命的眞實含義。生命機體無論是在工作，或是在睡眠狀態，它都在運動，心臟不能停止跳動，呼吸不能停止，循環系統不能中斷。所以說「生命在於運動」。而這種運動形式，不光指打球、游泳、跑步之類，而是生命學意義上的整個生命的新陳代謝過程，它是無時無刻不在運動變化的一種運動形式。

　　太極拳，從某種意義上講，它不只是人體外部形體的運動，而且它還促進人的五臟六腑、經絡氣血的運動。所

以說，它是一種內外兼練、性命雙修、形神兼備的一種最佳整體運動形式，俄羅斯人稱中國的太極拳是一種「整體健康術」，的確如此，我們的太極拳的最高價值，所謂「真諦」，就在於此。

如果你能掌握生命的規律，使生命維持一種有序的穩定狀態，則是延長生命過程的重要手段。當然這種穩定狀態則是一種相對的恆定、動態平衡。即便內部出現一些紊亂、偏差，或遭到外部環境的破壞，它都能及時得到調整（人體本身就有一定的調節功能），就可以延長生命的健康期。維持這種穩定狀態，有人稱為「生物鐘」，如果你這個「生物鐘」能夠正常的運轉，你的生命就能健康地延續。

生命整個過程又是一個不斷凝聚、不斷耗散的過程。不吸收，只耗散，肯定不行；整天只工作，光勞累，不吃不喝，不行；而光凝聚，不運動，不耗散也不行。一天老是吃好的、喝好的，養尊處優，老坐著休息，就會發胖，很多練靜坐功的，往往肌肉萎縮、血管閉塞，而腹部發胖，都是屬於運動少、耗散少，而凝聚太多的緣故。所以，這種生命過程的「穩定狀態」，很容易遭到破壞，經常會出現偏離、紊亂等失調現象，乃至機體的生存受到威脅。尤其是當今社會，現代化的生活方式，很多因素都在威脅、干擾人們的身心健康，事業上的競爭，快節奏的生活所帶來的心理壓力，以及吃得好、運動少而使高血壓、冠心病、肥胖症等成為常見的「現代生活文明病」，有關這方面的問題我曾在馬來西亞做過一次講座，題目是《走向二十一世紀的健康之路》，專門講過這方面的問題。

（詳見《武林》1997年第 4 期），這裡不再重複。

其實，人體本身有一套非常完整的自我調節系統（所謂生物節律），可以保證人體內的各種功能都按正常秩序運行。這種自我調節控制系統，並有其周期性，有內環境的固有節律，有外環境影響的節律，而下丘腦中的視叉上核爲控制這種節律的中心。

人體正常功能的發揮，其內環境有三種調節方法：1.神經調節；2.體液調節；3.自身各處臟器組織的自我調節。人體本身所以有免疫力就是因爲有這些自我調節功能。人們當然還有一些外環境影響下自身調節不了的問題，爲此人們就選擇了一些外部調節方法：1.休整調節。如營養、休息、情緒等方面的調整；2.醫療調節。吃藥、打針等各種醫療手段；3.運動調節。各種正確的合理的運動方式。這種調節，西醫叫調節功能，中醫叫陰平陽秘，調整陰陽。太極拳則是對人體內外環境都起調節作用的一種運動形式。休整的調節，醫療的調節都是被動的、消極的，而太極拳運動則是一種積極的主動的調整手段，用它來調節人體內外環境，保證人體生物鐘正常運行，從生命現象來看，它的調節功能更具有積極意義。

二、太極拳對人體各個系統的調節功能

人體，一般來講有八大系統（也有說十大系統的）：運動系統、神經系統、循環系統、呼吸系統、消化系統、泌尿系統、內分泌系統、生殖系統等等。根據我三十多年的體察，以及廣大學員的反應，太極拳對這八大系統都有積極的調整作用。不過它的調節作用的特點是以外促內，

由內及外，內外結合，內外互為影響，就是我們常說的「一陰一陽互為其根」。外面的肢體運動影響內臟，內部的一些運動又影響肢體的力量，所以內外完全截然分開講就講不清楚。

從傳統的低架陳式太極拳的諸多特點來看，它對人體八大系統有非常明顯的良性影響。

(一) 對運動系統的調節

當今的體育運動方式很多，有現代的，有傳統的，球類、田徑以及各種運動器械，以及武術運動等等。有些運動方式非常劇烈，運動完了呼呼喘氣，屬於缺氧，運動完了很不舒服，甚至還造成肢體損傷；也有些運動，運動量太小，不能很好地起調整作用。

但是太極拳，尤其是陳式太極拳，它屬於有氧代謝的中量運動，既不太劇烈，不致於對人體造成損傷，不致於造成缺氧，卻又能達到人體所需要的運動量，尤其是低勢拳架對增強人體下盤的運動量更為適宜。

首先，我們來觀察一下加大下盤運動量的作用。

俗話說：人老先從腿上老。中國道家的養生觀，特別強調練下丹田，就是腰及小腹部位，英國格拉斯哥大學有位專家研究，得出一個結論：從下世紀起，人類生活方式的一個重要變化，是重視健康，而其方式，不論青年、老年會更重視下肢運動……（見96年6期《周末》「二十一世紀的人類生活」一文）。

中國也有些專家提出，現代人們運動量降低，遠遠不能滿足關節的要求。尤其中醫強調膝關節，把它稱作「筋之府」大腦叫做「神之府」，下丹田稱作「精之府」。所

以下肢一出問題，肯定是一種衰老的現象。如果發現你腿沒勁了，說明你的生命力衰退，所以下肢運動對於當今時代的一些文明病的預防，顯得特別重要。而陳照奎老師傳的這套低架太極拳就最重視下肢運動、下盤運動、丹田運動、腰胯運動，因此，這套拳對運動系統肯定有好處。

第二，上身中正，強調脊椎骨對拉拔長的作用。

脊柱是人體整個軀體的支柱，是人的中樞所在。打太極拳要求身法中正，從會陰穴到百會穴這整個脊柱要盡量正、盡量直；並且強調用意領，使它對拉拔長。因為脊柱以及它的兩側，按中醫講的督脈、陽經，以及西醫講的中樞神經系統都通過脊柱的兩側伸展到全身的各個部位。脊柱如果健康、不出問題，一般的小毛病都好辦。現在很多人患腰椎間盤突出，頸椎、腰椎骨質增生，都是平時立不正、坐不正，彎腰弓背所造成的。而練陳式太極拳的人，一般腰都很有力量，脊柱一般不出問題。因為經常虛領頂勁，襠部下沉，要求命門往後撐，丹田往前突，那麼腰椎也不會出問題，胸背有開有合，胸椎也不會有問題，虛領頂勁、氣沉丹田，會陰穴到百會穴整個脊柱對拉拔長，對整個運動系統就有良好的調節作用。

第三、練低架太極拳腿部肌肉發達，腿部的肌肉和血管豐滿，就增強了血液輸送與回流的泵力。通過練拳，大腿肌肉增厚，肌肉群的伸展收縮，本身起了一種對心臟血液收放泵力作用的輔助功能。

另外，關於虛實倒換的問題，虛實分清，虛實互換，交替鍛鍊兩腿的耐力，這樣對維持人體的平衡（就是穩態、平衡態）大有好處。

還有，我們強調五趾抓地。這五趾抓地的要領大家不可小看。我不但打拳注意它，連走路也注意，確實有好處。去年十月我到長沙傳拳，完了以後到張家界旅遊。張家界的天子山很高，有七千五百磴，很多人是坐轎子上去的，他們都說我們這些六、七十歲的人肯定爬不上去，非動員我們坐轎子上去，但我們還是爬上去了。從中我發現了一個人體奧秘，那些抬轎子的，我雖然不坐他的，但我在後邊看他們怎麼抬著轎子上山。

他們主要是用前腳掌登台階，腳跟離出這台階。後來我看了一個資料，說人體運動大趾、二趾、三趾對人體健康大有作用，二趾、三趾的活動，有利於健胃，大趾活動量加大，有利於性功能加強，這肯定會使生命力增強。這抬轎的也是五趾抓地，強調前腳掌使勁，抬著轎子上七千五百蹬，確實不容易啊！就是空著手上去也很費勁的，但我們還是爬上去了，很累啊！第二天早上起來腳還疼。

那次我們一共十一人，其中有一個是不練拳的，還最年輕，才二十多歲，爬上去後就下不來了，最後她愛人架著她下來的，你說這練拳與不練拳就是不一樣，我們這些老頭、老太婆都上去下來了，像成都的楊曉鋒夫妻都六十多歲，還背著行李包，都爬上去了，你說我們這個拳對人體下盤起不起作用。

(二) 對循環系統的調節

陳式太極拳注重順逆纏絲這個纏勁，四肢順纏逆纏，腰左右旋轉，發力欲往左發，先往右轉；往右發，先往左轉，這胸腰的開合，旋轉，手腳的順逆纏絲，肯定對舒筋活絡有好處，對疏通氣血有好處，尤其是對人體微循環有

好處，陳老師常講：鬆，鬆到中指肚。因爲中指最長，中指肚鬆了，其它手指肯定也鬆了，加上我們運動的鬆活彈抖，這種振動，振蕩力量，肯定對微循環有好處，所以有的日本人問我們的太極拳教練「爲什麼太極拳可以嫩膚？」我們這位教練就答不上來，因爲他沒有研究太極拳對於微循環和內分泌的作用。

我們石家莊有個女學員，今年五十三歲，原來是一臉雀斑，她說我從來沒美容過，也沒用過化妝品。去年秋天突然一照鏡子，雀斑沒有了。怎麼沒有的？她說可能我每天打拳出汗出的，後來有幾位醫生給她分析，認爲通過她打拳主要是微循環和內分泌系統得到改善。

還有解放軍工程學院的一位副教授，曾支援過阿爾巴尼亞，在那裡得了一種病，回來以後始終摸不著脈，醫生說他是脈管炎，二十多年了。跟我們打拳後，突然有一天自己一摸，摸到了脈搏的跳動，讓太太摸，讓別人摸，就是有了，他非常興奮。

還有兩位患子宮肌瘤的學員，通過打拳，也沒有了。還有一位學員，醫生診斷她患了乳腺瘤，通過練拳，也沒有了。這種例子很多，都是活人活事，我們不主張大家去宣傳太極拳能治什麼病，但事實有些例子擺在這裡，我們誰都承認它確實對循環系統，特別是微循環有積極作用，就行了。最近，我還收到湖南學員趙傑的一封信，她告訴我多年未能痊癒的血吸蟲病，經過練拳不治而癒了。這又是一件「新聞」。（見第八期函授通訊《趙傑來信》）

(三) 對消化系統的調節

練拳對消化系統的作用就更明顯了。由於打拳強調丹

田內轉，胸腰折疊，就有以下幾個好處：1.加強了輸入。打拳後，胃口好，肯定就吃得多。2.加強了吸收功能。我們吃下去的東西經過胃部的粉碎，真正吸收，變成熱能，是靠小腸壁億萬個毛細血管的吸收，經過打拳丹田內轉運動，自我按摩，肯定它的吸收功能就加大。3.增強了排泄功能。練我們這拳的，很少有人便秘。再如肥胖問題，其實不是營養過剩，而是營養失調，主要的一個問題，是缺乏腰腹部運動，就是丹田區域，包括腰椎、小腹、腹肌、小腸、會陰等骨盆裡的這個區域，因為這一個部分運動，一定對消化系統有好處，小腹部位是人體的靜脈網，靜脈是管血液回流的，你不運動它，那麼回收的功能就差，積聚的物質就多，脂肪、廢料都積在這個地方，就非胖不可，肚子就非大不可。

我是在機關離休的，一到我們離休幹部開會，你仔細看吧，大多數人是大肚子。還有我北京的一個師弟，原來跟陳老師一起學拳的，後來另投名師了，那麼他就不練我們原來的低架子，立著身子練，現在胖了，肚子大了。去年他來我家住，因為我家的廁所是蹲坑，不是坐便器，他肚子大，蹲不下去，說：「師兄，你的廁所該改造啦。」他才六十歲，我七十歲，我也跟他開玩笑說：「老弟，不是我的廁所該改造，而是你的肚子該改造了，你該再練練咱們老師傳的低架子。」

再比如，有很多人，原來有痔瘡，練拳以後好了，也挺奇怪，說奇怪也不奇怪，有本書上講「瘸子不長痔」，因為瘸子走路一瘸一拐的，腰臀部活動的幅度大。咱們打拳很多動作也老是沉左臀，翻右臀，沉右臀翻左臀，腰胯

走橫 8 字，所以堅持打這拳，很少有得痔瘡的。

(四) 對神經系統的調節

我們這套拳動作很繁難，所以練時要求精神高度集中，強調用意，以一念代萬念，練靜功的往往坐了半小時還沒有眞正入靜，而我們這拳，一趟12分鐘，絕不能想別的事，只能想這83式300多個動作，必須連貫地一氣呵成，這是眞正的動中求靜，眞正的腦子入靜，所以我們說，這是「勞形凝神以健腦」。有人講：「中國的太極拳是大腦皮層體操。」

陳式太極拳有獨特的風格，獨特的要領，可以使你從惡性興奮轉化爲良性興奮。惡性興奮就是：苦惱、焦慮、煩惱等等，腦子壓力大、失眠、考慮這考慮那、患得患失。良性興奮即：鬆、沉、柔、圓、和順、能化、能容，能屈能伸，能開能合，能剛能柔，從容不迫，大將風度等等。那麼我們打拳，就可以抑制惡性興奮、啓迪良性興奮。這就是對神經系統的積極調整作用，而簡化套路達不到這個效果，因爲它五、六分鐘就完了，還沒有眞正入靜，就完了。

我從馬來西亞帶回來一本書，叫《關於太極拳的養生功能》其中就說到：「只有中國的傳統套路能夠使腦子入靜，使大腦得到休息調整，而簡化套路達不到這個效果。」台灣有個醫學院經過考證也認爲，簡化套路對健腦、入靜，作用不明顯，不如傳統套路。

關於健腦作用的例子也很多，例如，原來和我一個辦公室工作的孫貴生，患美尼爾氏綜合症，神經系統受到嚴重損傷，上班經常頭暈、腦脹，有時天暈地轉，坐不住，

不能堅持工作，只好上醫院，自從跟我練這套拳，從來就沒患過，現在也是敎練了，多年的病治不好，通過練拳好了。還有江西學員邱愛鳳患過敏性哮喘，久治不癒，先生懇求醫生千方百計幫助治好，醫生說：我要能治好這種病，可以拿諾貝爾醫學獎了，但她後來跟我的學生楊海林練拳八個月，痊癒了。

　　㈤ 對呼吸系統的調節

　　大家知道，我們這套拳強調丹田內轉，其實丹田內轉從某種意義上講，實質上是鍛鍊運用腹式呼吸，與肺呼吸相結合。

　　腹式呼吸，是以小腹收縮與膨脹交替運動的一種呼吸方式。這種呼吸方式本來是先天的，胎兒在母腹中，是依靠臍帶從母體血液中吸收氧和營養液，其呼吸方式爲胎息，嬰兒出生後到能走路以前，仍以腹式呼吸爲主，肺呼吸不太明顯，當小孩一下地走路，就主要靠肺呼吸，以後再長大，就完全靠肺呼吸了，也就「忘本」了，拋棄了腹呼吸。

　　只靠胸式呼吸（即肺呼吸）有個缺點，醫學研究表明：胸式呼吸對肺活量小，肺組織利用率低，即肺葉的中下部分的肺泡組織活動度小，長期處於曠置狀態，這不僅使人的氧氣吸入量減少，還使這部分肺組織因長期少用而易退化、纖維化，以及爲細菌生長創造條件。所以，有些老人，平時身體尚健，也無呼吸疾病，因不愼一旦受寒而患肺炎，往往幾天之內因爲呼吸衰竭而去世。

　　腹式呼吸時，橫隔肌上下活動範圍加大，胸腔容積得到最大範圍的擴展和回縮，同時腹腔臟器也得到充分的運

動。據研究，胸呼吸一次約爲 5 秒鐘，吸入空氣約500毫升，而結合腹式呼吸約10～15秒一次，吸入1000～1500毫升空氣。所以，腹式呼吸可最大限度利用肺泡組織，充分進行氣體交換，還有利於肺組織健康。

腹式呼吸時，胸腔容積擴大，使心臟得到充分擴張，有利於心肌的供血及供氧。還能使腹腔內臟器得到自我按摩，胃腸的吸收功能加強。同時大腸蠕動增加，還可以促進機體廢物及腸內毒素的排除。我們講的丹田運動，實質上就是運用腹式呼吸，不過我們練拳強調的腹式呼吸是逆腹式呼吸，即吸氣時小腹收縮，呼氣時小腹鼓蕩、膨脹，這就更有利於增大肺活動。

㈥ 對泌尿系統、內分泌系統、生殖系統的調節

這三個系統大部分在丹田區域，也就是骨盆之內這一區域，所以有人把我們這拳的丹田運動叫做骨盆運動，所謂「練精化氣」的鼎爐，就是強調丹田即肚臍以下小腹的運動，陳式太極拳正好特別強調這部分運動。

這個部位，有許多鮮爲人知的好處，這裡引用幾份資料，供大家研究：

1996年第 2 期《健康大視野》上有一篇文章介紹鍛練恥骨尾骨肌的好處，它說：恥骨尾骨肌，可以支撐骨盆內的全部器官。它是一條比較寬的韌帶，這部分是怎麼運動的呢？一是收縮，二是放鬆，再收縮，再放鬆，快收縮，快放鬆，慢收縮，慢放鬆，這樣交替反覆運動。鍛練這一塊，亦即中醫講的腎臟系統，內腎、外腎，對於人的內分泌，特別是性腺的內分泌大有好處。

1996年第 1 期《自我保健》雜誌上，介紹一個美國醫

生名叫開吉爾，為一個女性患者治療尿失禁。他提出一種方法：鍛鍊 P、C 肌，也正好是恥骨和尾骨之間這群肌肉，就是襠部。我們打拳老強調襠走下弧，兩胯之間與襠部運動走橫 8 字。他把鍛鍊這群肌肉稱之為「不為人知的運動」就是說你看電視時、等汽車時都可練，不論在什麼地方站著都可以練，就是做襠部的收縮、放鬆運動，我們打拳也常講收腹、吸氣、鬆胯、提肛，完了以後丹田下沉、氣下沉，再放鬆，一收一放，一開一合。那位醫生最後不但治好了患者的尿失禁問題，還治好了乳房下垂、性生活缺陷，還取得了減肥的效果，解決了這麼多問題。

1995年上海《解放日報》登過一篇文章，題為《提肛治痔瘡》。

明代趙台鼎著的《脈望》，裡邊介紹一種治療方法，也是叫病人運動骨盆這個部分，治療遺精，半年見效，治療成功。

1990年江西醫學院副教授姚文虎（我的學生）寫了一篇《陳式太極拳治療「陽痿」》的文章在我們函授通訊上登過，就是一邊給病人用藥，一邊教他練拳，結果效果良好。

1996年1月2日《康壽福音報》介紹，轉動骨盆，運動腹肌，有助於性功能的改善。台灣的作家南懷瑾在一篇文章中說：許多運動員運動了一輩子，只有一個部位沒有運動起來，就是海底穴。也就是襠部這個部位，海底穴就是會陰穴的內部，這個部位運動到了，說明有很大的好處。

道家的養生觀認為，一切生命的原動力在身體的下

部,「還精補腦」也靠下部。道家華山派傳人邊治中,寫過一本道家回春功,電影演員張瑞芳就大大提倡這個功,因爲她本身就是受益者,這個功跟我們丹田內轉一樣,就是練丹田部位,一收一放,丹田運轉,當然沒有我們拳動作這麼複雜,但原理是一樣的。

在這裡,我再補充一個例子。我的學生王文波(中醫專家、廣東汕尾陳式太極拳傳授站站長)向我反應,他的一位朋友,三十多歲,作過腦垂體瘤切除手術之後,代謝不正常,外形和舉止都有點女性化了。他很苦惱。王文波引導他練拳,不出半年,奇蹟出現了,不僅身體壯實了,胸膛厚實,原心律不整的心電圖不見了,而且男子漢的氣質和陽剛之氣恢復了。以前四處尋醫藥,現在朝朝練拳,他這位朋友高興極了。文波還反應,他們那裡有七十多歲的老年人通過練這個拳,性功能仍能保持正常。有些常年堅持練拳的女性,絕經期後,仍能保持健美身材和敏捷的反應。

總之,太極拳重視下盤運動,強調腰運動、骨盆運動、丹田內轉,實踐證明,對人體生命的內環境有重要的調節和改善作用,這是這項運動的精華。

三、正確認識所謂煉氣

談及太極拳的內功,大家都聯想到氣,關於氣功大家對它都很熟悉,不可否認,它也是一種養生的手段,但對這所謂氣功之「氣」應該有個科學的認識。根據道家,養生家的論述,人體的精氣神(意氣力),三者是可分又不可分的一個整體。如果分,也只能分爲陰陽,分爲精和

神，分爲形和神，這是科學的分法。

那麼，所謂「內氣」，擺在什麼位置，自古以來，古代的一些文獻上都講「精氣一元論」，「神氣一元論」，就是把精和氣說成一回事，有的地方把神氣說成一回事。這就是說，古代養生家、醫學家都把「氣」與精、「氣」與神，看作是一回事。「氣，原在乎精中。精氣本是一物。」（《伍柳仙宗》）「眞氣者，即先天之精也」、「氣穴，亦精穴也」（《天仙正理》）「煉精者，則氣在乎其中；煉形者，則神在乎其內」「氣者，即腎中眞陽之精也，氣與精實爲一物。」（《伍柳仙宗》）所以，把太極拳拳架本身與氣功分開，把拳架與內功分開，都不妥當，因爲，氣與精、氣與神基本上是一回事。

氣功之「氣」是什麼？根據現代醫學和中國傳統醫學分析，所謂內氣、眞氣，是人體臟腑和肌體存在的一種生理功能。如胃之氣，指消化功能；衛氣，指人體表皮的防禦功能。所謂「氣功」，實質上是靠意念，靠調神練意來調控人體這些固有的生理功能，所發揮出來的一種能量。

人體確有潛在的特異功能，有人能開發出來，有人再怎麼練也出不來。所以我們不要過多的去追求它，我們強調練體、練腦；或說練精、練神，主要還是這兩個東西。「氣」是在大腦意念控制下，調節各個臟器各個部位的潛在功能而已。「氣」就是這麼個東西。單獨說氣在什麼地方，是什麼樣的氣體？看不見、摸不著、說不淸。（除了肺部的氣之外）

所以在拳架之外，再去搞什麼「太極內功」「太極氣功」，「太極靜功」「太極養生功」等等，或者再去打

坐、站椿，意義不大。當然也沒什麼壞處，但陳老師強調
這拳本身就是一種椿，練低架子就是一種活椿，不一定再
去練那死椿，站著不動，時間長了腿容易發僵；長時間打
坐，腿部肌肉會萎縮。因此，我們主張練精氣神爲主的拳
架，靠練拳，來調整意念力，調整肌體力，調整五臟六腑
的功能，增強人體的健康和力量。

古人顏之推，就是寫《顏氏家訓》的那個北齊文學
家，也提倡養生要內外兼練，不能「養於內而喪外」，他
引了《莊子·達生篇》裡單豹的故事，很生動。說單豹很
善於養生，「行年七十而猶有嬰兒之色」，眞是返老還童
了。就是像我這般年紀，而臉色還像孩童一樣紅潤、柔
嫩，養生功夫確實到家了。但是，有一天「不幸遇虎」而
「被殺而食之」讓老虎把他給吃了，養得這麼好，但一點
跑的功能也沒有，一點搏鬥的力量也沒有，躲也躲不了，
閃也閃不了，被老虎吃了，太可惜了，這就是只養內，不
練外的結果。而武松遇到景陽崗上的猛虎，就反而把虎打
死了。所以，我們這拳強調內外兼練不要單獨去練什麼
「氣功」，更不要追求成神成仙，闢谷長生。

闢谷能治病，但沒病就不必去練它，練闢谷10天、20
天、幾十天不吃飯，人如果不吃飯還要這個牙齒、胃和腸
子幹什麼。只有不斷地吸收凝聚，又不斷地耗散，才能維
持生命的過程。

所以，不要去貪圖那些「省勁而出奇功」的神話。他
坐著練當然很輕鬆，躺著練更輕鬆，你單練這種功，那麼
運動系統、腰腿、身體的力量、耐力、速度、靈敏度等就
練不到。不然就跟那個單豹一樣，養得白白嫩嫩，肥頭大

耳，遇到個情況就傻眼了。所以還要練一練功力，從多方面增強身體素質，這都是我們拳裡所包含的。中國歷來武術家都講究四個字：一膽、二力、三智（謀）、四法（技巧）。傳統陳式拳也講這四個字。

四、要提高太極拳修煉的質量

最後講講怎麼再把修煉的方法、修煉的質量提高一步。

1、在上身中正的前提下，力求拳勢走低架，打低架子。這是強調練下盤，練腿的功力、襠部、骨盆部位的力量。以上講的內容，一些例子都說明練下盤的重要性，所以，我們練拳時，不要偷懶，不要為了省勁而打高架子，當然各人的身體素質不一樣，有的人身體太弱，可以打高一點，因為這拳本身分高、中、低三種架子，但只要身體條件許可，就盡量的拳走低架。

2、養成以丹田為核心，以腰帶動整體的鍛鍊習慣。腰不動，手不發，內不動，外不發，不論大小動作，都養成用腰帶動的習慣，以腰帶動四肢、帶動全身各個部位，尤其是襠部，要走橫8字，左右兩胯像蒸汽機火車頭上的曲軸，一進一退，一上一下，一翻一沉、一虛一實，這樣一種螺旋運動，左邊沉、右邊翻，前邊沉，後邊翻，把胯骨槽與股骨頭之間的曠量加大，靈活度加強，特別是腰、襠、膝（俗話說：腰襠膝，太極拳的發動機）這一部位加大運動量。

3、改變一下你的呼吸方式，強調結合腹式逆呼吸，逐步形成習慣。日本專家岡田講過：「修煉腹部功夫，是

第一流功夫。」（96. 5. 29.《國際氣功報》）

4、讓海底穴動起來。注意聚、合、吸。原來在《陳式太極拳的健身性、技擊性和藝術性》一文中我強調注意呼透，那麼現在還要講一下注意吸、注意聚，注意讓海底穴動起來，就是丹田下部，會陰穴這個部位，丹田怎麼動，從哪兒啓動，這地方就是啓動丹田的鑰匙。從那兒開始動，吸氣往裡收，呼吸往下鬆，從海底啓動丹田，丹田運動再帶動整體，尤其是收的動作，合的動作不能馬虎，如初收動作二，一定要收腹、吸氣、鬆胯、提肛。認眞一點，把外形動作和內在的東西結合起來。所以有人把海底穴稱作生命的礦藏，生命的基點，讓這裡動起來很重要。

所以每個拳式都有若干個開合，如掩手肱錘：先開、再合，又一個收腹、吸氣鬆胯，又一個開、再開，然後又一個合，再一個開。其中哪一個開合都不能丟，強調它的質量就在這個地方。

另外，還要注意它的節奏性，合的時候慢一點，如穿梭，穿以前先有一個合，有個蓄勁，不要馬上穿出去，合一下，這樣旣鍛鍊腿的耐力，又鍛鍊丹田的收縮力，收腹、吸氣、鬆胯、提肛，把勁蓄足了，然後「唰」的穿出去，看上去旣有氣勢，又有節奏，該快的快，該慢的慢，該合的合。雖然有的動作是開的動作，也可以慢一點，開了要沉、要鬆，如白鶴亮翅，很多人一開就算完了，就沒有呼氣、下沉、放鬆、掤臂，開中沒有合，不注意它，那麼，練起來效果就差。

所以，要注意質量，動作勁力都要到位。

5、要注意用意。這我在《論用意》一文中已講得很

詳細了，主要在打拳時，注意所有的動作、勁力都要用意念來領，這叫「意領形，腰走勁」。例如，第一單鞭接第二金剛搗碓動作一，其中一圈之中有四個勁，即掤、攦、按、發。掤的時候，意念想到掌根、大小魚際突出去，回來攦的時候，大小魚際翻過來，走一個弧線，再下沉，掌根往下按，再推出去，這四個勁，一定要清清楚楚，意念要跟上它。每式每動都如此。這樣的話，既練了意，又練了力，意氣力真正做到相結合。

6、要加大纏絲的深度

有的人打拳很輕、很柔，說錯也不錯，但就是缺乏內勁，缺乏纏勁。每個動作的纏，順纏逆纏，都纏到點子上，像陳老師講的那樣，纏到骨縫裡邊去。實際上關鍵是骨節鬆開，纏得深度再深一點，順逆變換一定先塌掌根，再纏。腿也一樣，你出腿不要這樣直著蹬出去，要逆纏蹬一下，或是順纏擺一下，這樣就鍛鍊了腿的順纏、逆纏勁。手也是這樣，該纏多少纏多少。

7、要加大周身的掤勁

要解決鬆與掤的關係，就是說鬆和掤要結合起來，要「鬆透掤圓」。陳鑫《陳式太極拳圖說》中有云「筋骨要鬆，皮毛要攻。」既要筋骨放鬆，又要加大表層的掤。這掤勁很大程度上是用意，當然，你自己摸著點，當用意加大掤勁時，皮膚也有往外膨脹的感覺。周身表層各個部位都要有往外膨脹的感覺，用意念領，加大皮毛表層的彈性，這對增強身體的彈性、警惕性以及微循環的調節都有好處。鬆活彈抖，只有鬆了、活了，才能有彈性，才能抖發勁力。所以這鬆的目的，跟其他拳不一樣，有的拳講，

大鬆大柔大軟，為鬆而鬆，我們說放鬆的目的，是為了重新組合和調動全身的力量，集中到一點上發出去。如果單純地強調鬆，把力量鬆散到各個部位去了，那麼，整體力量就很難調動。這是對放鬆、掤勁和發力的正確認識。此外，加大掤勁也有利於拳的氣勢的飽滿和神韻的表現。

8、要從難從嚴要求自己，不怕吃苦，不要偷懶。

我常常講詩人歌德的那句話：「痛苦往往是幸福的源泉。」不肯吃苦，不會嘗到真正的甜，有句老話也講了多少代了「要練武、不怕苦」。所以，我們打拳，不能怕苦、怕累、怕流汗。有些人對流汗也有不同的看法，說汗流多了，這個不好，那個不好。我們《函授通訊》上次發了一篇《長壽來自出汗》。還有一篇文章說：經常堅持運動，而常常出汗的人不會得癌症，有些致癌物質（諸如鉛、鍶、鈹等）就隨著汗水排泄出去了。所以不要怕出汗。功夫就是時間加汗水。要提高質量，加大運動量也是一個方面。古人講「一藝之成，必竭苦功。」有些難度大的動作不要一劃就過去了，要認真去做，如「雀地龍」本來拳下去了，可以一下挑上來，而我們還要再沉一下，褶走下弧。拳要從小腿裡側穿過，走一個下弧線，再上升。架子已經很低了，褶再走下弧，肯定很費勁，但就是要這麼練，只有如此，才能不斷加大下盤的功力。「金雞獨立」，你一起來，趕緊落下去，當然省事省勁，而你慢慢托上去，那你的腿的耐力就加大。還有「野馬分鬃」的過渡動作，轉體本來可一下立起來，這樣省勁，但你低勢轉體，就費勁多了，就是要讓你費勁。「穿梭」盡量竄遠一點。二起腳、雙震腳盡力跳得高一點，對難度大的動作要

單練它，練單式。

我們這套拳，拆開來可有一百多個單式，可以單獨練。所以陳老師講，這拳你有多大勁，可以讓你發揮多大勁，沒有勁的也可以練。

9、「德成藝乃立」，要重視人格的修煉。

我常說，你德性好了，你的拳，你的藝才能站得住腳。你道德品質高尚，就會立於不敗之地。陳老師也講過「沒八輩子德行的人，練不好這套拳。」所以，精神境界的修煉，也是太極拳的一個內容，這跟其它武術不同。它既練體，又練神，既練內、又練外，既練身體素質，又練精神素質、文化素質。學拳，先學理，要修德。練拳的目的是什麼，首先是為了自己的健康，然後傳拳幫助更多的人健康，這叫康人康己。

人是自然之子，來自於自然，歸宿也是自然，所以，人應該無私地回歸大自然。人又是社會之子，生存於社會，他的使命是無私地奉獻社會。

所以練拳決不是單純的鍛鍊身體，要有多方面的修養。常說「功在拳外」，拳練得好不好，身體健不健康，決不是光練拳所能解決問題的。必須對健康有個綜合觀，人的健康起碼有五大因素：1.情緒穩定；2.運動經常；3.飲食合理；4.生活規律；5.品德高尚。這是衡量一個人健康的五個標準，這樣的人，各種適應能力都很強。但是，社會的外環境對人的身體有很多影響，如意外的生活事件、經濟地位的變化、職業病、自然環境的污染、「時代病」等等，都是影響健康的因素。

練拳也一樣，應該從多方面吸取營養，哲學、生理

學、心理學、醫學、力學、兵法、美學等都可以充實我們這拳的內涵，所以我們常講，太極拳是性命之學、兼備文武之道。

道體從來貴圓、貴通。中國人講道一個是圓，一個是通。圓，就是凡事力求圓滿，沒有缺陷。通，就是沒有障礙，思想行爲沒有任何障礙。我常說，能頓悟圓通者，方可步入無礙之妙境。這是我們所追求的高境界。「無礙」就是什麼事情都能順應，能適應，能順乎自然，則可隨心所欲，從容不迫。凡事想得開，想得通，思通千古，胸懷宇宙，沒有什麼能阻礙我們。人就應該達到這樣一種境界，怎麼達到？

《易經》給我們指出一條路，《易經》裡邊的人生哲學，有人歸納了18個字，很好。一是講天人關係，即人與自然關係；識天、順天、樂天。識天，就是認識自然規律，你才能適應它；順天即順乎自然規律，適應各種自然條件；樂天，自然怎麼變化，都能從容對待，抱樂觀態度。二是講人際關係，也是六個字：守正、中孚、尚和。守正，即自己站得正，一身浩然正氣，頂天立地，不爲名利所役，不爲私心所擾。中孚，就是講誠講信，對人誠實、熱情、守信用。尚和，就是盡量地能容人，和爲貴，處好同各種人的關係。三是處事原則：審愼、果決、適變。審愼，處理事情要愼重，認眞負責考慮成熟，三思而行；果決，不優柔寡斷，認準了就要下決心去幹，乾脆俐落。適變，不管情況怎麼變化，你都能適應。

所以，你把這些思想上的東西，加上拳裡邊的要求，去處世，去練拳，就能鬆得下，沉得下，容得下，能屈能

伸，能剛能柔，處處順遂。得意時能淡然，失意時能坦然，去留無意，榮辱不驚，任何事情看得開，想得通，沒有思想負擔，胸懷豁達，雲水襟懷，松柏氣節。什麼情況都能適應，那麼你的精神境界健康，身體也好了，整個素質就提高了。

總之，太極拳的修煉過程，有一個較高的標準（境界）要求，它應該是一個理想人格的修煉過程，不僅僅是強身健體，而且修煉人的精神境界。所以，太極拳的魅力吸引了整個世界，它那強大的生命力將會越來越清晰地顯示在人類面前。為此，希望我們大家傾注畢生的精力，去繼承它、鑽研它、弘揚它。讓傳統的陳式太極拳，在全民健身運動中，充分發揮它的功能，讓它像中國的四大發明一樣，成為中華民族對全人類的又一項重大貢獻。

（無錫學員謝宏亮根據錄音記錄整理）

【附】記錄人的一點說明：當時馬老師講課時，是邊講邊示範，許多地方是以形象而生動的動作配合講述，這些示範動作，難以用文字描述，請讀者諒解。

論養性功夫

一

「生命在於運動」的道理，已爲越來越多的人所接受。參加體育鍛鍊已經逐漸形成群衆性的運動，人民的體質在增強，壽命在延長，這是當前我國社會主義精神文明建設中的新景象。但是，從另一個側面觀察，也有許多人雖然重視了肌體的鍛鍊（這是重要的），卻忽視了精神鍛鍊，因而，一些人乃至某些練功有素的武術家、氣功師、體育健將，以及著名的太極拳師，也未能度其天年而早亡，考察其短壽的原因，大多是由於精神上的刺激和創傷所致。也就是說他們還缺乏「養性功夫」。當然，也有的是由於生活上的不幸或意外的災難。

我國有句古話，叫「性命雙修」，今人則講「身心健康」、「身心醫學」，都是講人體生命必須得到全面的、科學的鍛鍊。就是說既要重視肌體的鍛鍊，也要重視精神鍛鍊，使「精、氣、神」三個方面都得到鍛鍊，懂得養生的綜合性，樹立人體生命運動的整體觀。爲此，人體健康的標準也應該是全面的：體健、氣順、神清，總感到身體既有充沛的氣力，又有清醒的頭腦、愉快的心情、旺盛的精神，即人們常說的「神采奕奕」。

精神鍛鍊，即「養性功夫」，是健身的一個重要方

面。一個人精神好，是大腦健康的集中表現。身腦原為一
體，大腦不過是人身的一個組成部分，但它是最重要的部
分，它是人體生命的「司令部」。

身腦分開研究，一是生理學（研究人體生命的生長和
衰亡規律的科學），一是心理學（研究心理規律的科學，
既研究精神力量的科學）。人的精神力量（心理作用）往
往是人們所難以估量的。例如在作戰的前沿陣地，情況緊
急，平時個人體力根本跳不過去的鴻溝，一剎間精神一振
就可以跨過去。又如張海迪的英雄事跡，更能有力地說明
精神對於人體生命的重要意義。相反，精神的委靡，大腦
的衰老，將會給人們帶來無窮的災難。有云「人老先從腿
上老」，其實其主宰還是在大腦，在「司令部」。半身不
遂患者的病理，就能充分說明這個問題。腦血管出了毛
病，卻反應在下肢。

精神、意志、情緒、性格等心理因素，對人體健康有
重大作用。美國醫學家對加利福尼亞州的七千名成年人調
查，發現：凡是沒有健康的情緒，沒有堅定信念的人，其
死亡率比情緒正常的人高出一倍。還有一個醫科大學，對
本校三十年前畢業生後來情況的調查分析：由於意志消
沉、焦灼、易怒而過早衰老成疾者，遠遠超過情緒正常的
人數。

醫學界的分析，有50％至80％的疾病歸咎於精神作
用。像消化性潰瘍、潰瘍性結腸炎、支氣管哮喘、心臟病
發作、高血壓、甲狀腺機能亢進、酒精中毒、失眠、偏頭
痛，以及神經和精神機能障礙，無不與消極的情緒緊張密
切相連。醫學科研人員已經確認，情緒煩亂可以引起人體

大腦神經和內分泌系統一系列紊亂現象，從而導致疾病。
我國雲南一位醫學家調查了 65 例 60 歲以上的心臟病患
者，也發現其中80％是由於情緒不佳而引起發病的。

《素問·靈蘭秘典論》說：「心者，君主之官也，
……故主明則下安，以此養生則壽。」中國醫學把養性看
作養生的核心。中醫一向重視「七情」（喜、怒、憂、
思、悲、恐、驚）對人體健康的影響。《內經》中講：
「百病生於氣也。」並認爲「怒傷肝，喜傷心，思傷脾，
悲傷肺，恐傷腎」等等。這些都是精神作用於生理功能而
導致疾病。有些人，本來沒有病，可是由於無限懷疑、擔
心、憂慮自己有病，而變爲眞病；也有確是有病的人，而
不以爲然，卻變爲有病而自癒。爲什麼有人會嚇死，也是
心理作用。所以有醫學家說：「一切對人不利的影響當
中，最能使人短命的就算是不好的情緒和惡劣的心境。如
憂慮、頹喪、懼怕、貪求、怯懦和憎恨等」。

因此，我們必須把大腦的健康、把精神鍛鍊看得與肌
體鍛鍊同等重要，使兩者保持平衡（使精神與體力保持平
衡）。一個人是否健康，要從肌體和精神兩方面來衡量。
好發怒、憂慮、急躁、膽小等不正常情緒，都應該看作是
大腦神經不健康的一種表現，也可以說是一種病態。

毛澤東在《體育之研究》一文中曾講到：「身心皆
適，是謂俱泰。故夫體育非他，善乎吾生、樂乎吾心而
已。」此見解很精闢。搞武術的，搞體育的，練氣功的，
不注重精神鍛鍊，沒有「養性功夫」，也不可能使身體得
到全面發展。不只是老年、中年要注意這個問題，青少
年，也要注意精神鍛鍊。一個日本醫學專家說，現在「日

本的傳染疾病大大下降，奇怪的是靑少年患精神病的在增加」。其實，中國也有這個問題（據 93.5.14.《法制日報》透露，我國目前精神病患者已達一千萬人。）因此，必須引導人們注意精神鍛鍊，做到性命雙修，而且把養性功夫作爲鍛鍊身體的基本功之一。

二

怎樣進行精神鍛鍊，最重要的是做到主客觀相適應，使自己的主觀意志、思想、願望、情緒和客觀社會環境、自然環境都能合拍。即古人講的「天人相應」「天人合一」。也就是說要順乎自然，「依乎天理」（見《莊子·養生主》）。

具體地講，應該注意以下幾個方面的修養：

㈠ 暢懷，創造一個「無礙妙境」

《醫道還元》一書中，提倡人們要求進入一種「無礙妙境」的精神世界。凡事都能看得開，想得通。即有人講的要「胸如宇宙，思通千古。」

人的思想、情緒，是受人的世界觀支配的。人生觀與客觀社會發展規律相適應，他的情緒也會健康。一個人的精神生活必須與他所處的時代和社會合拍。只有那些能順應社會環境的人，心胸才會最開闊；只有那些能夠正確處理人與人的關係，情操高尙，講求風格，不爲一些私心雜念所煩惱的人；只有那些不沽名釣譽，不圖謀私利，不追求權位，心高志潔，薄俗厚德，光明磊落，心地坦蕩的人；只有那些能克己奉公，助人爲樂，事事出以公心，爲人們的利益勇於獻身的人，只有這樣的人，才會永遠處於

心地坦然、永遠愉快的自由王國，不致陷於無限焦慮或激怒而不能自制的境地。

有了這樣一個思想基礎，即使個人遇到一些坎坷崎嶇或意外的不幸，也善於掌握和平衡自己的情緒。因為有了正確的世界觀，認識到人生的意義，並且認識到人的生老病死都有其自然規律，「天有不測風雲，人有旦夕禍福」，即便有什麼意外，遇到什麼情況也無所畏懼。遇事不慌，從容不迫，情緒不緊張，大腦永遠不為「七情」所傷。能「遇逆境，善自排解」。

「樂觀者長壽」，這是有科學根據的。原蘇聯科學家皮羅戈夫經過長期觀察，得出「勝利者的傷口比失敗者的傷口要癒合的好」的結論。外科大夫不喜歡給心情抑鬱的人動手術。他們還觀察到人愉快的時候肺部、腦部血液循環狀況良好。長壽老人多半是樂觀的，據調查80歲以上的老人，96％的長壽者是樂觀的，是富有人生樂趣的。世界上最老的老人之一，1823年生的伊朗人阿巴斯·哈薩（157歲），記者問他長壽的秘密，他回答說：「我有快樂的性格。」（1979.8.27蘇《文化報》）

(二) 個體生命與社會生命的統一觀

為了保持樂觀情緒，還要認識生命的社會性。正確處理個體生命和社會生命的關係。個體生命是社會生命的一個單元，一個組成部分，一個細胞。兩者是互相依存的。一方面，要加強自身鍛鍊，增強體質，延長壽命，是為了為社會生命多做貢獻，人活著，必須關心社會生命，融二者為一體。遇到一個小孩落水，毫不猶豫地跳下去救人，就是二者融為一體的表現。

正如愛因斯坦說的：「我每天上百次地提醒自己：我的精神生活和物質生活，都依靠著別人的勞動（包括活著與死去的），我必須盡力以自己的勞動來報償他們，我強烈地嚮往著儉樸的生活，並且常為發覺自己占有了同胞的過多勞動而難以忍受。」這也是張海迪的「人生的真正意義在於貢獻而不是索取」的意思。

具有這種人生觀，他永遠是樂觀的，心靈永遠是美的。古人講「慈悲喜合」。只有捨得自己的一切，捨得生命，捨己為人，才能樹立樂觀主義。不能捨，「慈悲」也有侷限性。如果我做好事要別人報答，是做買賣，我一個錢也不值。現在有的人，做這種「買賣」，連本錢也不出，光叫別人給他做好事，就更可恥了。

有人教拳、教氣功，名義上是為人民服務，骨子裡是不擇手段地只顧賺錢。這種教別人「長壽」的人，他自己不會長壽。如果不讓社會生命，只講個體生命，只顧個人鍛鍊，個人養性延命，國家有難也不顧，見死不救，那就是個人主義的活命哲學。個體生命與社會生命能融為一體，就可以做到凡事想得開。如對同胞、對工作、對困難，都有個正確的態度，有捨己為人的精神，就能做到達觀、暢懷，就能有「海量」，有「雲水襟懷，松柏氣節」。古人云「厚德載福」也是這個意思。多做好事，本身就是幸福。這叫「外功內果」。利人利物之善事（外功），會給自己帶來精神上的愉快（內果）。

（三）節慾，進取和界限的統一觀

「百煉此身惟戒慾」。戒慾包括戒名利地位之慾；戒生活放縱之慾。

　　陝西延安有一位120多歲的老人吳清雲，他有四句
話：「酒色財氣四道牆，人人都在裡邊藏，若能跳出牆外
去，不是神仙也壽長。」四川綿竹還有一位百114歲的老
中醫，叫羅明山。1980年10月，他講了一段話，也很有意
義。他說：「養生之道，其精髓在恬淡虛無四字，即去私
慾」。

　　私心重的人，精神往往總是處於緊張之中。人的疲
勞、疾病，又往往源於緊張。精神緊張帶來肌體的緊張，
尤其是胸部的緊張，常言「提心吊膽」。小孩子則沒有這
些緊張因素。因為成年人一般經歷過較多的痛苦、磨難、
驚慌，因而遇到新的情況，神經遇到刺激，往往都會引起
精神的緊張。

　　引起這種精神緊張最多的因素，是一些人追求名利地
位的私慾。為晉級，為名，為錢。「爭名於朝，爭利於
市。」尤其是錢，往往是引起各種精神緊張的禍根。舉
例：調資、分房等工作過程中往往是某些人心情最緊張的
時候，也是某些心血管、腦血管病患者發病率比較高的時
候。還有人獲利而喜的時候，也可能是「福兮禍所伏」。
如×××因落實政策，獲得一筆巨款，子女爭利而引起老
人氣惱，腦溢血而死。小私、小利，也有時引起精神緊
張。如出門乘公共汽車，有的人為五分錢的車票打算盤，
而造成精神緊張。而精神緊張則易引起各種疾病。

　　「心底無私天地寬」，私心重的人往往心地狹窄，情
緒易波動。無私則無畏，無畏則心地泰然。古人云：「大
修養人，私慾淨盡，心境空明，更無陰氣足以覆蓋，常在
定中，智光湛然，永斷睡相，此聖境也。」我們應該竭力

追求這種精神上的健康。道德上的升級比職務上的升級要難。要把個人名利看得輕一些，把國家和人民的事業看得重一些。多爲周圍群衆辦好事，多爲社會做貢獻，少索取，少伸手，則必然心地坦蕩，精神高尚，也必定會給你帶來精神上的愉快和肌體的健康。林則徐有兩句詩，可以借鑒：「海納百川，有容乃大；壁立千仞，無欲則剛。」

注意惜精、養精、練精與固精。人的神氣、人的情緒，都是以精爲基礎。情緒健康也往往基於精氣充沛。所以，一方面要惜精，節制房事；同時，還要懂得養精、煉精、固精之法。「養生以不損爲延年之本。」《黃帝內經》中講：「若房勞過度則傷腎」。張景岳說：「慾不可縱，縱則精竭；精不可竭，竭則眞散。蓋精能生氣，氣能生神。營衛一身，莫大乎此。故善養生者，必寶其精。精盈則氣盛，氣盛則神全，神全則身健，身健則病少。神氣堅強，老當益壯，皆本乎精也……。無搖汝精，乃可長生。」（張景岳《類經》）常言道「精力、精力」，精乏，必力乏。有些人一邊鍛鍊身體，一邊又糟蹋身體，自相矛盾。要解決這個矛盾，就要注意養精、煉精和固精之法。此外，還必須戒除吸煙、酗酒等危害生命的種種惡習。

㈣ 戒怒，寬厚待人

大家知道易怒傷肝。其實何止傷肝。怒，即俗云之「生氣」也。怒不僅傷肝，怒氣填胸還會傷心、傷胃、傷腦等等。怒則會引起血壓升高，心血管、腦血管出問題往往源於怒氣，或各種焦慮所致。

制怒是一件不大容易的事。宋儒謝上蔡，其師問近來

有何進步？謝答：「二十年治療一個忿字，稍見好轉。」可見其難。林則除給自己題匾書「制怒」二字為戒。怎樣戒怒？「怨人者易怒」，「責己者心寬」。凡事能想得開，能做到「天人相應」順應自然，主客觀相適應，則無怒可起。逢易怒之事，則思「人有不及」，即人各有不到之處，豈可苛為刻責？謗毀之來，皆磨練玉成之地，我將欣然受賜，何怒之有？「聞謗而不怒，雖讒焰熏天，如舉火焚空，終將自息、聞謗而怒，雖巧白力辯，如春蠶作繭，自取纏綿。」《孫子兵法》有云：「凡統帥者，怒，必敗。」養生也如此，必須注意戒怒。有兩個有趣的譬喻：一則，一盤新烹美味之魚，剛剛端上桌來，被小貓叼走了，我不怒；二則，夏天在院裡曬皮襖，忽來一陣雨，淋了，我也不生氣。引起惱怒的原因，來自家庭糾紛為其一大原因。「清官難斷家務事」，家務清官實難得。家務事，很難清斷。除了大是大非之外，家庭不能盡講是非，只能講好惡。「愛人不愛反其愛，禮人不禮反其禮」。只要不是大是大非的原則問題，家庭矛盾只能如此對待。如處理兄弟之爭，以及對子女婚姻問題皆如此。

　　總之，身體健康，其心情總是平靜鎮定的。遇事惱怒，是病態。所以，戒怒，是養性之大課題。

　　(五) 信念，生命的自我設計

　　人體生命科學，論證人體機能可以持續120年。關鍵在於有計劃。也就是說在於積極地自我生命設計。在某種意義上講，你打算安排活多少年，就有可能達到預期的目的。相反，總覺得自己快不行了，快死了，也許死亡就真的來得早些。這不是唯心論，而是精神反應到人體上的物

質作用。有許多例子可以說明，常常憂慮今後日子難以度過，或恐懼地預感到自己的生命即結束，結果，死亡過早地來臨了。自殺，就是一種精神力量的反應。所以，必須克服各種對於自己生命的消極想法。也不能得過且過。要有意識、有計劃地積極安排自己的生命計劃。

「不要每天如度末日那樣地活著，要把每天的生活看作明天以及今後的開端」。必須堅信自己能長壽，自己活到老很有價值，而且活到老很有希望，也很有辦法才行。當然，還要有具體措施。

(六) **太極拳，促使身心平衡的終身體育**

要掌握保持身心健康平衡的一項體育運動。什麼運動項目，既能練身，又能健腦（心），又能練氣；什麼運動項目，能促使身心全面鍛鍊、終身健康，要做選擇。

我國獨特的民族體育項目太極拳，要求身體在靜中求動，動中求靜，動靜結合，內外兼練，既練身，又練氣，既練腦，又增力，是身心並重的運動形式之一。太極拳要在大腦特別安靜的狀態下，目不旁視，心不他用，精神與肌體全部放鬆，專心致志地運身、運氣、運神，自我調控，促使身體血脈流通，新陳代謝作用加快，做到健康防病，既壯體，又壯氣，又壯膽，更提神。

有些練太極拳的同道反應，練了一個階段拳之後，性格也變了，不發脾氣了，這就是大腦健康的一個表現。尤其是陳式太極拳，剛柔相濟，開合相寓，快慢相間，動作螺旋，它適於男女老少各行業人從事鍛鍊。所以我認為它是一種健心健身的終身運動項目。但它是不是「最佳運動項目」，將來要請人體生命科學家來做鑑定。

　　此外，必須注意保護大腦，要做到：合理地、科學地用腦，腦子越用越靈，但也不能過度；注意大腦休息，善於調整腦力勞動與體力活動相平衡；足夠的睡眠，足夠的營養，規律的生活，戒除不良的嗜好。幹自己有興趣的、愉快的事，避開你討厭的人，多接近你喜歡的朋友，多接觸大自然等等，使大腦有一個休養生息的機會，從而保護大腦。

　　總之，養生之道要綜合治理，健身之法要持整體觀。除了加強體育鍛鍊之外，還要注意精神鍛鍊，注意養性功夫，保持大腦的健康，做到身心平衡，性命雙修，才是永保青春的大道。

（此文原載1985年第1期《長壽》雜誌）

美國人眼裡的太極拳

——旅美札記之一

一、確實，「太極拳在美國大行其道」

1995年5月2日至7月底，我應美國舊金山陳式太極拳傳授站站長徐谷鳴的邀請，赴美講學、傳拳、旅遊，走訪了美國的四個州，十個大小城市，在全美陳式太極拳訓練營和幾所武館、大學進行講學，傳授陳照奎老師所傳陳式傳統太極拳，受到熱烈的歡迎。所到之處，都可以看出在美國確實出現了一股太極拳熱。各大小公園、武館、功夫學院，乃至一些大專院校，都有太極拳傳授點，有的大學把太極拳列入敎學課程。據說僅陳式太極拳傳授點，就有50多個。楊式、吳式及其他流派的太極拳傳授點，更是不計其數。許多本來是專門傳授各種功夫的武館，現在也把傳授太極拳，列在武術項目的首位。連我國著名八極、查拳大師×××的女兒也在美國傳授太極拳。太極拳的書、刊、錄影帶，皆成爲暢銷的熱門貨。有的書店，把太極拳的書籍設專櫃。美國有大型《太極》雜誌。該雜誌主編Marvin 先生告訴我，他的雜誌原來銷幾千份，現在達到六萬份。刊物原來係黑白的，現在彩色封面，彩色插頁。在美國講究「個性自由」，喜歡什麼追求什麼，不惜一切代價。於是有些美國人爲了學習中國的太極拳，不惜一切

代價，到中國學習太極。如美國一位頗有名氣的拳師╳╳，當時為了學習中國的太極拳，不顧一切遠離家鄉，到台灣、到中國大陸學習太極、形意、八卦，一走十三年，回國之後老婆、孩子、房子都沒有了。當然，現在他成了「名師」，一切又有了。

還有一個醫師，愛上了中國的太極拳，經常穿上運動服打太極拳，妻子不滿意，認為他不像個醫生的樣子，與他分居，他的態度是，離婚也要打太極拳。還有旅居美國的中國人，出國之前未來得及學習太極拳，到美國後看到美國人如此熱愛太極拳，於是趕緊跟美國人學太極拳，然後再充當「來自中國」的敎練。

在美國敎太極拳大都按小時計，一般一小時每人至少要交10美元學費（最高有一小時120元者）。如有20人學，每小時即可收入200美元。由於美國人工資高，他們認為這種支出不算重。從中贏得健康是完全值得的。所以，在美國不論學拳的、敎拳的，他們都把中國的太極拳視為價值為很高的珍寶。一句話，聰明的美國人的確認準了中國的太極拳。甚至他們把太極拳稱之為「東方太極文化」、「中國人的秘密」、「一顆燦爛的寶石」。

二、多種社會因素，使美國人盯準了太極拳

二次世界大戰之後，美國一度人對日本的柔道、空手道很感興趣，而現在卻把目光又移到中國的太極拳上來了。太極拳的珍貴價值，被美國人發現了。當然，這並不是偶然的，是有它的社會根源的。

在美國現代生活裡，充滿了生存的競爭，生活、工作

的緊張節奏，令人煩惱的社會治安。這一切使人們的神經
和肉體都非常緊張，壓力很大。美國哈佛大學行為醫學系
主任本森敎授，在一篇學術報告中指出了美國社會生活緊
張，精神壓力大，高血壓的患者日益增多，已經形成一種
社會病、時代病。

　　據統計，在成年人中全美約有六千萬人患高血壓，即
全美約40％的成年人，每人每月平均花費醫療費按五十美
元計，全國每年僅高血壓一項支出就得耗費360億美元。
尤其高血壓患者，一旦服用降壓藥，醫生便會告訴你：不
可一天不食。而且許多人發展為腦血管、心血管病，則更
可怕。這不能說不是一個嚴重的社會問題。

　　雖然，各種球類、游泳、散步、自行車、高爾夫球、
網球等等體育運動項目，也可以使人們緩解一下疲勞，但
這些項目，都比不上太極拳可以使人們身心都放鬆，尤其
是大腦的放鬆。因為太極拳，不僅動作鬆柔，而且它讓你
在運動過程中必須始終是入靜、放鬆、精神集中。也就是
說太極拳旣具備那些跑步、游泳、球類、自行車等項運動
所產生的效果，而且它還給人們精神上帶來舒鬆和愉快
感。所以美國《國際體操家》雜誌撰文說：「如果對太極
拳進行一些探索，將會把我們領進一個新的領域。」《紐
約新聞日報》也呼籲人們參加太極拳運動，說「太極拳是
一項身心合一的運動」。他們還介紹說，太極拳的優美動
作，顯示了東方傳統文化的神韻。所以，那些整日浸在緊
張生活中的人們，渴望太極拳給他們一些舒鬆。

　　另一個原因，是太極拳的預防疾病和醫療功能，引起
人們的興趣。特別是那些年老體弱或染有慢性病的人，看

到太極拳不用吃藥可以給他們帶來健康，於是那些注意養生健體的大批居民，也投入太極拳運動。

美國社會中，隨著老年人的增多，老年跌跤病，成了老年人致命的第二號殺手。許多老年人就怕摔跤，一旦跌倒致傷，就很難再站起來，恢復健康。在美國街頭上，看到許多五十歲以上的老年人即拄上了拐杖，走路非常小心。由於美國社會人倫觀念淡薄，離婚率高等等社會原因，孤寡老人比較多，老人保健也是一個重要社會問題。美國許多有識之士，特別是一些醫學專家，提出太極拳可防止老人過早的骨質疏鬆，防止老年人跌跤，他們指出，因為太極拳特別強調重心的隨遇平衡，虛實互換，鍛鍊下肢的耐力和靈活性，有利於防止老年人跌跤。美國亞特蘭大一位醫生在老人科研會議上指出：「太極拳可以改善老年人的耐力、靈敏度及平衡性，也可以減低老年人絆倒的危險。」美國《醫學論壇》也發表文章，鼓勵人們去打太極拳。文章標題是《太極拳能助老人保持靈活》。物理治療師史提夫‧文道夫指出：「太極拳能延長老人的獨立能力，及舒緩他們的不安情緒，它可以促進身體跟思想的相互作用。」美國《關節炎現狀》雜誌，也刊登文章說：「太極拳是關節炎病人的理想的運動」。並且說，它已成了關節炎基金會向病人推薦的、不可缺少的鍛鍊運動項目。美國一些人壽保險公司，也來力促推廣太極拳。他們認為太極拳是防止各種疾病、延長壽命的好辦法。如果參加保險的人習太極拳，保險費率肯定可以降低。因此，他們也積極鼓動人們去打太極拳。甚至1995年５月在白宮召開的老年人會議上，太極拳的健身作用也受到高度重視。

三、「噢！這才是真正的太極拳」

再一個社會原因，就是美國人基於社會治安和自我防衛的需要，近幾年開始重視研究太極拳的防身護身的武術功能。特別是陳式太極拳，在美國太極拳圈內異軍突起似的受到重視。

美國人向來重視對中國武術「功夫」的學習。但是，同我們國內一樣，人們大多認為太極拳只有健身功能。自從馮志強老師和陳小旺師弟等及他們的學生來美國傳播陳式太極拳以來，人們才逐漸認識到太極拳的技擊功能。於是近幾年在美國陳式太極拳發展很快。特別是由於美國武術界一些有識之士，對陳式太極拳一代宗師陳照奎老師的拳架及其技擊法經過研究，好像當年哥倫布發現新大陸一樣，越來越重視，而且越來越感興趣，他們認為陳照奎老師傳的傳統陳式太極拳招招式式都講其實戰用法，才能反應太極拳的本來面目，表現其固有的武術風格。它兼備健身功能、技擊功能和藝術欣賞功能等多種功能，這才是健身、防身、怡身的最佳運動項目。

基於此，他們今年決定邀我來美國專門傳授陳老師的拳架及其技擊法。為了更快地普及陳式太極拳，徐谷鳴主辦的一年一度的功夫訓練營，今年請我以講授陳照奎老師的拳架及其技擊法為主課，全營52名學員，大部是美國各州的陳式太極拳教練，並包括從德國、瑞典、加拿大、阿根廷等地來的學員。由我講授了陳式傳統第一路拳（八十三式）。之後又在舊金山幾次週末演講會上傳授陳式二路（炮捶）、推手及陳式太極刀等技藝，還在奧勒根、聖地

亞哥等地的大學和武館進行了陳式太極拳表演及講學《陳
照奎老師拳藝的特點》。最後幾天還應邀到徐紀先生主辦
的「止戈武塾」傳授陳式太極拳及推手。許多學員一邊聽
課，一邊認眞記筆記。有的學員反應：「我練太極拳十八
年了，今天才看到眞正的太極拳。」還有的說：「我跟╳
╳╳學拳四年了，不如今天早上這一課金剛搗碓講得這麼
清楚、這麼管用。每個動作的練法、用法都交代明白
了。」聖地亞哥道家武館館長威廉・海爾姆說：「今天像
喝了一杯好茶，味道濃極了。原來我們練的陳式太極拳只
有健身作用，馬老師傳的這套拳才是眞正的武術。」徐谷
鳴說：「這套拳造型漂亮、招招講用，抓拿跌打多種武功
技法都含在其內，纏絲勁絲絲入扣，周身掤勁十足，使每
塊肌肉都做功，打起來又得勁，又長勁，又費勁，又舒
服。」訓練營結束時，大家決心把這套拳推廣到美國各個
州以及世界各地。

四、美國人開始把太極拳列入科研項目

　　大家公認美國的科學技術在世界上是比較先進的國
家。但是把中國的太極拳列入他們的科研項目之一，這恐
怕在世界上還是比較少見的。美國政府以及一些科研部、
大專院校，都開始重視太極拳的科研工作。國家衛生研究
院撥款六十五萬美元，支持愛默蕾大學醫學院把「關於太
極拳防止老年跌跤的功能」的課題列入科研項目。爲期三
年，拿出科研成果。

　　美國一些體操運動專家，將太極拳與各種體操進行比
較研究，他們證明以下若干論點：

㈠ 太極拳的典型姿勢與運動，可以發展腿部力量，特別是使膝蓋部位得到鍛鍊。

㈡ 太極拳行雲流水般的柔性運動方式，可以使髖、肩、肘、踝等等關節的柔韌性得到很大提高。

㈢ 重心不斷變化，又要求步型盡可能放低，可使平衡能力大大提高。

㈣ 太極拳注重意識鍛鍊，體現東方傳統文化的神韻，無疑對健腦有作用。

最後，他們的結論是證明太極拳的優越性之一，是它運動的整體性。

美國國家航空和宇航局的專家，經過研究，發現太極拳是宇航員適應空間運動最好的運動方式。因為諸如跑步、慢行、游泳、自行車運動、跳繩等等所產生的效果，太極拳都具備。為此，他們把太極拳作為宇航員定期訓練的項目。

美國健康研究院院長麥塞爾博士，經過認真研究太極拳之後說：「太極拳是中國古代的一種運動方式，何以突然在美國成為那樣新鮮而又普遍的運動項目呢？我認為有四個主要原因：㈠ 太極拳以若干很好的運動，進入不愛動的、坐椅子的美國生活方式；㈡ 醫學研究已認定劇烈運動招來不良後果，而太極拳則不同；㈢ 太極拳每天給我們以規律性的運動方式；㈣ 與其他運動不同，太極拳是內外兼練的。」

美國許多大學，已把太極拳列入教學課程。如亞利桑那州立大學醫學院，已開設太極拳課程，他們還結合教學探討太極拳對人體免疫功能與療疾功能。他們已證明：每

打完一套太極拳之後，血液中的白血球和淋巴球的殺菌能力，有明顯的增加。此外，聯合國衛生組織（WHO），已將太極拳列爲心臟復健運動項目之一。

以上所介紹的這些科研舉措，肯定會對推動美國太極拳運動的縱深發展，起到推波助瀾的作用。

美國如此重視太極拳與現代科學相結合的做法，無疑對我們也是一個重要的啓示。

五、好的教材和教練，是太極拳發展的關鍵

由於太極拳在美國發展迅猛，必然也產生一些問題。諸如：

(一) 敎練隊伍水平不高

從訓練營各地來的學員（大多是敎練）看，從美國歷次武術比賽、太極拳比賽中各「名家」表演錄影帶看，從所到的輔導站看，共性的一個問題，像樣的太極拳敎練極少。許多敎練是「現學現賣」，有的一個敎練可敎四種太極拳，或既敎長拳，又敎太極。由於東方文化與西方文的隔閡，一些美國太極拳敎練很難掌握太極陰陽學說的精髓，也就很難表達太極拳的內在規律及其神韻。美國太極拳敎練，很容易掙錢，能以此爲業、爲生。所以濫竽充數者不少。

(二) 敎材五花八門，良莠混雜

美國人講自由，套路可以隨便改，加上我們國內也缺乏質量高的規範套路教材，所以美國的太極拳教材五花八門，種類繁多，書籍非常亂，還有《裸體太極拳》等等。人們也分不清套路的好壞。反而常常是「下里巴人」比

「陽春白雪」更受歡迎。所以有人說：在美國太極拳也是時興「麥當勞」（快餐），學太極拳也是越簡單、越好學的越人多。

　　㈢ 太極拳是保健操，還是武術的爭論

　　在美國，人們也開始爭論：太極拳僅僅是養生術、健身操呢？還是武術防身術？既叫拳術，就應該是有武術風格和技擊實質。而現在美國傳播的大多數仍是只限於健身術的太極拳。又如推手，它僅僅是一種太極拳聽勁、懂勁、化勁的一種練習方式（階段）呢？還是太極拳的最高技擊形式？換句話說，即太極拳最高實用形式是推手呢？還是散打？現在實際上推手與散打是兩碼事。這些問題既是美國太極拳界的爭議問題，特別是美國一些武館、功夫學院的教練們，開始討論這個課題；其實這個問題，同樣也是中國太極拳界有待解決的一個重要問題。

　　記得1973年夏天，我在陳照奎老師家學拳時，老師意味深長地對我說：「馬虹你且看著，將來要靠日本人促中國的陳式太極拳的發展。」因為當時，我們國家還未重視陳式太極拳的發展。1976年還有人在哈爾濱推廣48式太極拳的大會上說：「什麼陳式、楊式、吳式、孫式，都是封建糟粕。」果然，不出先生所料，1981年日本人開始促陳式太極拳了。（當時，1981年日本太極拳友好訪華團來中國後，提出：24、48式，我們已普及了，這次來，我們要學陳式太極拳。）現在美國人也在促我們了。

（1995年 7 月16日於舊金山初稿，

刊載1996年第四期《武林》。）

「痛苦往往是幸福的源泉」

——回憶跟陳照奎老師學拳經過

一

詩人歌德有一句名言「痛苦往往是幸福的源泉」。回憶在十年動亂期間跟陳式太極拳一代宗師陳照奎老師學拳的經過，驗證了這句話確是富有哲理的。

十年動亂，國家受難，個人也不例外。1967年被關押遭毒打；第二年進五七幹校。從1970年起才有點自由，由勞動改造變爲「掛起來」，留在幹校看門聽電話，長達八年不給安排工作。這段時間，我們這些「靠邊站」的公務人員，雖然肉體上輕鬆了，但精神上的痛苦仍極大。精神鬱悶、憤憤不平，眞是「功名利祿非所冀，滿腔抑鬱總難平」。這期間許多難友患高血壓、心臟病，神經失常，有的患了肺癌、肝硬化等症，有的帶著遺恨過早地離開了人間。

對一個胸懷寬闊和稍懂點辯證法的人來說，在逆境乃至絕境之中，也往往會發現「柳暗花明又一村」的局面。司馬遷說過：「文王拘而演周易；屈原放逐，乃賦離騷；左丘失明，厥有國語；孫子臏足，兵法修列；不韋遷蜀，世傳呂覽；韓非囚秦，說難孤憤；詩三百篇，大抵賢聖發憤之所爲作也。」我非賢非聖，但還是有一點精神的。我

沒有被惡境所壓倒。我認為人只要活著，就要有所作為，就要對人類社會做出力所能及的貢獻。

我的人生要旨是：第一要能夠和自然和諧、協調地生活；第二，在自然（包括社會）環境許可條件下，積極做每一件事，而且要力爭成功。所以我在十年動亂期間不僅學會了種田、木工、理髮等為人民服務的本領，而且還把一大部分精力投入陳式太極拳的研究工作。

我以極大的興趣發現：陳式太極拳是保持太極拳本來面目的、一套具有健身性、技擊性和藝術性，並且充滿哲理的最佳健身運動項目之一。它是我們中華民族的寶貴文化遺產，是武術寶庫中的一顆明珠。於是我利用十年動亂中的大好光陰從事這項研究，同時也填補了自己精神和知識上的空白。我先後積累有關太極拳的研究資料二百多件、三千多萬字。在數九寒天我為了抄錄並繪製從河南省圖書館走後門借來的《陳氏太極拳圖說》（最早的陳拳著作）線裝四卷、二十多萬字、幾百幅圖，把手指都累腫了。我從事陳式太極拳的研究和實踐的結果，贏得了一個健康的身體，百病皆消，年逾花甲仍能朝氣蓬勃地在腦力勞動者的行列中充當一個「壯勞力」。退休前，我每年要主編出版兩部、三十多萬字的文史資料。不僅如此，我還在河北、江西、天津、廣東、廣西、山東、湖南、江蘇、香港等地，以及駐軍部隊三千多工人、工程師、教師、醫師、幹部和學生中推廣了這套拳，不少人收到各式各樣的效益，增進了健康。1982年我們還建立了全國第一個「陳式太極拳研究會」，出版了全國第一本《陳式太極拳研究》刊物，全國全省幾次武術表演賽，我的成績都是名列

前茅。同時，我在《武林》、《武魂》、《武術健身》、《少林武術》、《陳式太極拳研究》、《長壽》以及台灣的《太極拳》雜誌等刊物上發表了三十餘篇拳論，根據當年學拳記錄及個人體悟，編著出版了《陳式太極拳體用全書》、《陳式太極拳技擊法》、《陳式太極拳拳理闡微》等三部著作。貝弗里奇說過：「人們最出色的工作往往是處於逆境的情況下做出。思想上的壓力，甚至肉體上的痛苦，都可能成為精神上的興奮劑。」

雖然我的工作並不出色，但是出乎我意料的，是我這個前半生一直從事文字工作的「書呆子」，如今卻在武術工作上做出了一點微薄的貢獻。

二

「有文事者，必有武備」。這句真理，是我在痛苦的實踐中逐步弄懂的。其實，在1960年以前，我是與武術無緣、從來不沾體育場的邊兒的人。1948年從大學出來又走上中學的講壇；從講台又走進機關，還是從事文字工作。50年代，每年我要承擔三十多萬字的起草任務。加上業餘文學創作，幾乎每天都埋在文字堆裡。長年繁重的腦力勞動，連明徹夜的文字工作，使我患了嚴重的神經衰弱。持久的失眠，有時三天三夜不合眼，頭痛、胃痛、腎炎、關節炎、過敏性鼻炎都接踵而來。那時簡直是百病纏身、未老先衰，腿軟背駝，打壺開水上三樓，中間都要喘喘氣，以致後來不能堅持工作。中藥、西藥，各種安眠藥都不能奏效。1961年，遵照老中醫高輔漢大夫的建議，我以試試看的態度練太極拳，這才使我的生命轉危為安。這算是第

一次受益。

我對陳式太極拳發生興趣是1963年，當時讀了剛剛出版的顧留馨、沈家楨合著的《陳式太極拳》一書，如獲至寶。書中拳論的哲理性，拳架造型的藝術性，以及它的健身性，都使我發生濃厚的興趣。可惜，那時沒有機會和條件學習它。想不到「文化大革命」卻給了我一個鑽研陳式太極拳的好機會。動亂中我的一櫥子文學書籍被洗劫一空，唯有這本《陳式太極拳》和周振甫著的《詩詞例話》我藏起來保存至今。我在五七幹校開始向難友胡連生先生學陳式太極拳時，幸虧有這本書作樣板，不然這套難度很大的拳藝也難以入門。

「人類的特徵之一，是永恆地追求理想。」（林語堂）我這個人不論幹什麼事，總是以最高標準要求自己，或者叫做有點進取精神。既然練的是傳統的陳式太極拳，則必須投陳家宗師，方為「真傳」。於是我在友人吉德夫、盧茂雲先生的介紹下，1972年夏天到北京找陳家溝的陳氏十八世傳人陳照奎老師學拳。陳老師，是著名的太極拳大師陳發科老先生的兒子。第一次登陳老師之門（北京果子巷內南大吉巷25號），他對我這個陌生的無名之輩並不熱情，只是告訴了我他早上教拳的地方，答應我可以到那裡去學。我從石家莊瞞著「造反派」來到北京城，住在西河沿的大華旅館。每天早上四點多起床，街上還沒有公共汽車，只好穿過打磨廠、東河沿，趕到東便門外鐵路東邊的一個小樹林裡，非常僻靜。當時老師說過一句笑話：「我教拳都是教打人，不能在公園教，怕警察抓我！」所以藏在這東郊野樹林裡教拳。我天天早上從西河沿徒步趕

到這片樹林，走十多里路，由於急於按時趕到拳場，雙腳都打了血泡。每天早上四點起床，旅館還沒開門。天天要叫看門的老人開門，開始人家不高興。先說是去買火車票，「你怎麼天天買車票？」後來我向老人說了實話。老人很同情我，天天主動早起給我開門。陳老師看我從外地專門跑到北京來學拳，又是徒步趕到教拳點，腳上打了血泡，拐著腿還來堅持學拳，頗有感動之意另外他認爲我「腰腿還可以」，有點基礎，人也不笨，於是主動邀我每天晚上到他家去學拳，早上讓他的得意高足劉淸泉師兄輔導我。第二天到陳老師家就熱情多了。給我倒水、吃水果，留我在家吃飯。兩人無話不談。旣教拳，又講拳理。記得那天晚上老師興致勃勃地給我講了輕沉兼備、開合相寓、虛實互換，以及螺旋勁等許多精闢獨到的拳論。那時正逢仲夏，天熱極了，老師教我很認眞，我滿身是汗。他也是汗流浹背。在這個階段，我曾見到上海的周元龍、北京的馮大彪、張春棟等人都曾到陳家學過拳。

　　老師給他們改拳，對我也是極好的學習機會。我把老師講的每句話，幾乎都飛筆記到本子上，這是第一次進京學拳，這一夏天受益非淺。

三

　　1973年、1974年兩個夏天我又兩次到北京跟陳老師學拳。但是，在陳老師家學拳干擾甚多，人來人往，有的學拳有的是串門兒。後來，老師告訴我：河南鄭州張志俊等人請他去教拳，只教鄭州的幾個尖子，是內部傳拳，人數不超過六個人。老師說：「如果想去，到時我可以通知

你」。果然。1974年的秋天接到老師來信，邀我一同去河南。

1974年多天，我冒著風險，付出很高的代價，瞞著「造反派」到鄭州學拳。白羽著的小說《金蟬盜藝記》叙述的楊露禪偷拳的故事，那個「偷拳」是虛構的，如今我在造反派的監督下偷偷地去河南學拳卻是真實的。1974年11月，我假借回原籍深縣探親為名向造反派請了假，卻登車直奔鄭州。冒著大雪，在鄭州下火車找到張志俊家（紡校宿舍）。當時學拳的六個人中只有我是河北人，其他師兄弟都是河南練陳式拳水平比較高的年輕人。如張志俊、張其林、王長海，還有陳溝的陳小旺（老師的侄子）也來到鄭州同我們一起學拳。每天晚上七點至十點在張家學拳，吃住在棉紡五廠的單身宿舍。當時還要提防鄭州造反派找事兒，我裝扮作拳友五廠工人田文治先生的戰友，與陳小旺住在一間工人單身宿舍裡。

這年多天是我一生受苦最重、興趣最濃、也是收穫最多的令人難忘的歲月。當時跟老師學拳的人大都是二、三十歲的青年。我這年過四十的人學這套低架子陳氏拳確實非常吃力。但我不示弱，不服老，發憤圖強、力爭上游。老師每天晚上七至十點三小時教拳，十點之後，我與師兄弟們到文化宮游泳池畔練拳，當時我們叫做「趁熱打鐵」。為了鞏固新學的課程，每天都要練到夜十二點。第二天早上五點起床再到碧沙崗公園繼續練拳。練完拳，與陳小旺一起去吃油條喝豆漿。因為小旺當時還是農村社員，生活困難，一般吃飯都是我招待。我們吃了早點再買些油條給老師送去。白天同學們都去上班，我與老師商定

我交雙份學費，請老師每天上午再給我加兩小時的課，專門再講每個拳式的技擊含義，又叫「拆拳」。星期天我們不休息，老師也不休息。就這樣我每天至少要付出八個半小時練拳，每天至少要打二、三十篇拳，更不用說單式練習了。有時一個動作老師讓你練幾十遍，他認爲合格了，才進行下一動作的敎練。兩個月再次系統地學完了第一路拳。第二年（1975年）冬天，照樣赴鄭州學完了第二路（炮捶）。當時每天累得腰酸腿疼，有時上汽車腿都抬不起來，疼痛難忍。有一次張志俊問我：「苦不苦？」我忍痛咬咬牙說：「不苦。」其實心裡感到苦極了。可是白天練拳這麼苦，晚上睡得卻特別香，想到遇見了明師，學到了絕技，心裡特別甜。肉體上的痛苦換來精神上的興奮和愉快。這眞是「參從夢覺痴心好，歷盡艱難樂境多」。

四

「經師易求，嚴師難得」。陳照奎老師可稱爲嚴師、明師。他的敎學方法科學，效果好。他常說：「一個好的拳師不一定是好的敎師，好的敎師不一定是好的拳師。」並且謙遜地說：「我父親是好的拳師，我的拳技不如父親，但敎拳我還是有辦法的。」的確，我從小學到大學，遇到幾十位老師，都沒有見過陳老師這樣的好的敎學方法。老師敎拳方法科學，因人施敎，講到做到，嚴格要求，一絲不苟。因爲陳照奎老師有文化，寫一筆好字，看書很多，拳理透徹，講課水平很高。他特別注意理論與實踐相結合，集體傳授與單兵敎練相結合，他本人反覆示範與嚴格要求學生相結合。每天晚七點至十點，三小時講授

一個拳式，一個拳式分解爲六個七個動作不等。每次上課，第一小時老師自己邊示範邊講解，像在課堂聽老師講課一樣。先不讓你活動，專心聽、專心看，可以記筆記。目的是讓學員先有一個整體印象；第二小時，老師帶領六名學員一個動作一個動作的分節敎練，這一次讓學員動了，他邊領練，邊講解，他很辛苦；第三小時，即進行單兵單式敎練。一個人一個人、一個動作一個動作地指敎。一個動作達不到要求，過不了關，就要幾十遍地練。老師分解每個式子非常細緻。每個式子的每個動作，都要從八、九個方面進行講解。例如《懶扎衣》一式，分爲六個分解動作，每個動作又提出八、九個方面的姿勢要求及動作要領，如這一動作胸腰的旋轉方向、角度；重心的左右變換；腿、膝和上肢的順逆纏法；步型、手型的要求；眼看何方，耳聽何方，呼吸吐納，以及每個動作的內勁等等，非常精細。同時，他所講到的一定要學員做到。當時我們最怵頭的是「單兵敎練」。練不對，老師嚴肅認眞，絕不放過。我學一路的《二起腳》，練二路（炮捶）中的《翻花舞袖》二式時，幾十遍達不到老師要求，第二天得要重練，只有達到基本合格，才敎學下一動作。開始我練拳易拱肩，老師就讓師弟張其林給我按住肩膀打拳，使我在同學面前很難爲情，可是這樣卻治好了我的「拱肩病」，老師對於達不到要求的人，批評非常嚴厲。尤其對他的侄子陳小旺，態度更嚴肅。因爲陳小旺原來在農村跟陳照丕學的架子，與陳發科在北京所傳的架子有出入，改拳比學拳還難。陳照奎老師對學員一視同仁，一律從嚴要求。不過老師一方面對學生要求非常嚴格，另一方面自己也能以身

作則。你多少次練習達不到要求，老師也多少次地給你做示範。所以，當時十多臘月人們都穿著秋衣，有的穿背心。秋衣都被汗水濕透，我們身上有多少汗，老師身上也有多少汗。有時為了讓你親身嘗到陳拳的滋味，他把各種太極勁加到你的身上。有一次老師教「高探馬」的打法。我問是怎樣的打法，老師用了一個轉身螺旋掌勁，我立刻仰倒在張家的一個水桶上，全屋地上都是水了，老師和同學一起掃水。從此我才徹底明白了「高探馬」的用法。

老師教拳的表達藝術是相當高的。比如一次在北京他給我講輕沉兼備、虛實開合、快慢相間與螺旋（纏絲）勁的關係時邊做示範、邊解釋說：「開，不是掰開的開，而是在螺旋中開，如『掩手肱捶』第一動作；快，不是直來直去的快，而是螺旋中的快，如『連珠炮』的拳法；沉，同樣是螺旋中的沉，如『懶札衣』的最後一動……」連說帶做，三言兩語，抓住要害，給人印象極深。因此，我們學習一路、二路，都學得非常扎實。這樣的教學效果再加上老師講課的記錄，這套拳練到自己身上就不易走樣。正如古人所云：「師嚴而道尊」。

就這樣，1974年和1975年的兩個冬天，我把大量的汗水灑在了河南的土地上，卻把保持太極拳本來面目的，中國武術寶庫中的這顆明珠，從大河之南移植到我們河北大地。

五

「師道貴誠」。我的熱誠，不僅換來了一套寶貴的拳種，而且贏得了老師一片心。1977年、1979年、1980年的

三個春天，陳照奎老師三次來到石家莊我家中授藝。從北京到鄭州，幾年的交往中，老師對我印象很好。他經常向我的師兄弟們講：「馬虹這個人誠實，可交。」他對我這個人比較滿意，對我的拳架也基本上滿意。第三次來石家莊他看了我打的二路（炮捶）之後說「現在你還能打這麼低的架子，真是難得。」所以我們師生的關係日益密切，他乘火車只要路過石家莊都要來我家住住。這三個春天每次都是住一個月左右。我當時被造反派「掃地出門」住在一間土房內，我和老師，還有老師的兒子陳瑜師弟三人睡在一個通舖上。老師往往是在晚上十點之後給我改拳，往往到半夜一兩點鐘（因爲十點以前常有客人來），並且教我練太極拳的各項基本功、推手、百把氣功椿以及太極尺的練法等家傳的精湛技藝。並且把他草擬的一、二路函授講義（包括技擊含義）寄給我。可惜，我這個半路出家的笨學生，沒有能把老師的精湛技藝全部繼承下來。不過可以告慰先師在天之靈的是，我已經把學到的一點真傳，灑向了海內外陳式太極拳愛好者的心中。播向中國各地的種子，有些地方已經扎根、開花、結果。

令人痛心和惋惜的是陳照奎老師過早地離開了我們。爲了繼承老師的遺業，我準備將畢生的精力和心血，全部傾注於太極拳事業，讓陳式太極拳——中華民族傳統文化中的這一珍寶，在全世界大放異彩，願以此作爲對陳照奎老師的懷念。

（1991年5月7日，爲紀念陳照奎老師逝世十週年而作）

5

解 惑 篇

編者按：作者主編的《陳式太極拳函授通訊》（1－9期）通過《問題解答》欄目，爲廣大函授學員解答了五十多個問題。現在選錄其中對十四個問題的解答，供讀者參考。

關於太極拳的重心

問：怎樣理解太極拳的重心變化？為什麼懶扎衣、單鞭定式時，重心移至另一側而弓蹬步型不變」

（徐州·劉杰　無錫·何懷玉）

答：關於重心問題，必須弄清什麼是人體重心、重心的位置、重心的移動，以及它與太極拳運動的關係。

一、什麼是人體重心？

地球上的一切物體，無不受地心引力的作用。人體也不例外。人體是由頭、軀幹、大臂、小臂、大腿、小腿、足等許多部位組成的，各個環節部位都受到地球引力的作用。人體各部分所受地球引力，構成各部分的重心，重力的合力作用點，就是它的重心。人體各環節有各自的重心，整個人體重力

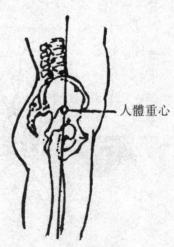

人體重心

圖1　人體重心位置

的合力作用點，即爲人體的重心，又叫人體總重心。

二、人體重心的位置

人體重心並不特指身體上某個固定點。它的位置是一個隨機變量，不斷上下左右地移動。一般來說，在相對靜止狀態下，在兩臂自然下垂站立姿勢中，重心在身體軀幹上第三骶椎上緣前方七公分處。（圖1）

由於性別、年齡、體型不同，人體重心位置也略有不同。隨著呼吸、消化、血液循環等生理過程的進行，重心也會在一定範圍內移動。在人體運動中，重心的位置變化更大。例如，凡上下肢向上運動則重心升高；凡上下肢向後伸則重心後移；凡上下肢向前伸則重心移前；下蹲、下沉，重心下降；向左側屈，重心左移；左手上展則重心略右移，等等。做大幅度彎腰時（如體操「橋」動作），人體重心可移出體外，重心移動的方向總是與環節移動的方向一致。當然，上體軀體部位稍做前後左右移動，也會影響重心的變動。（圖2）

圖2　人體重心位置和人體姿勢的關係

三、重心移動與太極拳的重心倒換

太極拳，尤其是陳式太極拳，要求上身中正，丹田帶動周身運動，下部靠雙腳支撐。為了運動靈活，為了做到隨遇平衡，重心總是上下左右前後移動，體現於雙腳（支點）則是不斷的虛實倒換，重心偏左，或偏右。除了仆步、獨立步等步型外，弓蹬步、馬步，陳式太極拳一般都是左右四六開（楊式太極拳一般是三七開）。有時，步型未變，上肢也未變，只是軀體稍有移動，或丹田略有移動，雖然人體外形變化不大，重心也有微小的移動，這叫「內換虛實外不見」。

太極拳鍛鍊的一個重要目的，就是千方百計使自身能做到隨遇平衡，總是能使自身沉穩、靈活、平衡。為此，就要不斷調整重心，調整重心的支撐點（步型、步法），而且要注意調整各個局部環節重心與整體平衡的協調關係。為此，拳論中總是要求身法中正，全身各個部位要對稱、平衡，「拳者，權也」，像天秤一樣。

凡動作則要求：逢上必下，逢左必右，左發右塌，右發左塌，前去之中必有後撐，倒換虛實，襠走下弧等等，都是為了在動作的千變萬化之中不斷調整重心的位置，以求得自身能夠隨遇平衡，或穩定平衡。

其中主要規則是：凡有上升的部位，就要有下沉的部位；凡是雙腳騰空跳躍動作，襠部要相對地下沉；凡是左手發下塌外碾之勁時，重心必須右移，以實現左發右塌；凡是雙手向前發勁時，重心要後移，命門處後撐，做到前發後塌等等。

總之，要在對稱中適當移動重心以求得身體平衡。另外，動步走摩擦步，發勁走蹉步，也是爲了穩定重心。

四、關於懶扎衣、單鞭定勢時的重心移動

許多學員常常提出這個問題。爲什麼懶扎衣定勢時，既要求保持右弓蹬步步型，又要重心左移？單鞭定式時是左弓蹬步，卻要求重心右移？覺得難以理解。其實，這是由以下兩個因素決定的：

1、爲了平衡。懶扎衣定式時（動作六），右手發下塌外碾勁，掌根小魚際下沉。此時，如果重心仍偏於右腳支撐，那麼，身體必然右傾，即爲自身上下之「雙重」，這樣易於失重，易於被人引勁落空。所以，此時重心必須左移，支撐點也偏於左腳。這從四肢外形看，似乎與動作五比較變化不大。其實此時重心點已隨著定式時胸腰（丹田）左轉，襠部調整，而向左移動。體現「右重則右虛」、「右發左塌」之拳理。這也可以叫做「內換虛實外不見」（單鞭同此理）。讀者可參考沈家楨、顧留馨合著《陳式太極拳》一書圖13、14，圖25、26——陳照奎老師拳照圖。（圖13、14、25、26）

2、爲了技擊。懶扎衣定式時（動作六），仍保持右弓蹬步型，也是因爲此時技擊含義是：以我之右膝扣在敵人前腿（左腿）外緣，我手腳做下扣上翻的技擊法（摔法），故不能改變步型。但是不改變步型，不等於重心不能夠動。此時，胸腰左轉，丹田左旋，左臀下沉，意念引重心偏左，肯定重心可以左移，從內勁上分析，完全可以保持「右發左塌」之平衡狀態。（單鞭同此理）

圖13　　　　　　　　　　圖14

圖25　　　　　　　　　　圖26

特別提醒讀者注意的是：我講的重心的移動是略偏左，或略偏右，而不是大幅度移動。

五、關於「雙重」

本來古拳論中所談的「雙重」，是指與對方交手時不懂避實擊虛，發生「頂牛」現象。如王宗岳云：「偏沉則

隨，雙重則滯」，「數年純功不能運化者，率皆自爲人制，雙重之病未悟耳。」「欲避此病，須知陰陽……陰陽相濟方爲懂勁。」以及後來李亦畬說的「左重則左虛而右已去；右重則右杳，而左已去。」都是避免雙重之病的方法。

後來人們將雙重引用爲自身兩足不分虛實，如武式太極拳家郝月如云：「兩足要分虛實，否則即成雙重。」

近代又有人把「雙重」引伸到手腳上下配合中，有的則未免過於機械。陳照奎老師評論沈家楨所寫《陳式太極拳八個特點》一文中有關虛實之說時指出，「沈家楨把手腳虛實關係弄錯了，他是用機械力學分析手足虛實關係。」「三個$\frac{1}{3}$的機械分法，不符合人體力學的規律。」沈家楨（還有其他名家）云：「凡是左手發勁爲實，下邊的左足必爲虛，否則即爲雙重。」（右手相同）

陳照奎老師則云：「左手發勁，左足不一定是虛。如左手向左發下採勁（下沉勁），左足必爲虛；但左手向左前方或偏左上發勁，左足也可以是實。」這就是機械力學與人體力學在「雙重」問題上的區別。

關於太極拳的纏絲勁

問：順纏、逆纏如何掌握？是否與時針的順逆轉是一回事？（安徽·劉建軍　河南·王生龍　貴州·王勝彬等）

答：順逆纏絲，是陳式太極拳的主要特徵之一，也是該拳的精華所在。陳鑫講：「拳者，纏法也。」「不懂纏絲勁，即不懂拳」。解釋纏絲勁的文章已發表不少，但有些文字解釋表述不準確，使人很難掌握。例如，有的以時針順逆轉作比喻，有的用內旋、外旋解釋，有的從四對方位及其大小來區別纏絲勁，都難以講清楚明白。現在試作以下解說：

(一) 手的順纏：

以小指領勁（依次帶動無名、中指、食指）向手心方向旋轉，同時，大指與小指相合（相呼應）形成瓦攏掌。即為順纏。以兩人皆出右手，兩手相握為例，甲走順纏。（如圖1）

(二) 手的逆纏：

以大指領勁，向掌心方向旋轉，同時小指與大指相合，形成瓦攏掌，即為逆纏。（圖2）

不論手運行到什麼方位，不論走圈大小，手的纏絲勁

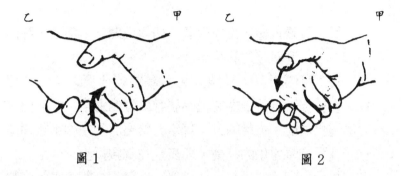

圖1　　　　　　　　圖2

都以順逆爲主要區別。所以，先師陳照奎說：「以順纏與
逆纏爲基本纏絲勁。」

(三) 腿的順纏：

不論向任何方位出腿或收腿，如以腳掌外緣領勁，向
腳心方向旋轉，膝部向襠外方向旋轉，即爲順纏。

(四) 腿的逆纏：

不論向任何方位出腿或收腿，如以腳跟裡側領勁，向
腳心方向旋轉，膝部向襠內方向旋轉，即爲逆纏。

關於纏絲勁在技擊上的運用，請參考拙作《誰能合，
誰能贏》一文。

關於胸腰折疊

問：胸腰折疊，如何理解？如何鍛鍊？（南京·許鵬 遼寧·戴和平等）

答：胸腰折疊，是陳式太極拳鍛鍊要領之一。其要旨，在於強調以丹田為樞紐的軀幹部位的鬆柔、靈活而有力的運化功能。古拳論云：打拳「緊要處全在胸中腰間運化。」而胸腰運化的特徵，即表現在胸腰折疊。

折疊一詞係借用其一往一復、一開一合的含義。胸腰折疊的實質就是指胸腰的開合、屈伸、捲放、旋轉。《太極拳表解》云：「軀幹含折疊，即往復所變之虛實。外看雖似未動，其中已有折疊，有轉換。」折疊者，無非是借用折扇、疊被、折疊衣物之比喻，而表述胸腰運動中的一開一合、一屈一伸、一左一右、一收一放、順逆螺旋之變化。故拳論有云：「往復須有折疊。」反映在技擊上，這種折疊勁則用於「聲東擊西，欲左先右，造勢借力」的戰術之中。陳照奎老師把這種折疊勁稱之謂「蛹動勁」。他常以蠶蛹、蛇、毛毛蟲之類的蟲蛇軀體節節貫串進退之狀，來形容太極拳運動中人體胸腰運化之貌，而謂之曰：「猶龍似蛇」。

陳照奎老師還常說：胸腰者，人體之「大本營」也。他又比喻：胸腰部位，如同棋盤上的老將、老帥，不能輕易隨便移動。根據陳式太極拳宗師陳長興公（號稱「牌位

大王」、「牌位先生」）真傳拳架的規矩，胸腰這一軀幹部位，必須保持端正，不允許左歪右斜，前俯後仰、搖頭晃肩、來回搖晃，同時，另一方面又要求它鬆柔、靈活，屈伸自由，旋轉自如，有開有合，能吞能吐。一句話，既要中正，又要靈活。回憶我剛跟先師學拳之時，常常受到的批評是：雖然上身比較端正，胸腰卻是鐵板一塊；可是，另一方面他又常批評他的一位侄子是「水蛇腰」、「扭屁股吊腰」，胸腰活得過火了。

由此可見，如何無過而又無不及地把握太極拳的胸腰運化問題，確實是值得我們研究的一個重要課題。

一、胸腰運化的生理機制

要弄明白胸腰運化的規律，首先要弄清人體胸腰部位的結構及其生理機制。

人體的胸部和腰部，是由起支柱作用的脊柱貫串其間的。脊柱構成人體的中軸，成年人脊柱共26節，頸椎7節、胸椎12節、腰椎5節、一個骶骨和一個尾骨，借助椎間盤、韌帶連結而成。

脊柱上端托著頭顱，其胸段、腰段和骶尾段，分別構成胸腔、腹腔和盆腔壁的一部分。脊柱中央的椎管，內藏脊髓；脊柱兩側為脊神經和血管的通道。像鏈條似的脊柱，對人體軀幹部位屈伸彎立，起連接和推動作用。按中醫講，它又是督脈上下相通之路。

從正面看，脊柱腰椎骶椎部分最寬闊，因為脊柱下部負重較大。從側面看，可見脊柱有頸、胸、腰、骶四個生理彎曲線。其中頸曲、腰曲凸向前，胸曲、骶曲凸向後。

脊柱的運動，
從圖1來看，
為了保證脊柱
對上體支持作
用，胸椎運動
幅度最小，頸
部、腰部運動
幅度較大。但
陳式太極拳的
運動規律是：
要求頭部百會
穴虛領頂勁，
頭部不許低頭

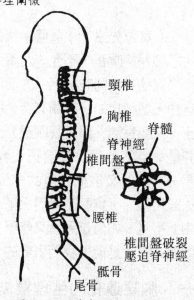

頸椎

胸椎

脊髓

脊神經

椎間盤

腰椎

椎間盤破裂
壓迫脊神經

骶骨

尾骨

圖1　人體脊柱解剖圖

仰頜，不許任意轉動（眼神、眼的餘光可以左顧右盼，但
頭部不能來回轉動，它只能隨著胸部轉動）。故頸椎運動
幅度不大。胸椎也只有微度的屈伸和旋轉，胸腔和脊背之
間的開合幅度也較小。

　　由此可見，所謂胸腰折疊、胸腰運化，其核心還是在
於腰部靈活多變的運化功能。仍然是拳論中所云：「主宰
於腰。」而腰部的運動，又必須是以腰椎為骨幹、丹田
（小腹）為動力，與骨盆協同作業。而骨盆的前後左右轉
動，又有賴於髖臼與股骨頭之間的鬆活（即所謂「鬆
胯」）。同時，還有賴於腰肌、腹肌、背肌的配合。

　　當然，胸部、背部的開合，也不可忽視。因為它是腰
勁貫串到上肢去的關鍵。它的微量運動，卻可以影響上肢
的大幅度運動。正因如此，拳家才把「胸腰運化」合二為

一的提了出來，謂之曰「緊要處全在胸中腰間運化」。這種提法是非常地道而科學的。

總之，所謂胸腰運化、胸腰折疊的方式，是以脊柱為支柱（鏈條式的）、以腰椎和丹田為樞紐，來保證胸背開合，上下屈伸、前後捲放、左右旋轉等等整個軀體運化的高度靈活自由。

二、胸腰折疊的運動規律

根據上述胸腰部位的生理機制和運動特徵，結合先師陳照奎先生的教導，和多年來我的體會，所謂「胸腰折疊」，至少應該包含以下五種折疊方式：

㈠ **胸背開合**。陳式太極拳要求胸開背合，背開胸含。陳式太極拳從來不講「拔背」，只講胸背的開合運化。而且要求在螺旋中開，螺旋中合。開左胸即向左旋轉，開右胸即向右旋轉。例如六封四閉動作五和動作六，動作五挑肘開左胸，胸腰向左旋轉；動作六則含胸推掌。胸開則背合，胸含則背開，陰陽互為其根（又如高探馬動作四、五之胸背變化，亦同此理）。

㈡ **左右折疊（左右旋轉）**。又謂橫向折疊。即胸腰左右旋轉變化。太極拳運動，往往是欲左先右、欲右先左，逢左必右、逢右必左。一引一進、一化一打，交替運動。如懶扎衣動作四，胸腰向左旋轉，走右靠勁；動作五，則又向右旋轉，走橫挒勁；動作六，再向左旋轉，走右手下塌外碾勁，開左胸、重心移偏左。又如第二金剛搗碓，丹田帶動，雙手先向左掤，再向右攦，再向左發。胸腰隨之先左、後左、再左旋轉。都是一左一右，一右一左

的胸腰在往復旋轉中走折疊勁。

讀者注意：此時從正面看，胸向右轉時，從背後看，則腰背部向左側轉。前面向左旋轉時，背則向右轉。這又是一組前後左右陰陽相濟的運化。

㈢ **前後折疊（裡捲前發）**。如二路拳（炮捶）的左衝右衝式，先是後坐，雙拳走下弧、裡弧線向裡捲勁（含胸塌腰），然後再向前開胸抖腰（丹田），雙拳走上弧線發衝勁。一捲一放、一後一前，形成前後折疊勁。又如三換掌、連環炮、裏鞭炮等，都是這種捲放勁。

㈣ **上下折疊**。類似鏈條、彈簧式的屈伸勁。例如，指襠捶動作二至三，上下折疊三次：先向右下走下弧線的攦勁（也是引化來勁），再向左上走弧線發勁。然後再向右下攦（引），再向左上發勁，之後，再右轉，左轉，向前下發勁。又如當頭炮，雙臂（拳）先向上引勁，然後再向裡下走下採勁收回，向前略上發勁。又如雙震腳，我雙手先向下按，敵人向上反抗，我再向上托；敵人下沉，我再向下拍擊，一下一上，一上一下，折疊變化，都是因敵變化而發。

㈤ **斜向折疊**。即立體螺旋，忽順忽逆的斜向螺旋勁。如白鶴亮翅，先向左前斜角引勁，兼走右肩靠勁；再左採右挒向右後上斜角發放挒勁。又如第三金剛搗碓動作二之左手上托，右手下採勁。以及野馬分鬃的先向左旋轉裡合再向右斜向發分挒勁，都是在身法中正的前提下發放斜向折疊勁的例子。

以上五種分析，是互為一體的，只不過為了從多方面來觀察胸腰變化的種種狀態而已。上述五種方式的胸腰運

化，一旦延伸到四梢，即帶動四肢，向四面八方運化，發放勁力。由於胸腰運化自如，那麼自身所發的勁力，從施力點（足），經過樞紐（丹田），運送到發力點，則非常順遂而準確。從而體現太極拳勁力的整體性。

三、胸腰折疊的「萬向軸」和「能量流」

根據筆者多年來練拳的體悟，我認爲丹田內轉，是胸腰運化的「萬向軸」，而充實的眞氣（內氣）的運行則是胸腰運化的「能量流」。

丹田內轉，拙作《丹田內轉論》已作了比較詳細的論述。現在再做以下一些補充說明。

從人體結構和生理機制的整體性來分析，人體的任何一個部位的運動，都離不開各個部位的協調配合。胸腰折疊更是如此。人體丹田部位對胸腰運化起著樞紐核心作用，胸腰折疊離不開丹田內轉的帶動。

丹田內轉，有人誤以爲眞的要使小腹內部的臟器轉動，滾動起來，這是一種誤解。丹田內轉，實質上是在意念導引下小腹內部內氣，以及各種臟器的多向蠕動。這種蠕動，離不開腹肌、腰肌、髖關節、臀部、骨盆等多方面的配合，離不開內呼吸（眞氣）的鼓蕩作用。離不開意念力的導引作用。

但是，應該肯定，胸腰折疊必須以丹田內轉爲樞紐；還必須肯定，眞氣運行是胸腰折疊的能量流。所以，必須是內外兼練。運之於內即丹田內轉，眞氣運行，意念導引；形之於外則是胸腰折疊，周身運化。

最後，我想再以「掩手肱捶」一式的最後兩個動作

（第四、五動作）爲例，試述在整體作業中，以胸腰折疊爲核心全身各個部位、各種能量的協調性。同時，大家從中可以體悟太極勁的整體性。

「掩手肱捶」動作四，蓄式（合式）胸略右轉，略含胸，收腹、吸氣、提肛，鬆胯塌腰，沉左臀翻右臀，內氣（眞氣）自丹田下沉、過會陰至命門，丹田略向右後轉（從背部看，則腰係左轉）。此時左手略逆前掤，合於眼前中線；右拳順纏合於腹前，重心略偏右後。

動作五，發式（開式），胸左轉，開左胸，呼氣突腹，扣膝旋胯，沉右臀，翻左臀，內氣（眞氣）由命門貼脊背，過大椎，發向右肩、再右肘、再右拳；發勁同時，左肘後襯，與右拳形成前後斜向對稱勁，以保持平衡，同時打前防後。發勁的一瞬間重心偏左前，發完勁，立刻右移、後坐。發勁過程中，右腳蹬地（力源），左腳支撐（支點），腰、丹田左轉（樞紐，好似變電站），從背後看，腰部則係右轉。右拳向前發勁與左肘向後發勁對稱，表面看似乎是分力，但從前後腰部（丹田）的旋轉看，則又是一種螺旋式的合力，整體勁。

由此可見，胸腰折疊，也是一種典型的陰陽相濟的太極整體勁，完全符合太極陰陽分合律的原理。

關於「下塌外碾」的含義

問：「下塌外碾」如何理解？如何練法？（無錫‧何懷玉　西安‧田廣豐等）

答：「下塌外碾」，是陳式太極拳走勁諸法中非常重要的一種手法。它是掤法、攦法、按法、肘法、採法等法中最常用的一種運勁方法。實質上是運用這種手法時，要走一個向外的、下沉的弧線勁力。例如，北方碾米用的石碾，或壓馬路的壓路機的鐵滾（或石碌碡），它運轉的特點一是大力下沉（壓）勁，二是向前旋轉滾動運行。

太極拳的用勁之法，也是在於千方百計破壞對方的下盤，像刨樹一樣，必從斷根上下手。太極推手、散手發人，首先也是著眼於敵人的腳部，著眼於破壞其根節。所以，當我雙手（或單手）搭到敵人身上，不論哪個部位，不論走掤勁、攦勁、捌勁、按勁等等，都先向下沉，我的意念力都沉到他的腳跟上，然後再走一個向外（左前、右前，或正前）的下弧線發外掤勁、攦勁、或按勁，從總體上形成一個向下、向外上、沉乎乎的弧形的滾動勁。

運用此勁時，一定要以塌腰為樞紐，並且配合沉肩、墜肘、塌腕（塌掌根）、腳蹬地，才能發好這種「下塌外碾」之整體勁。

關於襠走下弧

問：怎樣理解襠走下弧？架子低，襠再走下弧，是否會蕩襠？（貴州·楊昌林等）

答：襠走下弧，是為了在倒換重心時仍能保持下盤的穩固，而採取的一種鍛鍊方法。本來拳架子已放低，再要求襠部（會陰穴處）下沉，走下弧線，確實比較吃力。

這種鍛鍊的目的是：在倒換重心（由偏左移偏右，或由偏右移偏左）時，胯再鬆一下，在鬆胯、塌腰的條件下，把重心移到另一側（變獨立步時，要全部移過去）。這樣做，從技擊角度看，可以在倒換重心時避免敵人借我重心移動而借力發我。

因為敵人進攻往往是利用我移動重心、重心不穩的時機。從健身運動角度考慮，這樣可以避免在移動重心時氣上浮，根上拔，影響下盤的穩固。所以，我們要堅持這種有益的鍛鍊方法，不論架子高低，倒換重心虛實時，一定要襠部沉一下，走一個下弧線。

但是，走低架，襠再走下弧，會不會出現蕩襠現象，這要看打拳的人如何掌握低架的低度和走下弧的弧度。

我們所謂的低架，是比較高中架要再低些，但大小腿的夾角不得小於 90 度，也就是說一般要大於 90 度。如果是夾角大於 90 度，那麼兩大腿的下部橫線必須比平行線高，在此情況下，襠部再稍低一些，也不蕩襠。

另外，所謂襠走下弧，也是微微地而不是大起大落，所以，打拳時一般要求襠部形成一個拱圓形的上弧線（除了仆步、跌岔等動作外），這種情況下，襠略走下弧，不會形成蕩襠。

關於拳走低架的優勢

問：有些人說我們練低架不易行氣，對嗎？（石家莊·趙惠珍等）

答：近來，太極拳界有人極力貶低先師陳照奎先生所傳授的陳式家傳低架太極拳。說什麼走低架不利於放鬆，腰腿不靈活，有忽高忽低鑽頂之弊，走低架氣不順，不易行氣。遺憾的是原來曾跟先師學過低架拳的人，今天寫文章也反對練低架。散布這些論調的人，不是由於自己怕吃苦而強詞奪理，就是由於他對太極拳乃至運動力學一種無知的表現。

當然，太極拳運動本身為了適應不同的人、不同年齡、不同素質，以及不同鍛鍊階段的需要，而分為高架、中架、低架三種鍛鍊方式。就是陳照奎老師傳授的低架，在整個行功過程中也有高有低、有升有沉、波浪式運行，同時練低架也有個限度，除了仆步、盤步之外，馬步、弓蹬步大小腿夾角不得小於 90 度，過低則蕩襠，為病。但這些都不能說明練低架有什麼壞處。尤其對於青少年來說，鍛鍊低架拳對增強下盤功夫肯定是有好處的。

大家知道許多著名拳師青年時代即曾遵師訓刻苦練低勢太極拳架，他們都肯定練低樁、低架會出功夫，他們有年輕時曾在方桌底下打拳的傳說，如享年106歲的著名太極拳家吳圖南先生等。

　　根據筆者繼承先師遺教，二十多年來，至今（72歲）
仍堅持練陳式低勢太極拳的經驗來看，拳走低架有它獨特
的優越性，我在《陳式太極拳體用全書》的前言中已經講
過，現在再補充以下幾個方面的好處：

　　一、有利於鬆胯，使髖關節放鬆，有利於鍛鍊腰胯的
靈活性。

　　人體力學告訴我們：髖關節活動範圍大小能直接影響
下肢的柔韌素質，髖關節是球窩形關節，要想增大它的運
動幅度（加大它的活動曠量），加強它的穩固性，則必須
下番苦功，其中除了踢腿、壓腿等有利於髖關節鍛鍊的措
施之外，還應該包括練低樁、走低架等功力訓練。

　　二、有利於重心下移，穩固下盤，增強體力，提高身
體素質。

　　不倒翁之所以不易倒，就是因為重心在底下，人體保
持穩定平衡的方法之一，也是要常常重心下移，因為重心
下移，有利於借助地面的反彈力。

　　人體力學告訴我們，人施加給地面多少作用力，地面
就會作用於人多大的反作用力。同時，練低架太極拳，膝
關節必然彎曲，重心下移，這樣可以緩衝外力起保護作
用。降低人體重心，人與地面的合力加強，穩定性就強。
所以雙足同樣分開站立，低勢下蹲，就比站起來穩定。重
心越高，人與地面的合力越小，穩定程度也就越小。相
反，重心低，合力大，穩定程度也就大。

　　此外，日常生活和勞動中，人體不論推、拉、扛、
舉、提種種物體時，大都是先要取下蹲的姿勢。體育運動
的長跑、跳高等項目，起式都是先下蹲。由此可見，平時

練低勢拳架增強下肢的鍛鍊，肯定是有益於增強人的體力的。

三、技擊時，有利於隨屈就伸，隨高就低，便於應敵。

有人說：「你練低架子，打架時誰採取低勢？」其實，練低架子，並不等於交手時必須運用低架子。拳論講了「隨屈就伸」「仰之則彌高，俯之則彌深。」如果你平時不練低勢，只走高架子，那麼，一旦遇到敵人採取下沉姿勢時，你只好彎腰、蹶臀、前傾，或繃胯後仰，你的腰腿就很難做到「因敵變化示神奇」。

四、有利於養生之道中「上虛下實」的修煉功夫。

太極拳最終目的在於養生健身，所以它一向重視內功修煉，而內功修煉的重點是做到上虛下實，即講求意念放鬆，內氣（真氣）下沉，氣沉丹田，克服「提心吊膽」內氣上湧、上浮等現象。而平時練拳走低勢，有利於由外及內的意氣的鬆沉，這樣肯定對於養生有益。特別是年歲稍高的人們，或從事腦力勞動的人們，往往是上實下虛，「頭重胸悶，腰腿軟」，又有云「人老先從腿上老」。如果平時注意腿功樁功的鍛鍊，則可以防止這種狀態的出現。而拳走低架正好是一種活樁鍛鍊，陳照奎老師、馮志強老師都講過拳走低架就等於練活樁。有云：「神仙留下健身方，開襠下胯最爲良」。

實踐告訴我們，練低勢太極拳當然是一種非常艱苦的鍛鍊方法，非常吃力，總不如立著練省勁。所以那些怕吃苦的人、練拳總想偷懶的人是難於從事低勢拳架鍛鍊的。他們是難於接受我上述觀點的。

　　其實練習高、中、低架都可以因人而宜，完全是隨其
自願的。而且不論練高架、低架，都會收到不同程度的健
身效果的，問題是不要用自己的偏見、無知或由於自己怕
吃苦而去貶低別人。

　　此外，我也對堅持練低架子的人提出以下建議：要注
意每次打拳之前，必須認眞做好準備活動，包括壓腿、靠
腿、踢腿、揉膝、旋踝、旋腰以及練習低椿，在襠走下弧
情況下倒換重心等等系列運動。以保證膝部的安全，我個
人的體驗，往往是這些準備活動所占用的時間比打拳時間
還要長。

關於「四兩撥千斤」之句

江蘇徐州劉杰來信提及：您在馬來西亞講座時，關於「四兩撥千斤」的報導（《星洲日報》）是否有誤？「四兩撥千斤」到底如何理解？

答：關於對「四兩撥千斤」的解釋，《星洲日報》記者報導有誤。當時，我講「四兩撥千斤」之句，在於表述它是太極拳技擊技巧特徵之一。但技巧必須以力量爲後盾。陳照奎老師常講力量占七分，技巧占三分。沒有力量，技巧也用不上。

我認爲對「四兩撥千斤」之句解釋最精到的是武秋瀛（即武禹襄之胞兄武澄清）。他說：「四兩撥千斤，合即撥也。此字能悟，眞有夙慧者也。」他強調了一個合字。即撥千斤者首先在於一個「合」字。意思是你要想用四兩的力量撥開千斤的來力，首先要讓你的力量與彼之來力合而爲一，然後（當然用時非常之快）稍稍改變一下來力的角度方向，使其落空。其中即含有一個「撥」的作用。

一句話，你要撥開千斤來力，先合住它，而後順著它，順其勢，借其力，在順隨中加一點我的力，撥開它，使之落空。

這樣，你就可以以小力勝大力。但其中，你必須有雄厚的功力做後盾，否則你只有四兩的勁，想撥動對方的千斤之勁，也是不大容易的。

　　爲了掌握此技巧，①必須先下功夫練放鬆，練習聽勁，即鍛鍊靈敏的觸覺，一搭手、一接觸，即知道對方來力的大小、方向、路線，及時做出準確的判斷；

　　②善於運用粘隨勁，與對方的來力合到一起，隨其來力而動，即所謂「捨己從人」者也；

　　③但「捨己從人」並非任人擺佈，完全順從對方，而在順從之中，悄悄地、走弧線，稍微改變一下對方來力的方向，順其勢稍稍撥開一點，讓它落空，而打不到我的身上。對來力，旣順從它，又「改造它」，不論他是千斤、萬斤之力，都必然落空失勢。

　　但要注意，絕不可硬撥，一定要通過弧線（如用下塌外碾之勁）改變其勁路角度方向。當然，還要配合身法變化。

關於「八門勁別」的解釋

問：沈家楨、顧留馨著《陳式太極拳》一書第14頁講的八門勁別對嗎？（蕪湖·劉建軍）

答：不完全對。其中講到掤勁是太極拳各種勁的實質，是對的。但他具體解釋八門勁別，(1)至(8)條都不對。例如，他講「掌心由內向外纏絲（順纏），稱爲掤勁」，「由外向內纏（逆纏），稱爲攦勁」。其實，順逆纏絲都可以走掤勁，走攦勁時一般是一手順纏，一手逆纏，怎麼能把順纏叫掤，逆纏叫攦呢？其他如「手腕出了方圓圈外，……稱肘勁」，什麼「肘出了方圓圈外，……稱爲靠勁」。解釋都含糊不清，也不正確。

陳照奎老師關於八種勁的解釋，簡而明，很容易理解。他講八種勁別的記錄如下：

掤，是螺旋式的向外膨脹的一種彈性勁。其他七種勁，是掤勁的延伸，即運用不同部位向不同角度使用掤勁的方式方法。

攦，用單手或雙手將來力向我身左右側下塌外碾，加以掤化或發放，即爲攦勁。

擠，用單臂或雙臂，將來力向前方（走上弧線）掤化（或發放）即爲擠。

按，用單手或雙手的掌根，走下塌外碾勁，向前（走下弧線）掤化（或發放），即爲按。

採，下爲採。凡向下引化或發放的勁，皆爲採勁。

挒，分爲挒。凡向兩側或上下、斜向分挒對方來力者，即爲挒。

肘，用肘搋化、擊打，皆爲肘勁。肘勁向下者爲採肘，上挑者爲挑肘，橫擊者爲橫肘，向前發豎肘爲迎門肘等等。

靠，以肩、胸、背、胯搋化或發放來力者皆爲靠。

「一身備五弓」之說不可取

問：何謂「一身備五弓」？怎麼做？（廣西‧吳道甫）

答：「一身備五弓」之說，見於顧留馨先生之《太極拳研究》一書。其含義為指人身軀體及四肢，都要有掤勁，好像五張張開的弓。其用意在於說明周身處處都有掤勁。

本來，「蓄勁如拉弓，發勁如放箭」的比喻無可非議，但是機械地把全身比作五張弓，而這種表達則不夠準確。因為太極拳的掤勁，既要體現在周身處處、時時，而且這種掤勁還要體現順逆纏絲的螺旋勁之中。

而「弓」只有一個方面的彈性力，只能向一個方面「弓」，它既不能體現正反、裡外多方面的彈性勁（掤勁），更不能體現螺旋中的掤勁，所以，我認為此提法不可取。還是說周身處處都有螺旋式的彈性勁（掤勁）為宜。只有如此，才能體現太極勁的「挨到何處何處擊」的獨特技擊功能。

關於所謂新架、老架之分

問：老架、新架有什麽區別？（河南‧王生龍）

答：陳式太極拳傳至第十四世時，同期的傳人陳長興、陳有本，本來所傳拳架，都是陳王庭所創編的套路。陳有本經過精研，對原來的拳架做了一些改動，創造了所謂「新架」，又稱小架，以區別陳長興爲代表的老架、大架。

陳式太極拳發展到十七世，大家公認陳長興所傳老架的代表人物是陳發科（1887～1957）。在1928年陳發科走出陳家溝到北京傳拳之前，當時其侄陳照丕（績甫）、其子陳照旭等人都跟陳發科學拳。「陳照丕自幼從師於叔父陳發科學習太極拳」（王西安《陳式老架太極拳》）。陳照丕自己也說過：「曾受季叔福生（發科）的指導。」（見《陳式太極拳匯宗》自序）也就是說後來陳照丕、陳照旭、陳照奎諸兄弟所傳的拳架，都是發科公所傳。

1928年之後到1957年發科公去世前，發科公一直住在北京傳拳。發科公之幼子陳照奎先生，由於一直在北京跟在父親身邊，在其父嚴格教導下，從難從嚴認眞繼承了發科公所傳的拳架，成爲繼承發科公家傳拳架的代表人物。

陳照丕先生（1893～1972），1928年陪同其叔父陳發科赴京之後，不久即到南京傳拳，後來又到洛湯、開封等地傳拳，1958年退休回到故鄉陳家溝，培養了一批傳人，

如人稱「四大金剛」的陳小旺、王西安、朱天才、陳正雷等新一代傳人，都是陳照丕先生一手培養起來的。陳照丕先生可謂爲陳家溝太極拳事業的中興奮鬥一生，鞠躬盡瘁。

但由於陳照丕同其三叔陳發科公前後三十年長期分住在北京、南京兩地，一南一北，又很少往來，故其拳架演練上便有了某些差別，加上原來陳長興所傳套路在陳發科之前長期沒有文字拳譜，不像當年陳有本所傳新架，由於十六世傳人陳鑫有《陳氏太極拳圖說》出版，而有了文字拳譜。所以，1972年陳照丕先生去世後，1973年春節陳照奎先生應邀回家敎拳時，溝裡的人們感到照奎先生同照丕先生傳的拳架有區別。

爲了表達這種區別，由於某些人想標榜村裡練的、自己練的拳架更正宗一些，遂將照丕先生晚年在溝裡傳的拳架叫做「老架」，而將陳發科、陳照奎父子傳的拳架稱作「新架」。陳照奎先生不贊成這種分法，他在世時曾云：「這種說法是不對的。我五哥陳照丕當年也是跟我父親學的拳嘛。都是陳長興公一脈相傳的拳架嘛！」

在陳家溝照丕先生所傳的拳架與發科公和照奎先生在北京所傳的拳架，其套路編排風格特徵，基本上是相同的，只是略有繁簡、精粗之分而已。「四大金剛」之一的朱天才講了一句比較客觀的話，他說：「陳照奎先生傳的拳架，動作更細膩，手法更多，發勁更猛，技擊方法更加明顯，技術更加全面。」（《武魂》1990年第5期）正是因此，1958年人民體育出版社委托唐豪、顧留馨、李劍華、陳照奎等人編寫《陳式太極拳》一書時，就決定了以

陳發科、陳照奎父子所傳的套路為標準，譜寫此書，以弘揚此拳。到1963年最後由沈家楨、顧留馨二人編著，陳照奎演練並審訂的《陳式太極拳》出版，陳長興所傳套路（一、二路）才有了第一本文字拳譜。

陳照奎先生所傳的函授講義《陳式太極拳體用全書》可謂陳長興老架的第二部拳譜。

據上海陳式太極拳協會會長萬文德師兄1981年在陳家溝考察時，陳家溝太極拳學校教務長陳伯先等一些老拳師講，「什麼老架、新架、新架（83式）是老架，老架（75式）是新架。」帶著這個問題，作者1998年4月赴西安看陳立清大姐（時年80歲）時，問到這個問題。陳立清老師說：「當代陳家溝太極拳，只有大架小架之分，大架都是我三爺陳發科傳的，不知道什麼人又把大架分為新架、老架？！」

據此，對這個新架老架問題，我們只能說陳發科、陳照奎父子在北京傳的拳架，同陳照丕在本村傳的拳架，都是與陳長興老架大架一脈相承的拳架，只有某些拳式動作上的繁簡之分，而沒有什麼新老之別。如果為了區別其差異，只能說：陳照丕所傳的叫大架75式，陳照奎所傳拳架叫大架83式。對於其中某些差別，應該進行具體研究，本著求同存異的原則，爭取取得合理的統一。應該多求同，少立異。

關於頓步與蹉步發勁之別

問：在練拳過程中，一般在什麼情況下蹉步發勁？什麼情況下頓步發勁？什麼情況下跳躍發勁？什麼情況下震腳發勁？（邯鄲・王愛國）

答：這個問題提得很好。弄不清發勁的部位、力點所在以及上下配合關係，而是亂蹦、亂震腳，這是不對的。比如左右前後橫向或平行發勁（拳、小臂、肘、肩、靠等勁）時，只可以蹉步發勁（即腳不離地而蹉步發勁），而不能跳躍發勁（如一路第十五式十字手之轉體發肘勁；二路第六式搬攔肘動作二、四之發勁）。

如向下向上的縱向發勁，則可以震腳，可以跳躍，跳躍之中還有加膝擊、腳蹬踢的技擊含義。

如金剛搗碓向下拳掌合擊時，可以震腳發勁，二路第七式躍步護心拳以及十六式翻花舞袖，即是跳躍轉體之後向下發勁。中間可以加膝擊、腳擊等勁力。手（包括身腰）向前上發勁，有運動和發勁之過程者，可以腳掌先擦地走弧線而進（或退），當手（拳、肘、肩）接觸敵人發寸勁的一瞬間而頓步發勁。如二路之白蛇吐信、連環炮、奪二肱、三個肘等式，以及一路拳中的倒捲肱、退步壓肘等式。

其次，為了大踏步前進、後退、轉體，以及為調整方位時，可以在跳躍中閃戰騰挪，發放掌、拳、肘、肩、

胯、蹬、踢等多種勁力。如一路之玉女穿梭、二路的飛步拗鸞肘等式，都是大踏步跨越，轉體、縱身、或衝出重圍之勢，運用掌推、肘擊、肩靠、胯打、腳踢、膝撞等多種勁力，兼而用之。希望學者細心體悟其中的技巧變化。

關於練拳的遍數與功夫

問：一些太極拳書上介紹先輩練拳的經歷，每天都要練幾十遍，才能練出功夫，而現代人們的生活工作條件，幾乎不能達到前人的要求，是否我們就不能出什麼功夫了？（廣西·王小鷹　天津·邵義會）

答：關於先輩們練拳一天三十遍、四十遍的說法，一方面是說明前人的刻苦精神，另一方面也要由其專業化、工作條件和生活條件所決定。

另外，其中還有個質量問題。打高架子一天打三十遍，不一定比低架子打十遍消耗能量大。發勁與不發勁的消耗能量也不同。我的老師陳照奎，人云他每天打四十遍拳。可是他本人跟我講：

「上學時哪裡有那麼多時間打拳，假日打拳可以達到二十遍。」他還說：「認真打低架子一遍，可以頂打高架子十遍。我父親（陳發科）在家裡都是要我打低架子。低架子肯定比高架子出功夫。」

由此可見，還是應該實事求是，嚴格要求自己，隨其條件，積極進取。根據不同年齡、不同體質、不同要求、不同條件，量力而行。同時，還有一個得法、不得法的問題。必須懂得出功夫的拳理拳法。鍛鍊合理得法，循序漸進，鍥而不舍，總是可以出功夫的。

　　總之，要因人制宜，因條件制宜，積極進取，量力而行。但要掌握兩條：

　　㈠、貴在堅持。不論每天練多少遍，多少不怕，就怕時斷時續，或一曝十寒。必須天天堅持，專一持恆，不論環境如何變化，每天必須練拳，像每天吃飯一樣，必不可少。本人練拳三十多年來的體驗，就是不論在家出差，不論天氣好壞，必定天天堅持。大年初一也要先打拳，再吃餃子拜年。

　　㈡、盡可能多練幾遍。常言「一遍不忘，二遍保本，三遍或有進步。」又云：「練則有，不練則無。」所以，要想在太極拳修煉方面有所造詣的話，必須下苦功夫多練拳，邊練、邊悟、邊提高，堅持數年，乃至幾十年，必有所成。

關於拳架與靜功、椿功的關係

問：練我們這套拳，要不要配合練所謂內功、靜功和
　　椿功？練什麼靜功好？如何結合？（天津邵義會
　　等）

答：許多函授學員來信問及我們這套拳的內功、靜
功、椿功如何練法。我想大家是受當前社會上五花八門氣
功的影響而提出此問題。這裡談談我的經歷和體會。

在學練陳式太極拳之前，因為青年時期多病，我也練
過某些所謂氣功、靜功，但收效甚微，且久久難以入靜，
往往由於思想干擾甚多，貌似入靜，實則總是心猿意馬，
心境很難平靜下來。

後來跟陳照奎老師學拳，老師也不講什麼椿功、靜
功，只是嚴格地要你規規矩矩地練好拳架，一年兩年，十
年二十年，就這兩套拳，一百五十四個拳式，六百多個連
貫動作，把你累得苦不堪言，天天汗流浹背，腰酸腿痛，
根本也顧不上再去練、再去談什麼椿功、靜功。但健身效
果卻非常顯著，而且來得快，功效徹底，諸病皆消。

我練陳家拳近三十年來，可以說判若兩人，今年步入
七十二歲，身心俱泰，內外無疾，與小伙子們一起打拳推
手，一氣練幾遍拳，汗流而不氣喘，整天精力不次於青年
時期。但這二十多年，我並未再去練什麼靜氣功之類。從
中，我體會到陳家傳的這套拳架本身就包括外功（動功）

與內功。

　　所謂內功，無非是煉精、煉氣、煉意三步功夫。而陳式太極拳的許多動作就是既練內又練外，內外兼練；例如它強調丹田內轉，形之於外則鍛鍊胸腰折疊，使周身勁力合為一家；而作用於內，它正是煉精化氣的好方法。又如它強調開合相寓，開，則吐濁氣，壯筋骨，長勁力；合，則吸大氣中的精微，充實五臟六腑之真氣。又如它主張快慢相間，快，可練用力、發勁、勇猛之氣質；慢，則可以聚精凝神以充實內勁之源。

　　所以，我在講到此拳在養生健體療病等方面的功能時，常常如此概括之：拳走低勢以固根，丹田內轉以煉精，順逆纏絲以舒經，開合吐納以煉氣，動作繁難以健腦，強調用意以煉神，對拉拔長以壯骨，鬆活彈抖以化瘀，動靜交濟以持衡，化打合一以應敵。

　　為什麼陳照奎老師反覆強調拳架是太極拳一切功夫的基礎。我想原因就在上述諸點之內。請大家仔細體悟之。千萬不要像某些人捨本求末、捨難從易或捨近求遠，把拳架子拋掉，而去專門練什麼內功、靜功、氣功、椿功等等。當然，在以練拳架為主、為基礎的前提下，利用一些休整時間，練練靜功、椿功，特別是像真氣運行法之類的醫學科學氣功，以及某些輔助養生功，還是可以的。

關於太極拳的發聲問題

問：關於太極拳的發聲問題，如何掌握？

答：陳式太極拳在發勁時，允許發聲吐氣。發聲的作用，一是爲了防止胸部憋氣；二是發聲造成對敵人的一種精神威懾；三是周身發放暴發力的自然現象（由於內氣鼓蕩，而振蕩聲帶的一種外在表現）。

但發聲必須是在下丹田部位內氣鼓蕩的條件下發出，不可故意做作，不可故意從上盤聲帶中呼聲。至於什麼動作發什麼聲音，沒有死的規定，要隨其自然。

先師陳照奎發放人時，發聲多係發很沉的一種「哼」的聲音。並常言「聚如嬰兒，發如悶雷」，可見其注重內氣下沉的含義。他打拳發勁時往往只聽到沉厚的呼氣的聲音，從未聽到他發出奇聲怪音的現象。所以我認爲可發可不發者，不發；必須發放時，也要隨其自然。自然者，自丹田部位內氣振蕩之下自然而然地發出的一種聲音。

6

附 錄 篇

揭示太極拳的本來面目

——馬虹老師來美傳拳後感

美國·徐谷鳴

中國功夫博大精深，太極拳尤為玄妙莫測，一直被罩上一種神奇的外衣。我雖練了二十多年陳式太極拳，並從學於三位老師，熟讀太極拳經，但在實戰中以太極取勝仍無信心，總感到今日之太極若言健身養氣、治療慢性病尚有價值可言，若言技擊則全不是那麼一回事，總有一種迷惑與失落的感覺。

自從在《武林》雜誌上見到馬虹老師的介紹後，特別是他的立身中正、架低勢圓的照片後，我本能地感覺到我所尋找的東西（太極拳的精華）有了著落。所以，立即向陳照奎祖師的眞傳弟子馬虹老師發出了越洋的邀請，懇求他來美國傳授陳照奎祖師的眞傳絕藝。沒想到馬老師立即豪爽地接受了我的邀請，並於1995年5月2日順利到達舊金山。

我在全美許多城市都有學生在敎授陳式太極拳，尤以俄勒岡州和加州為主。平時我去我門徒的武館敎他的學生，已是中國講的祖師的身份，現在馬老師太祖師來了，自然更是轟動。

幾乎每個週末都舉辦演講會。特別是六月份每年一度

的太極拳訓練營在加州森林公園風景優美渡假勝地洛漢達
（當地青年會所在地）舉辦，更是盛況空前。

　　德國、加拿大、阿根廷、瑞典、丹麥等國以及美國
東、南、西、北不少慕名前來參加，其中不乏開武館或名
聲在外的教練。

　　值得一提的是美國最東北部的佛蒙特州來的教練雷克
先生了。他練過空手道、跆拳道、拳擊達二十多年，擁有
全省最大武館兼健身學院，有四百多名學生，他做過酒吧
警衛，與美國輕量級拳擊冠軍也決戰過。但他自從學了陳
式太極拳後就迷上了中國功夫。知道馬老師來了，乘七個
小時飛機趕到加州，虛心向馬老師求教。

　　俄勒岡州尤金市的武館館長梁大衛（來自香港），雖
然身材瘦小，貌不驚人，卻是尤金市武術界的老前輩。他
是第一個在尤金市教授詠春和太極拳的拳師，所教弟子不
下數千。他身手敏捷，功力純正，很受當地武術界崇敬。
這次甘當馬老師的翻譯和助手。

　　每個人都對馬老師精湛的拳藝和誨人不倦的精神深感
敬佩。美國《太極》雜誌也以專文介紹和刊登馬老師照片
在封面。其中體會最深的當然要數我了。

　　太極拳素以四兩撥千斤、以慢勝快、以弱勝強的面貌
示人。太極拳經也講「察四兩撥千斤之句顯非力勝，觀耄
耋所禦眾之形快何能為。」給人以一種錯覺，好像太極拳
是一種專講柔、專講技術性的拳術。不是以強勝弱、以快
勝慢、有勁勝無勁，而是可以弱勝強、慢勝快、無力勝有
力。這在自然界中弱肉強食的道理是不相符的。

　　眾所周知，以快速的鷹鷂捕食鴿兔，以強壯凶猛的虎

豹捕食鹿羊，沒聽說過兔子捉鷹鵰，羊食虎豹的事。在大自然中，沒有一個勝者給人一種弱或慢、柔或無力和虛空的感覺，爲什麼唯獨太極拳這個人類的拳術，可以超越大自然這一普遍的規律呢？我們這些太極氣功空勁大師們誰也不敢與虎豹同籠，眞可以用隔山打牛的空勁把它們擊出丈遠或擊斃嗎？

因爲人是脆弱的、容易欺騙的，虎豹雖然笨但是講現實的，明白在生死搏鬥中是沒時間講廢話、講大話的。太極拳本是陰陽相濟，講究唯物辯證法的，太極拳經本來也該體現這一特點，可是在拳經中卻是過份強調了陰的一面（可能是時代的原因我們不能苛求古人，那時陽剛拳術太多，爲突出太極拳的特色故以陰的一面示人，也是合情合理的，但也給今人研究太極拳帶來了困擾）。

自從馬虹老師來美向我們揭示了傳統的陳式太極拳本來面目後，我才知道太極拳確實能後發先至，以慢勝快。但這個慢在本質上並不慢。

第一，太極拳練習時雖慢，但它講究輕靈放鬆，邁步如貓行，要一羽不能加、蠅蟲不能落般的靈敏，輕靈怎麼會慢？

第二，拳經講「動急則急應，動緩則緩隨，忽隱忽現」，這些都是反應快，正確和高度靈活變速能力強的體現，又哪裡有一味慢的影子呢！

第三，技術上講究後發先至與捨遠求近是技術上的快，但講究後發先至，至少要應敵要快，如太慢，人家一拳已打到你身上、臉上，還怎麼談先至？要先至，除了在技術上採用有向左（或右）、向上、向前三個方向的複合

勁，邊防邊打、防打合一地來對付敵方單一勁外，至少在
體能上要有很快的自然反應（反應快又是一快）。

　　太極拳經講本是捨己從人多誤捨近求遠，所謂差之毫
釐，謬之千里也。太極拳經強調捨遠求近，渾身是拳，挨
到何處何處擊，這是技術上的快，但沒有體能上的快（包
括神經系統反應），捨遠求近也不存在。

　　太極拳講究四兩撥千斤，是否就不講求力量了呢？再
看拳經「牽動四兩撥千斤」下二句是「引進落空合即出，
粘連沾隨不丟頂。」這個合指的是合力，也可說是外三合
與內三合的力量。

　　首先太極拳通過外三合把非關節連接肌肉（腹、腰肌
……）與關節連接的肌肉合在一起，形成一動無不動、一
靜無不靜的局面；又通過接骨斗榫把骨胳間架調配好。再
先求開展（伸筋拔骨）後求緊湊（如旋緊發條，如裹鞭
炮，裹的越緊爆發力越大），把筋的力量也調動起來，把
筋、骨、肌三者的極力（MAX Power）以「其根在腳，
發於腿，主宰於腰，形於手指，由腳而腿而腰，總須完整
一氣」的形式合起來，這就是整勁，比一般人散勁強，這
是太極拳體質上、力量上以強勝弱之一。

　　至於內三合應是精神（也是一種力量）、內勁（包括
內功、呼吸力量……）、體力的三合，太極拳處處強調
「神為主帥，身為軀使」，「精神能提得起」「形如搏兔
之鶻，神似捕鼠之貓」，強調增加精神的力量，捕鼠之貓
又那能弱不禁風？氣的力量可以頂起千斤重，硬氣功可以
破石斷碑，橡皮輪胎充滿氣可承受幾千公斤的物體，這又
是一種力量，再加上形如搏兔之鶻之形的力量（外三合的

力量）。正如拳經所講「心勁一發而周身之筋脈骨節無不隨之，外之所形皆由中之所發，故曰內勁」，這些勁加起來以後「合」出來到常人身上，常人怎能抵得住。

另一種力量是八面支撐的六面矛盾勁。武禹襄在十三勢說略中講得很清楚：「有上即有下，有前即有後，有左即有右（六面矛盾勁），如意要向下，即寓下意，若將物掀起而加以挫之之力……」武禹襄又講：「立身須中正不偏方能八面支撐。」我們都知道強弓只有把弓拉開時才有威脅力，肌肉只有在像弓一樣撐開的情況下才有力量，所以又講蓄勁如張弓，發勁如發箭，而人體是一複雜的結構，只有在體內時時處處都產生一種相反相掙的力量，渾身才能產生一種如陳鑫講的「煉就金剛太極尊，渾身合下力千斤」的感覺來。

陳鑫的拳經中「若非此身成鐵漢，擲地何來金石聲，此身有力須合併，更須留心脊背間」，「如遇勁敵則內勁猝發，如迅雷烈風之摧枯拉朽孰能當之」，「舖地綿勢與跌岔相呼應，跌岔懸空直下，右腳跺地如金石聲……可破其勇」，講的都是鐵、金剛、金石聲迅雷烈風，又剛又猛，又哪有一點溫、良、恭、儉、讓，柔弱可欺的影子？

當然陳發科初到北京練拳時，把地下青磚也跺碎，可見勁整力猛，四兩力哪能碎磚？

到達太極拳的高級階段，還可以產生一種超常的力量，一種一般人只有在緊急情況下才有的應急力。經過太極拳長期訓練的人就懂勁，懂勁是懂得自身體內力量和間架結構，能感覺和找到自身的勁，不懂勁就不有感覺到自身體力勁的形成，也就無法隨時產生這種超力。

陳鑫講：「及其動也看似至柔其實至剛，看似至剛其實至柔。」又曰：「至虛至靈一拳一動俱是太極圓象。」這裡的「至」就是極端，所以陳照奎常講打拳時動作要走到頭，「至」是產生超力的基礎，因為人在各方面及各領域中都有很多潛力，如你現在只能舉100斤，但經系統訓練，你可舉100斤以上，這差額就是你的力量潛力。

而太極拳就是要挖掘開發並增強自身在精神、意念、呼吸、反應、速度、體能、抗打擊力、協調性、穩定性、技巧性、柔韌性等各方面各領域的潛能，而這種潛能的開發要到極限「至」的程度而非一點點，這樣許多極限潛能加起來當然就超出了常人的力量和能力。

馬老師常引用陳照奎的話講：「武術本身就是吃苦流汗的事兒」，「那種宣傳平時打得越慢越好，打起來自然會快的說法是騙人的。」

同樣那些認為太極拳可以不出汗、不費力、不用力，以後打起來自然會有力，可以四兩撥千斤的人，不妨再細讀一下陳鑫的拳論：「世人不知（那時已經不知，今日更不知）皆以（太極拳）為柔術，殊不知自用功以來千錘百煉（百煉此身成鐵漢）剛而歸之於柔，柔而造之於剛，剛柔無跡可見，但就其外而觀之，有似乎柔故以柔名之耳。而豈其然哉，且柔者對乎剛而言之耳，是藝也不可謂之柔，亦不可謂之剛，只可名之為太極，太極者剛柔兼至而渾無跡之謂也，其為功也多故其成也難。」又曰：「渾灝流行，自然一氣，輕如楊花，堅如金石，虎威比猛，鷹揚比疾，行同乎水流，止侔乎山立。」看來古時太極拳也要比猛比疾，向靜如山岳動若江河都是隱含千鈞之力之勁勢

的形容，又哪給人一種軟弱虛無的感覺呢！

所以馬虹老師來美向我揭開了太極拳神秘的面紗，使我感到太極拳是一種實實在在，符合人類客觀規律的合情合理的優秀拳種，是在少林拳基礎上進一步深化提高了的拳術，也是一種需要流汗下苦功用意用氣，也要用筋、骨、皮、肌肉之力的拳術。

馬老師常跟我們說：正宗的太極拳，應該是什麼樣子？它的本來面目是什麼？考證它的正宗性的標準是什麼？

標準有三：㈠它的原理是否依據太極陰陽學說符合唯物辯證法（哲理）；㈡它的本質是否保持武術技擊本色（本質）；㈢它的功能是否有科學的實用價值及其功能的多樣性（功效）。

這三個標準都在馬老師所傳，陳照奎家傳傳統太極拳套路中體現出來了。而我從一開始感到彆扭、不理解，後來越練越有勁，越練越體會到太極拳內包涵的高度的科學實用價值及健身價值，對太極拳用之於實戰也更具信心了，因為我勝人的原因不再是憑投機取巧、憑運氣，四兩撥千斤是取巧，取巧誰不想，但在實戰中光憑取巧是沒有必勝的把握，只有憑體能、憑功力、憑技術等各方面的超人的能力才能英雄所向無敵，而這些功夫、能力的培養，又非經過刻苦、正確、科學的訓練不可。

苦幹、蠻幹、盲幹是練不好太極拳的，只是虐待自己，只會造成一身傷病和短壽，同樣投機取巧不動腦筋的重複打套路或想不流汗、不用力，舒舒服服地練出太極神功，突然有朝一日能隔山打牛，擲人於丈外的想法，也是

痴人說夢，會在殘酷的實戰中被打得粉碎的。

要想「運勁如百煉剛何堅不摧」，要想「英雄所向無敵」。還是要腳踏實地去探索、去追求古太極的本來面目，用現代科學的理論和思想去衡量、去評估自己的訓練方法，不爲立身中正變得呆若木雞，也不爲鬆柔而鬆柔，要搞清其原因和目的，才能認眞自覺地去追求這些目標和照要求去做，才能發掘和開發出自身的最大潛能，從矛盾和不平衡中求得眞知，既能英雄所向無敵，能益壽延年幸福愉快，這才是陳式太極拳創始人陳王廷的遺詞中所說：「心中常舒泰，名利總不貪，參透機關……誰是神仙，我是神仙。」

（1995年12月於舊金山·
刊載於1996年第8期《武林》）

馬虹談太極拳意氣力的配合

美國·馬爾溫·斯沫里澤　唐梅秀譯

（本文原載美國加州洛杉磯英文版國際太極拳雙月刊《太極》95年6月第3期第6～12頁，文中拳照十五幅，並刊彩色封面及彩色插頁。以下爲其中文字部分選擇。馬虹先生訪美期間，該雜誌主編馬爾溫先生當年5月4日赴舊金山採訪了馬老師，邀請馬虹老師赴美的喬治·徐先生是訪談時的口譯員。）

　　馬虹先生是一位非常風趣的拳師，雖然今年已有69歲高齡，仍然精神抖擻，充滿了活力。

　　馬虹先生是陳式太極拳10代傳人——陳照奎先生的入室弟子，其拳藝精湛，主要以教練陳式太極拳著稱，他深諳太極拳的奧秘，他繼承和發揚了先師的拳術和風格，教學嚴謹，立法得當，在當今中國太極界享有盛名。馬虹先生習拳已有33年的歷史。他所講授的以下原則適用於各種風格的太極拳。

　　馬虹感受到，無論是爲了健身或是防身的目的，打太極拳需要掌握拳理拳法。他今年69歲，曾做過敎師、編輯，已有三部太極拳著作問世。他強調說，在提高技術水平的同時，關鍵在於以意領氣，注意意氣力三者的配合。在實戰中，他一絲不苟地進行演練，始終貫徹了陳照奎先

生所傳授的教學原則，非常重視勁路的走向與各個式子的多種具體用法，使太極拳成為了眞正的武術運動。

一般人的力量都非常有限，但如果走架方法正確，加上一定的功力訓練，與身體各部位肌肉的協調運動，力量可增強40～60％。不過，這些方法均受到一定的限制。因此，必須注意意念與內氣，從體內挖掘更大的潛力。做到這一點是很難的，如果不徹底放鬆，身體各部位的肌肉、韌帶、關節等的緊張就無法消除，即使力氣更大，也只是僵硬無比，四處用力，很難集中。但是，僅僅像某些人練氣功那樣放鬆也是不行的，因為這種放鬆過於滯軟，往往難於起到調動內勁的作用。

馬虹先生指出，練太極的要領與奧秘就是發之於丹田的內力。要發出爆發性的彈抖力則要求周身鬆柔、靈活，然後在這個基礎上，把全身的力量集中於一點，爆炸式螺旋式地發出去。全身的動作都須協調一致，意氣力三者互相配合。以丹田帶動身體各部位的每一個動作，讓丹田之氣貫串到手、臂、腳等部位每個動作之中，擰成一股勁。

發力時注意保持相反方向力的平衡，即當身體某一部位往上運動時，其相反部位應下塌，往右發勁時左部位下沉，手前掤則背必然後撐。

總之，四方處處掤圓，八方對稱。

學開車得按一定的規矩轉動方向盤，控制刹車，發勁時的「氣」必須經過「提煉」才能不斷地引導身體各部位的運動或內勁的走向。當內勁逐漸生長、膨脹、增強時，就好像把爐子充足氣，準備點燃。點燃爐子的「火柴」，就是「意」，正是這種飽滿的意氣為我們身體發揮各種潛

在功能，應用於武術運動。

說到這裡，馬先生停下來給我們進行了演示，說明螺旋彈抖的勁是怎樣由小腹內丹田來發動的。

丹田即小腹部臟器、腰椎及相對命門處，形成一個球體核心，它是一切勁力的源泉。他說每一個關節就像蛇身上的一部分，其內勁像蛇一樣螺旋前行。

訓練包括拳架、拆拳訓練、功力訓練、和內勁的訓練及自我防衛的散打訓練。這一點很多人都不明白，甚至有些人從來也沒有見過這些訓練。因此，太極拳架變得越來越軟弱無力，失去了太極拳作為武術運動的技擊性特點，雖然許多習拳者都能準確地按「規則」打出拳架，但一般不懂得運勁。其實拳法之妙即在運勁。

應該重視在走架時以丹田帶動四肢的整體勁的訓練，否則動作必僵硬。如果只注意外形或只注意站樁，站得太死，雙腿就失去了靈活性。丹田內轉帶動四肢的運動可以是圓弧形的螺旋式的、轉動的、彈抖的、波浪式的、膨脹式的。這樣，逐漸內勁自然就會形成。

當學生能夠規規矩矩練出外形時，老師就要拆拳敎單式，搞清楚如何用丹田內轉帶動每一個式子的動作。

有的太極拳只講求氣沉丹田，並將之匯聚於此，而不是強調讓內氣丹田鼓蕩，進行螺旋形運動。

要在每個式子中發出內力，還必須弄清每個動作中力的起點、落點及運行的路線，這樣才能有的放矢，體現出太極拳的武術本色。此外，還要注意用「意」引導動作，加強意念的力量。對於不練陳式而練其他風格的太極拳者來說，懂得內勁及其走向也是極其重要的。

他說，人體有兩種力量：一種是外力（陽性功能），另一種是內力（陰性功能），後者指意、氣與神的力量。

喬治‧徐打了個比方，來說明這一精神力量的重要性。他說，攔路搶劫的歹徒如果揮刀向你砍來，也許你會交錢求饒，但是對於一個女人來說，如果強盜要她孩子的命時，她就會不顧一切地與敵人搏鬥並將對方置於死地，這是一種強烈的精神力量。馬虹接著說，打拳時就應該用這種意念引導發勁。

同時，練走內勁應該注意內氣必須與勁力協調配合，從而加強內力。首先得用意念引導內氣，同時配合動作發出勁力。

內氣的訓練不僅僅只是快慢呼吸，而包括小腹內部、體內各部位氣血肌肉的運轉，從而加強外力的膨脹。應當調動內部氣血的運轉，外部肌肉的運動才能協調。只注意外形、僅注意外部肌肉的運動，是練不出內功的。

馬虹說太極拳的種類很多，多家都說自己是正宗的拳種。其實我們根本沒有必要去爭論這個問題。太極拳本來是根據太極陰陽學說為理論根據而創編的陰陽平衡的整體運動，只有走架時，處處都體現了陰陽原則，才能說明你所練拳種是否正宗，衡量的標準有三：一要看該拳種的創編、嫡傳、發展史；二要看太極陰陽理論在每一個動作中的體現；另外，還要推敲每一個式子的技擊含義，看拳架是否體現了太極的武術本質。

楊、吳、武、孫等各式太極拳都來源於陳式，這是毋須質疑的。馬虹還說，他喜歡陳照奎傳授的這套拳，是因為它真正地符合太極理論及其本質，剛柔相濟、輕沉兼

備、快慢相間、虛實分明、有開有合、變化無窮。一般人們練太極拳多是爲了健身，而太極拳本來的宗旨卻在於技擊，是一種武術運動。這正是楊祿禪爲何被稱爲「楊無敵」的原因。

陳長興肯定身手不凡，拳術精湛，善於搏鬥，受人崇拜。因此，陳式太極拳能夠代代相傳，經久不衰。其特點是螺旋勁，在旋轉中前進，是化、拿、摔、打、發處處可用。每用一種手法不只有一種用法，可以有抓、打、摔、拿等多種含義。即使勾手的指尖也像籃球球體上的任何一點，處處有掤勁。

多數人只注意練套路外形，而陳照奎卻使用了許多太極功力訓練方法與器械，如太極桿、太極尺等等。他不僅僅走架規矩，動作到位，而且經常拆拳練單式動作與散手。在敎學中，他把整個83式拳架，分解爲300多個基本動作。每個式子都可發力、跳躍等不同練法，包括100多種引化和抓、拿、摔、打等基本技巧。

例如，《掩手肱捶》一式出拳之中，不僅僅是直來直去給人一拳，而是可以有抓、撩、肘擊、肩靠等多種用法，體現點線結合，都在一系列螺旋彈抖中完成。練時配合氣的運行，發出意氣力三結合的爆發力。馬虹說如果用太極原則來練打沙袋，也是可以作爲功力訓練的一種手段。

太極拳作爲一種武術運動，其最典型的特點就是它快慢、開合、剛柔、虛實可以因敵變化而變化。

太極是一種虛實運動，虛則能引化進攻，實則可以攻擊對方的虛處。在推手之中，一旦出現了雙重現象，雙方

僅用外力硬頂，就變成「頂牛」了。如果對方推你，你能夠虛出該部位化開進攻，就可以同時從另一側反擊。而且能使化與打合二爲一。推手時應懂得聽勁，弄準對方的虛實之後便可借力。有時很難找到對方的重心，就必須創造條件，給他點力，一旦他開始發力就借力打他。

馬虹認爲他非常欣賞太極拳的掤勁，即身體每個部分意氣力結合的外撐的掤力。到了一定的境界，全身四面八方都產生一種彈簧般的掤勁，處處都有一種反彈力。

馬虹還講述了陳照奎先生當年在上海、南京、鄭州等地教拳時與各路拳家交手的若干趣事，陳老師的功夫使許多人佩服得五體投地。（事例，略）

馬虹先生還談了關於「新架」與「老架」的問題。他認爲只有陳發科、陳照奎父子所傳的拳架才是陳長興世傳的眞正的老架。

他說：陳發科是陳式太極拳第六代傳人陳長興（1771～1853）的曾孫，當代陳式太極拳宗師是陳發科。他於1928年離開陳家溝來到北京，就再也沒有回鄉教拳。他走後陳家溝練拳的越來越少，直到1963年陳照丕（陳發科的侄兒，也是他的學生）退休回鄉開始教拳。

實際上，當時並無「老架」與「新架」的說法，1972年陳照丕去世後，人們才開始提出這個問題。陳照丕的拳架之所以有所不同的是他叔侄倆已經30多年沒在一起了，各自打拳的風格都會有些變化。

1973年，陳照奎應邀去陳家溝授拳，人們見到他打的陳發科教的拳架，與陳照丕所傳不大相同，就認爲他有所創新。其實，陳照奎從未改過拳架，與其父不同的是，他

並不是對外傳高架，對內傳低架，而是公開了其父家傳的低架。

馬虹說陳照奎八歲開始從父學拳，爾後直到其父1957年去世，一直未離開過父親，當時他才30歲。他跟隨父親習拳的時間比其他任何一個人都久，盡得奧秘，其拳架更加細膩規矩，技擊含義更豐富，節奏更鮮明、活潑。所以，馬虹先生說這種把陳長興傳的拳架分爲新架、老架的說法是製造混亂，是不可取的。

（原文載美國《太極》雜誌1995年第3期）

八千里路尋師記

萬明群

〈 一 〉

「物華天寶，人傑地靈。」在江西這塊紅土地上，流傳著具有傳統特色的字門、硬門、法門，以及談虎色變的「五百錢」等武當少林拳法。我有緣份自六歲起即開始接觸武術，以後又發展到喜愛以至迷上了武術。

由於受封建社會對中國傳統文化遺留下來的保守思想和門戶之見的影響，使一些很好的傳統技藝支離破碎，也使一些傳統的技藝精華被埋沒了。同時又由於一些拳師的文化水平不高等原因。致使一些口傳身授的技藝不能整理成文，乃至不能上升到系統的理論來指導實踐活動。

我曾在追求武術眞諦的過程中走過許多彎路，苦於無緣份找到精通理論和實踐的文武雙全的老師，又不滿足自己歷來之所學，因此追求武術眞諦的願望愈來愈烈。

70年代初，有人建議我學習太極拳，但因我當時見到的太極拳多爲老年人練習，像在做廣播體操或在舞蹈似的，當時認識不到這種太極拳能技擊防身，所以沒能引起我的興趣。直到1978年看了宮白羽寫的《太極楊捨命偷拳》一書後，才使我產生了學習太極拳的興趣。

我初學國家編的四十八式太極拳，據說它包括陳、

楊、吳、武、孫五式的內容，一練就是多年，終因分不出哪一式是代表哪一派或各有哪些特點而作罷。後又選學了楊式88，由於練習楊式太極拳未能獲得師承系統的眞傳，繼而又產生了學習陳式太極拳的念頭。

80年代初開始學習顧留馨、沈家楨編著的《陳式太極拳》一路和二路，接著又學陳小旺編著的38式簡化太極拳，經過七、八年太極拳項目的學習，雖懂得了一些理論知識，但實踐練習，只限於按書本照葫蘆畫瓢。因而許多問題，尤其是練習纏絲勁，總是不能弄清楚，感覺難度很大，對於它的實質內容：從意念、勁路、精、氣、神所形成的演練風格上都體會不出什麼，更談不上對它的體用了。由於認識到太極拳這門功夫具有高深的技藝，便渴望能得到眞傳，於是產生了對太極拳正宗尋根的念頭。

我從《少林武術》雜誌上看到陳式18世、第十代傳人陳照奎的學生馬虹先生寫的《陳式太極拳的健身性、技擊性和藝術性》的文章後，被深深地吸引了，我感到很有必要找馬虹先生和國內名家認眞了解一下陳式太極拳。

1986年初，我利用在江西廣播電視大學讀書放寒假的機會，大年初三便登上南昌開往北京的火車，從北京輾轉到石家莊，終於在長安公園練拳場上找到了馬虹老師。馬虹老師聽說我是從遠方來的，很是熱情，談到太極拳，他要我逐一演練所學的陳式一、二路。他耐心地看我練完，並不見他直言指責，而是挑出幾個具有代表性的式子加以講解、修正、示範。

他主要是從拳理上、意念上、勁路上，從身法的端正安舒，從手法到眼神以及步法的虛實，從呼吸到丹田內轉

顯現的內氣鼓蕩，以氣催形在神態上的氣質和鬆活彈抖的發勁技術都給予一一指正。對我提問的，什麼是順逆纏絲問題，馬虹老師當即只用兩句話，兩個比劃動作就給我解答明白了。

經過這次拜訪馬虹老師，我感觸很深，過去自己所練習的外形動作，看起來像那麼回事，但在此一經檢驗，便有「差之毫釐，謬以千里」之感。如不經明師指點，再練上一百年也是枉然，根本談不上熟能生巧了。因此，我暗下決心：要拜馬虹先生為老師，從頭學起。

馬虹老師看我對陳式太極拳的一腔痴迷，便按五個基本「母式」（預備式至單鞭），和百把氣功樁及太極尺等基本功教我練習。

從以後的實踐證明：五個「母式」對我以後掌握陳照奎太極拳架一、二路，打下了紮實的基礎；百把氣功樁有利於今後發彈抖勁；練習太極尺有利於推手、擒拿。經過馬虹老師接連幾天的言傳身教，使我更熱愛陳照奎宗師所傳的拳架了。我想：我是否已經幸運地終於找到並邁進了陳式太極拳的正宗大門了？

幾天後，我又按計劃到鄭州找馬虹老師的師弟，陳氏19世、第十一代傳人陳小旺，未遇，但在河南溫縣體委卻幸遇朱天才和王西安二位老師。我向他倆請教了許多問題，得到了滿意答覆。後借王老師的自行車從溫縣趕到嚮往已久的太極拳聖地陳家溝。在陳家溝武術館太極拳學校遇見了當時的校長張蔚珍和陳氏十一代傳人陳正雷老師。同他們談了陳家太極拳現狀以及今後的規劃設想等問題，親眼看到了陳式拳的面目，實現了我多年的夙願。

結束陳家溝的訪問，我又立即趕往上海，拜訪馬虹老師的師兄陳式太極拳研究會會長萬文德先生而未遇。但我通過在上海與所接觸到的老師們的交談、觀察和調查，使我進一步加深了對陳照奎先生所傳傳統太極拳的認識。

〈二〉

八千里路尋師使我受益匪淺，尤其是加深了對當代陳式太極拳傳遞系統概況的大致了解；即1928年由17世、太極拳第九代傳人陳發科宗師，從陳家溝遷往北京後傳給十代門人的正宗拳架，是以顧留馨、沈家楨合著的《陳式太極拳》拳架為代表，我把這稱作是陳氏公開傳拳的第一階段；1957年陳發科宗師謝世以後，由其子陳照奎大師於60年代至「文革」前，在上海、南京等地所傳的拳架為第二階段；這時期傳出的拳架比其父公開傳的拳架拳式動作要複雜一些；到「文革」中的1974、1975年間，在鄭州由陳照奎大師秘傳給六人（包括陳小旺在內）的一路和二路拳架為第三階段，這一時期傳出的拳式動作又比第二階段的內涵更豐富一些，甚至陳家溝的人亦感覺新鮮，似曾相識而又沒有見過，所以，他們把這三階段陳照奎大師所傳的拳架稱作為「新架」。

這種說法與14世陳有本或15世趙堡陳清萍的「新架」是大相徑庭的，第三階段傳出的所謂「新架」的實質就是陳式這一枝老架頭二套的全部內容，由此可見，18世掌門人陳照奎在「文革」劫難中傳出的這套最複雜又運低樁、技擊性強、更富於哲理的拳架，才是國內陳式太極拳正宗的代表。

〈三〉

　　馬虹老師曾三上北京、二下河南，又三次請陳照奎宗師到石家莊家裡授藝，不斷地得到改拳和傳授拆拳、用法等。八年中馬虹老師的拳藝在陳照奎宗師的精雕細刻下，拳技日臻完善，掌握陳式太極拳的精義已達爐火純青的程度，可以說，陳式太極拳的家傳又一次更完整地傳給了外姓人。馬虹老師也成爲全面掌握陳式太極拳第三階段的傳人之一，而馬虹老師最大的宏願，是要把這份繼承下來的中國傳統武術發揚光大。

　　馬虹老師遵照其師的遺願，整理出書，言傳身教，把這顆璀燦的明珠獻給全人類。《陳式太極拳體用全書》、《陳式太極拳技擊法》、《陳式太極拳拳理闡微》三部力著的問世，展現了陳式秘傳三百多年來太極拳的全貌，標誌著陳式太極拳公開傳播又一個歷史上的里程碑。正如陳式太極拳十代大師馮志強先生在爲《陳式太極拳體用全書》作序所說：「爲中外陳式太極拳愛好者提供了很好的教學範本，爲普及和推廣陳式太極拳做了件很好的事情。」

　　1986年12月1日至4日在英雄城南昌舉辦的「共青鴨鴨杯」全國武術精英表演會上，接連四天由馬虹先生表演的陳照奎太極拳架的一路和二路（炮錘）轟動了江西武術界。

　　八千里路尋師後，我的選擇是拜「太極狀元」馬虹老師爲師，學習陳照奎家傳太極拳架。我於1987年的寒假期間又專程去石家莊馬虹老師家裡，學習陳照奎太極拳架第

一路（83式）。我在練習拳中一時改不過來的架肘和襠部不圓等毛病，爲糾正動作他能苛求得讓你流下眼淚。在北方那麼冷的氣溫裡，每天近十小時的練習拳，穿著的一套運動衣也全身汗濕，採取每一式子過關才往下敎的方法，可以說單練習每一動作經過了千錘百煉！雖然跟馬虹老師學拳很累很苦，但我十分慶幸自己找到了一個好敎師，終於36天的時間學到了一套明白拳。

離開石家莊時，馬虹老師把當時準備出書的陳式太極拳的一路和二路拳的手抄本給了我，囑咐我認眞研練並傳授給江西的太極拳愛好者，還諄諄告誡我：「陳照奎老師所傳的拳架我們繼承下來了，但是它的全部用法還有一部分需要我們理論結合實踐去苦心體悟。找一些志同道合並具有研究能力的各層次的人一道研究傳統技藝，讓它發揚光大，造福於全人類。」

〈四〉

由於陳照奎太極拳架所特具的魅力，它在江西很快就傳播開了。1987、1988、1989年連續三年由江西省武術館和江西陳式太極拳研究會第八個團體先後聯合邀請馬虹先生來江西傳授陳照奎太極拳架一路、二路和推手輔導員培訓班。每期都有來自全省各地學習人員達150人左右，馬虹老師以身作則，口傳身授，敎學水平堪稱國內最高水平之一。學員們反應：馬虹先生傳授的太極拳，通過第一路拳的學習後，感受到其傳遞系統的純正，理論講解論證十分透徹，動作分解十分細膩，使手法、身法、步法等特別複雜的動作化難爲易，對拳式技擊含義用法拆解明白，敎

學方法具有科學性，同時還體現出無私傳播的風格和對廣大學員的滿腔熱情，十分令人敬佩。

對於第二路拳（炮錘71式）與第一路拳比較，可以說速度快，但快而不亂，不丟纏絲勁，並仍保持陳式太極拳的快慢相間。根據馬虹老師的分析：炮錘並非是「剛多柔少」，跳躍多仍是剛柔相濟，輕沉兼備，技擊含義更加明顯等特點，學員們喜歡二路拳（炮錘）複雜的造型動作，同時又感到它的難度也更大，更吃功夫。

可以說沒有第一路拳打下的基礎，就練不好第二路拳。馬虹老師還講解了十種推手方法，對於推手過程中的拳式運用和擒拿法運用等，以及過渡到散打階段的進程，都講得非常清楚。

我們從實踐中體會到：陳照奎太極拳架的每一式子的每一動作過程都是傳統的精華，這是不能任意拋棄的，而貫穿於整個太極拳架中的所謂「重複」動作決不是多餘的；相反，它是整個套路中不可缺少的組成部分。它適時地調節人在激烈動作完成過程中的呼吸，既是拳式轉換的樞紐，也是整個套路演進中的「加油站」，還在於拳架運行過程中實行上傳下達編排節奏的「中轉站」。

同時，我們體會到只有在鍛鍊這種較長的傳統套路中，大腦才能真正得到動中求靜，動中調整的效能。所以，對當前那些熱衷於對傳統套路任意刪繁就簡的作法，我認為是不可取的。我們需要的是完整的繼承、系統的繼承，在繼承的基礎上研究它、發展它。

總之，我經過長時間、多地方的苦心求索，終於找到了太極拳的正宗傳人；同時，經過馬虹老師幾次應邀來南

昌熱心播種，終於使陳式太極拳在江西的紅土地上紮下了
根。他為全省培養了一大批陳式拳的骨幹和教練，我們先
後成立了江西省的、南昌市的陳式太極拳研究會。馬虹老
師不僅在江西傳播了一套好拳種，而且他那種無私奉獻、
謙遜質樸、嚴謹治學、精益求精、為人師表的高尚風格，
給江西廣大學員留下了極深的印象。

　　大家感到跟馬虹老師學拳是一種緣分。大家記憶猶新
的是馬虹老師在體育館授拳時那一身身的汗水，感動了眾
多的學員。當時，有的學員激動於老師的辛苦，跑到講台
上，親手把參片塞進老師的口中；晚上十點鐘教完拳老師
回到宿舍，發現桌上擺著不知那位學員送來的熱氣騰騰的
燉雞湯；老師每次離開南昌時，都是五、六十位學員自發
地到站台上為老師送行，許多送行的學員一邊擦淚，一邊
揮手，場面非常動人。南昌飛機製造公司工會的葉主席緊
握馬老師的手說：「你不僅教了我們太極拳，而且教了我
們如何做好人。」的確這話代表了廣大學員的心聲。做為
陳式太極拳的忠誠的追求者之一──我一定要像我的老師
馬虹先生那樣，堅定不移地為繼承、研究和發展陳式太極
拳事業，做出自己應有的貢獻。

1993年 3 月 7 日改寫於南昌

心在拳中，拳在心中

——馬虹先生與陳式太極拳

王愛國

是青年時期的疾病使他與太極拳結下了不解之緣，是十年動亂的逆境使他有了精研陳式太極拳的機遇；是不屈不撓的意志使他登入了太極拳的殿堂；是精益求精的科研精神使他成爲聞名全國的太極拳家。是太極拳使他獲得了充沛的精力，在年近花甲的五年之中，曾主編出版了九部文史著作。

石家莊市武協副主席、陳式太極拳研究會會長馬虹先生，離休前是石家莊市政協文史辦公室副主任、《石家莊文史資料》主編，1948年，馬虹大學畢業後，長期從事敎學和機關工作。由於常年繁重的腦力勞動及缺乏體育鍛鍊，使他患上了嚴重的神經衰弱、胃病、腎炎、關節炎、過敏性鼻炎等病，體質衰弱，打壺開水上三樓，中間卻得停下來喘喘氣，以致後來不能堅持工作。

在各種中西藥物治療不能奏效的情況下，他接受一位老中醫的建議，於1961年開始練習太極拳，一年後竟疾病全消，恢復了健康。他大喜過望，初步嘗到了太極拳的甜頭，對之產生了濃厚的興趣，決心深鑽太極拳的精微奧秘。

十年動亂，人民蒙難。1967年馬虹被關押遭到毒打，第二年進五七幹校「勞改」。之後是「掛起來」不安排工作，一掛十年。然而，逆境壓不垮意志剛強的人，反能給以激勵。

馬虹雖然身處逆境，但他想到的是：「人只要活著，就要有所做為，就要對人類做出力所能及的貢獻」，他不僅學會了種田、木工、理髮等技藝，而且還把很大一部分時間投入了陳式太極拳的研究工作。那時，一部陳鑫的《陳氏太極拳圖說》是很珍貴的，為了得到它，在數九寒天，他抄錄了二十多萬字，繪製了幾百幅圖，手指都累腫了。在研究中，他發現陳式太極拳不同於社會上流行的過柔的太極拳，它具有鮮明的武術風格。他一邊刻苦鑽研陳式太極拳理論，一邊四處尋找當代陳式太極拳名師。1972年終於在友人吉德夫、盧茂雲介紹下，投到了陳式太極拳一代宗師陳照奎的門下。

在1972年那個炎熱的仲夏，馬虹在動亂的北京城裡找到了陳照奎老師。開始陳先生對他這個陌生的學生並不熱情，只是告訴他早晨教拳的地址，答應他可以去那裡學。馬虹住在西河沿的大華旅館，每天清晨四點起床，徒步十多里地趕到東便門外鐵路東的一片非常僻靜的小樹林裡，因為陳照奎老生當時教拳被看做是「四舊」，不能在公園公開傳授，為此馬虹每天早晨要按時趕到拳場，腳上都打了血泡，走路一拐一拐的，也沒誤過課。

陳照奎先生被馬虹的執著勁感動了，主動邀請他每天晚上到家學拳，讓他在家吃飯。將輕沉兼備、開合相寓、虛實互換以及螺旋功等拳理，和許多精闢獨到的見解結合

拳架掰開揉碎講給他聽。酷暑天，他們師徒倆不顧炎熱，講拳、學拳，天天汗流浹背。師徒關係日益密切，教拳法、講拳理、談拳德、拉家常，無話不談。第二年夏天，馬虹二次進京跟陳照奎先生學拳，陳照奎先生正式收他爲弟子。

1974年冬天，陳照奎先生應邀到鄭州教拳，馬虹以回深縣老家探親爲名向「造反派」請了長假，冒著漫天大雪登車直奔鄭州，追隨陳照奎先生學拳。當時學拳的有陳家溝的陳小旺、鄭州「三張」等當地的一些太極拳尖子。馬虹和小旺同吃、同住、同練習拳。師兄弟幾人都是二、三十歲的青壯年，唯有馬虹是年過四十的人；但他不示弱、不服老，發憤圖強，力爭上游。

陳照奎老師教拳非常嚴格，一個動作達不到要求，就讓幾十遍地練習，直到基本合格才教下一個動作。十多臘月，身上只穿著秋衣也被汗水濕透。爲了多學技擊方法，他交雙份學費，請陳老師每天上午加兩小時的課，專門給他個人「拆拳」。馬虹在鄭州每天練拳十來個小時，至少打二、三十遍拳，再加上單式練習，每天的運動量相當大，累得他腰酸腿疼，有時上汽車腿都抬不起來。但想到遇到了明師，學到了絕技，心裡特別甜。肉體上的痛苦，換來精神上的興奮和愉快。

自1972年至1980年間，馬虹三上北京、兩下河南跟陳照奎先生學拳，還三次將陳老師請到石家莊家中授藝。

由於馬虹尊師敬業，待人眞誠，深得陳照奎先生讚賞，陳老師經常向人講：「馬虹這個人誠實、可交」，師徒結下了深厚的情誼。九年中，陳照奎先生向他傳授了很

吃功夫的家傳低式老架太極拳，以及太極拳的各項基本功練法、推手單式練法、活步練法、技擊用法、百把氣功樁、丹田內轉功法以及太極尺等家傳的精湛技藝，並將親手所寫的陳式太極拳第一、二路講義稿傳給了他。九年中他共做了30多萬字的練拳筆記。

近二十年來，他悉心體悟陳老師的教誨，忠誠而嚴格地保持老師的拳風拳貌，刻苦鍛鍊，精研拳理，取得了豐碩的成果。他多次參加省市及全國的太極拳比賽，成績均名列前茅。1986年，在江西舉行的「全國武術精英表演賽」上，以及後來在成都、廣州、敦煌舉行的全國太極拳名家的研討會上，他的論文和表演都曾獲得專家們的高度評價。他先後在《武林》、《武魂》、《武術健身》、《少林武術》以及海外有關太極拳刊物上，發表了三十多篇太極拳學術論文，整理出版了《陳式太極拳體用全書》；由他演述的陳式太極拳教學錄影帶，已傳播到25個省市自治區和海外七個國家和地區。

馬虹成了聞名全國的太極拳家，登門求學、邀請講學者使他應接不暇，為了傳播推廣陳式太極拳，出版了全國第一份太極拳刊物——《陳式太極拳研究》。受江西省體委、省總工會、省武術館等單位的邀請，他四次到江西傳藝。他先後還應邀在河北、天津、山東、江蘇、廣東、廣西、湖南、浙江、香港等地和駐軍部隊、大專院校傳授陳式太極拳和推手，辦班30多期，親傳學員達3000多人，再傳弟子難以計數。並在家中接待了近百名全國各地的求學者及海外來訪者，熱情傳授、精心輔導，使他們乘興而來，滿意而歸。

「有文事者必有武備」，「雖曰習式，文在其中」。這是馬虹常常講的兩句話，他自身的經歷也充分證明了這兩句話的真理性。他說：「我這個書呆子，如果沒有太極拳幫助，今天還不知是個什麼樣子。」他又說：「要學好太極拳，沒有一定的文化素質也是很難學到家的，充其量你也只能練成一個赳赳武夫。」他認為，僅從拳架上繼承是遠遠不夠的，更重要的是從拳理拳法拳德上繼承發揚。

要總結，要昇華，要從理論上服人。他常常謙遜地說：「我一不姓陳，二沒有功夫，但我是陳氏拳的一個忠誠的傳人」，他還常說：「練拳、練體、練思想；教拳、交心、交朋友」。所以好多跟他學拳的人稱道：「在馬虹老師處能真正學到正宗的太極拳，並且真正學會如何做人。」

離休前，太極拳給了他健康，使他工作中做出了突出的成績，離休後，他將整個身心撲在了陳式太極拳的研究上。在商品大潮的衝擊下，有人勸他合作經商，還有人約他辦學校，給他優厚待遇，他卻婉言謝絕了，他說：「我這後半生，只要有碗粥喝，就獻給太極拳了。」他心在拳中，拳在心中。他就是這樣一個將整個身心都獻給了太極拳事業的人。

（原載《武術健身》1992年第六期）

作者簡介

馬　虹（1927——　），原名郭毓堃，河北深州市前磨頭鎮人。陳式太極拳十一代傳人，現任河北省石家莊市武協副主席、石家莊陳式太極拳研究會會長、河南溫縣國際太極拳年會組委會副秘書長。1994年被國際太極拳年會評審委員會評審爲全國當代十三名太極拳大師之一。

馬　虹　1948年大學畢業後，長期從事敎育、寫作和編輯工作，積勞成疾。1962年起，經人指引，他採取練習太極拳走體療之路，幾年後百病皆消，身體康復，拳術大進。遂對太極拳產生極大興趣。1972年，他北上京城，拜陳式太極拳當代宗師（陳氏十八世、太極拳第十代傳人）陳照奎爲師，傾注全部心血刻苦實踐、潛心鑽研、忠誠繼承。他曾三上北京，又隨師兩下河南，並三次延師到石家莊家中居住授藝，前後隨師習拳達九年之久，盡得陳氏家傳傳統太極拳拳譜、拳理、拳法之奧秘。同時，他結合運動生理學、心理學、人體力學、中國傳統醫學、兵學、易學，深入探討太極拳在現代人類生活中的多種功能，從而取得了突出的成就。

馬　虹　多次參加全省全國太極拳比賽和邀請賽，均取得優異成績。1982年他倡導成立了第一個「陳氏太極拳研究會」，創辦了刊物《陳式太極拳研究》，在全國22個省市自治區開辦傳授站八十多個，他的學生遍及全國三十個省、市、自治區，和香港特區。並先後應邀到美國、馬來西亞、義大利、加拿大、紐西蘭等國家講學、授拳。他還在海內外有關刊物上先後發表太極拳學術論文三十多

篇。根據先師生前授拳時，他的大量筆記資料和幾十年研究成果整理出版了《陳式太極拳體用全書》《陳式太極拳技擊法》《陳式太極拳拳理闡微》三部力著，並錄製三部《陳式太極拳及其技擊法教學錄影帶》，1988年從石家莊市政協離休後，專心致志從事傳統陳式太極拳的繼承、整理、研究和傳播工作，爲了弘揚陳式太極拳以造福人類，他做出了重要貢獻。

——錄自中國人事出版社出版
之《中國百科專家人物傳》

馬虹先生連絡地址：
　　中國大陸河北省石家莊市
　　　建設北大街22號房管局
　　　宿舍 8 棟 2 門301室
　　郵編：05011
　　電話：（0311）6071335

國家圖書館出版品預行編目資料

陳式太極拳拳理闡微／馬　虹著
－初版－臺北市，大展，2000〔民89〕
面；21公分－（武術特輯；29）
ISBN 978-957-468-017-7（平裝）

1. 太極拳

528.972　　　　　　　　　　　89009138

本社代售馬虹老師親自示範講解原版 VCD 歡迎洽購

陳式太極拳拳理闡微

著　　者／馬　　虹
發 行 人／蔡　森　明
出 版 者／大展出版社有限公司
社　　址／台北市北投區（石牌）致遠一路2段12巷1號
電　　話／(02) 28236031・28236033・28233123
傳　　真／(02) 28272069
郵政劃撥／01669551
網　　址／www. dah-jaan. com. tw
E-mail／service@dah-jaan. com. tw
登 記 證／局版臺業字第2171號
承 印 者／傳興印刷有限公司
裝　　訂／眾友企業公司
排 版 者／弘益電腦排版有限公司
授 權 者／北京體育大學出版社
初版1刷／2000年（民89年）8月
初版5刷／2009年（民98年）7月　　　　定　價／350元

大展好書　好書大展
品嘗好書　冠群可期

大展好書　好書大展

品嘗好書·　冠群可期